Margret Greiner

Charlotte Berend-Corinth
& Lovis Corinth

Margret Greiner

Charlotte Berend-Corinth
& Lovis Corinth

Ich will mir selbst gehören

Romanbiografie

FREIBURG · BASEL · WIEN

HERDER spektrum Band 6841

MIX
Papier aus verantwor-
tungsvollen Quellen
FSC® C083411

Originalausgabe 2016

© Verlag Herder GmbH, Freiburg im Breisgau 2016
Alle Rechte vorbehalten
www.herder.de

Satz: Arnold & Domnick, Leipzig
Herstellung: CPI books GmbH, Leck

Printed in Germany

ISBN 978-3-451-06841-6

Für Rebecca

Die Sinne sind nur die Brücke vom Unfassbaren zum Fassbaren.

August Macke: *Die Masken*

Inhalt

Kapitel 1
Die junge Charlotte 9

Fräulein Berend findet einen Lehrer 10
Das Malweib 15
Ein Kind entdeckt das Malen 18
Die ungleichen Schwestern 26
Attacke 29
Das eigentliche Leben 32

Kapitel 2
Das Leben mit Lovis Corinth 39

Führe mein Leben woanders hin 40
Die Kunst geht nach dem Brote 42
Die feinen Kreise 47
Petermannchen 53
Des Meeres und der Liebe Wellen 58
Amor vincit omnia 75
Hätte ein Mann wie Corinth ein Lämmchen geliebt? .. 85
Vivat Bacchus, Bacchus lebe! 91
Das immerwährende Modell 96
Nur Reisen ist Leben 107
Malerei ist doch das Schönste in diesem Leben 117
Hüte sich, wer kann 123
Kinder-Geschichten 127
Der Schlag 136
Rien ne va plus 147
Die Olympier in Rom 151
Kriegs-Theater 155
Die Bauherrin 170

Im Sündenbabel 187
Bald blitzt der See wie ein Smaragd 195
Carmencita in Andalusien 201
Denk es, o Seele 205

Kapitel 3
Zu neuen Ufern *213*

Trauerarbeit 214
Der Boxer 225
Ins Morgenland 231
Die sich selbst gehört 244
Fernando 249

Kapitel 4
In der Neuen Welt *255*

Wasserfälle von Licht 256
Kalifornien 262
Alma 273
Die Schreib-Ratte 277
Und die Liebe hemmet nichts 282
Ernte des Lebens 286

Epilog 289
Dank 291
Literaturangaben 292

Kapitel 1

Die junge Charlotte

Fräulein Berend findet einen Lehrer

Er war kein schöner Mann.

Das Fräulein Berend hatte sich den Maler Lovis Corinth anders vorgestellt. Nicht als vergeistigten Jüngling, so nicht. Sie hatte in der Galerie Cassirer sein Bild *Ohm Friedrich* gesehen, ein Porträt seines Onkels, das sie angerührt hatte. Schockiert und begeistert aber war sie von seinem *Salome*-Bild in der Secession gewesen, das in Berlin einen Skandal ausgelöst hatte. Unerhört diese Komposition aus nackten und halbnackten Leibern, in der Mitte Salome, überreich verziert mit Schmuck und Blüten, mit entblößten Brüsten sich über die Schale mit dem Haupt des Jochanaan beugend, mit gespreizten, von kostbaren Ringen vollgesteckten Fingern eines seiner gebrochenen Augen öffnend: »Erhebe deine Lider, Jochanaan! Hast du Angst vor mir, Jochanaan, dass du mich nicht ansehen willst?« Das Bild hatte eine solche Wucht und Dramatik, das konnte kein kraftloses Bürschchen gemalt haben. Das musste ein Künstler sein, der eine Provokation nicht scheute. Charlotte hatte sich den Namen des Malers gemerkt. Sie war aufgeregt und gespannt gewesen, als sie las, dass er Schüler annehme.

Wer da vor ihr an der Staffelei stand, glich einem Bauern, der im Spreewald Gurken anbaute, oder einem Droschkenkutscher, der gerade sein Pferd abgespannt und in den Stall gebracht hatte: ein Hüne von einem Mann, stiernackig mit großem Kopf, derben Gesichtszügen, sich lichtendem Kopfhaar und einem ruppigen Schnauzbart. Kein Bürschchen. Durchaus kraftvoll. Aber wirklich nicht attraktiv.

Lovis Corinth verabscheute wie alle Maler Störungen, während er arbeitete. Er hatte »Herein« gerufen, als es klopfte, ohne den Pinsel abzusetzen und den Blick von der Leinwand zu wenden. Erst als die Stille lastend wurde, drehte er sich um. Da stand nun ein Berliner Fräulein vor ihm, brav gekleidet mit Bluse und schwarzem Faltenrock, das höflich fragte, ob vielleicht noch ein Platz in der Malschule für sie frei sei. Nein, sie stotterte nicht, war nicht verlegen. Zurückhaltend ja, aber bestimmt. In ihren Augen sah er einen Anflug von Keckheit. Corinth hatte schon wieder verdrängt, dass er am Anschlagbrett im Eingang des Secessionsgebäudes eine Notiz angebracht hatte, auf der er seine neu gegründete *Mal-Schule für Akt und Porträt* annonciert hatte. »Malschule für Weiber« wurde solch eine Einrichtung im Kollegenkreise genannt, denn die Männer gingen ja zum Studium auf die Staatliche Kunstakademie – den Frauen war dies verwehrt. So konnten sie nur auf privaten Schulen ihr Talent ausbilden, um vielleicht eines Tages als malende Ehefrau das Heim zu verschönern, oder, wenn sich ein Ehemann nicht einstellen wollte, als schlechtbezahlte Zeichenlehrerin an eine Schule zu gehen.

Corinth dachte eher despektierlich über die malenden Weiber. Frauen mochten vielleicht eine gewisse Begabung haben, aber das Geniale, das einen wahrhaften Künstler auszeichnete, war ihrer Natur fremd. Er war nicht zynisch, er würde seine Lehrtätigkeit ernst nehmen, aber er verhehlte sich und auch seinen Kollegen nicht, dass er sein Atelier nur öffnete, weil er Geld brauchte. Sein Freund, der Maler Walter Leistikow, der ihm großzügig das schöne Atelier überlassen hatte, um ihn 1901 von München weg nach Berlin zu locken, hatte ihm geraten: »Sieh zu, dass du dir eine regelmäßige Einkommensquelle verschaffst: Gründe eine Malschule und verdinge dich bei anderen Schulen als Korrektor! Das verschafft dir Freiheit für deine Malerei.«

»Haben Sie schon Zeichenunterricht gehabt?«

Charlotte wurde eilfertig: »Ja, in der Staatlichen Kunstschule in der Klosterstraße, dann an der Kunstgewerbeschule.«

Sollte sie ihm erzählen, dass die Aufnahmeprüfung an der Kunstschule eine ganze Woche gedauert hatte und von mehr als achtzig Prüflingen nur zwei bestanden hatten, sie als einer davon. Es wird ihn nicht beeindrucken, entschied sie und sagte nichts.

»Also, dann haben Sie bei Ludwig Manzel studiert?«

»Ja.«

»Dann zeigen Sie mal Ihre Mappe her«, forderte Corinth sie auf. Einen Stuhl bot er ihr nicht an. Der einzige Stuhl im Atelier war sowieso mit Malutensilien belegt.

Er blätterte in ihren Zeichnungen, verharrte bei einigen lange, andere legte er rasch zur Seite. Hielt einige gegen das Licht, schien andere erst gar nicht prüfen zu wollen.

Charlotte beruhigte sich selbst: Mach dir nichts draus. Der alte Querkopf wird dich nicht nehmen. In Ordnung, es gibt auch andere Maler in Berlin. Aber im Grunde ärgerte sie sich schon jetzt, dass Lovis Corinth mit allen Anzeichen von Widerwillen ihre Zeichnungen abhakte. Einen Augenblick lang überkam sie das Verlangen, ihm einfach die Mappe aus den Händen zu reißen und mit lautem Getöse die Ateliertür zuzuschlagen. Sie hatte manchmal solche Temperamentsausbrüche. Oft taten sie ihr später leid.

»Na schön, Fräulein Berend«, sagte der Meister schließlich. »Das ist ja alles treuherzig ungeschickt. Ich unterrichte Sie. Am besten fangen wir sofort an.«

Damit zog er eine Porträtskizze aus der Mappe, die Charlotte von ihrer fünf Jahre älteren Schwester Alice gezeichnet hatte. »Ist das Ihre Freundin?«

»Nein, das ist meine Schwester.«

»Sie können sie nicht leiden.« Charlotte widersprach heftig: »Im Gegenteil. Ich liebe sie. Wie können Sie denn so etwas sagen?«

»Sie haben ihr den langweiligsten Gesichtsausdruck der

Welt verpasst. Und woran liegt es? An den Augen. Es reicht eben nicht, zwei Streifen Wimpern und zwei Pupillen mit etwas Weiß drumherum zu zeichnen. Schauen Sie mir in die Augen. Na, nun trauen Sie sich schon. Was sehen Sie? Erst einmal: Nie sind beide Augen gleich, nie. Das müssen Sie zeichnen. Dadurch bekommt jedes Gesicht Charakter. Dann, wie kommt ein Ausdruck zustande, der etwas anderes signalisiert als Langeweile? Ich schaue Sie jetzt neugierig an. Was verändert sich an meinem Blick? Richtig, die Augenlider schieben sich weiter nach oben. Die Pupillen treten stärker hervor, das Weiß bekommt mehr Kontur. Sehen Sie das?

Und jetzt zeichnen Sie eine Studie: nur Blicke, nur Augen. Hier haben Sie einen Block und Stifte. Auch Rötel, wenn Ihnen das lieber ist.«

Charlotte atmete tief durch. Was sich hier abspielte, war völlig anders als bei Professor Schäfer oder Professor Manzel, die vor allem gelehrte Vorträge gehalten hatten.

»Da in der Ecke steht ein Spiegel. Schauen Sie sich nur recht lange an!«

Charlotte sah sich im Spiegel an, riss die Augen weit auf, senkte sie zur Hälfte, schielte nach rechts, nach links, ließ die Lider fallen, dass sie nur noch wie durch einen Vorhang einen winzigen Spalt ihrer Augen im Spiegel sah, blinzelte. Dann griff sie zum Bleistift.

Erst nach einer Stunde schaute ihr Corinth über die Schulter.

»Na, das bottert ja ganz fein«, sagte er. Seine Augen lachten über ihren verwunderten Blick. »Na, Fräulein Berend, plattdeutsch können Sie wohl auch nicht? Bottern heißt: Jetzt flutscht es. Oder in der Sprache der wohlerzogenen Töchter: Jetzt ist es gut! Ziemlich gut, wenigstens.

Also, nächsten Dienstag um neun Uhr, dann ist allgemeiner

Unterricht. Und ziehen Sie sich um Gotteswillen etwas anderes an! Diese schwarzen Sachen, die Sie da tragen, sind einfach schrecklich. Und dann noch schwarze Strümpfe.« Charlotte schluckte: »Ich bin in Trauer, Herr Corinth. Mein Vater ist gestorben.«

»Der kann sich allen Ernstes niemals gewünscht haben, dass Sie wie eine Nachteule herumlaufen. Also bei der nächsten Sitzung bitte ich mir bunte Farben aus. Oder wenigstens weiß. So kann ich nicht arbeiten.«

Charlotte verließ Corinths Atelier im dritten Stock und wendelte sich die Treppe hinunter. Soll ich da noch einmal hingehen, dachte sie, als sie den Weg zur Elektrischen einschlug, die am Tiergarten Richtung Halensee, wo sie mit Mutter und Schwester wohnte, abfuhr. Zu diesem komischen Kauz? Aber war nicht das Porträt ihrer Schwester tatsächlich viel besser geworden, nachdem sie Alice neue Augen verpasst hatte? Vielleicht konnte sie bei diesem Maler doch noch etwas lernen.

Auch Corinth sann seiner ersten Schülerin nach. Hatte er nicht einem Freund vor einigen Wochen geschrieben, dass eine Malschule Überraschungen bereithalten könne? Allerdings hatte er dabei eher an unerfreuliche Erlebnisse gedacht. *Wer weiß, was das Schicksal hier bringen wird. Montag über 8 Tage will ich die Schule eröffnen. Da erlebt man auch Dinge bei Vorführung von »hochtalentvollen« Wesen, die einem sonst erspart bleiben …*

Das Malweib

Corinth war dreiundvierzig Jahre alt, als er seine Malschule eröffnete.

Er malte seit Jahrzehnten und verkaufte jedes Bild leichten Herzens, wenn sich nur ein Käufer fand. Aber es fanden sich zu wenig Interessenten. Auch wenn mit der Gründung der Secession in Berlin der Kunstmarkt in Bewegung geraten war und nicht mehr ausschließlich die *saucige Historienmalerei* dominierte, wie der Kunstkritiker Julius Meier-Graefe die akademische Kunst der Wilhelminischen Zeit nannte, tat sich die moderne Malerei schwer, bürgerliche Käufer anzusprechen. In Berlin mochte man risikofreudiger sein als in München, aber aufs Geld schaute man auch. Bilder der französischen Impressionisten, die auf Betreiben Max Liebermanns erstmals in Berlin gezeigt wurden, fanden nur sehr verhaltene Resonanz. Und eine Ausstellung mit Werken Edvard Munchs musste 1892 wegen »unsittlichen Inhalts und künstlerischer Fragwürdigkeit« geschlossen werden.

Charlotte war Corinths erste Schülerin, aber schnell tauchten andere »Malweiber« auf: Lilli Waldenburg und Lisa Winchenbach, ein Fräulein von Ubich und sogar eine Amerikanerin, Frau Dr. Rahel Lippmann. Und eine Woche darauf kamen weitere Fräuleins: die beiden Fräulein Lehfeld, Helene Wolff, Emmi Ostermann. Charlotte war nicht mehr die einzige. Und wurde doch – je länger, je mehr – des Lehrers einzige.

Nach dem Ende des Unterrichts verstand es Corinth, Charlotte unter einem Vorwand länger im Atelier zu halten. Er müsse ihr noch etwas zeigen. Ob sie noch Zeit habe, die Zeichnungen zu ordnen? Die Fragen waren genauso fadenscheinig, wie sie klangen. Lovis Corinth hatte sich in die aparte Charlotte Berend verliebt. Aber es fehlte ihm jede Raffinesse, das begehrte Fräulein zu umwerben. *Sehr geehrtes Fräulein Berend, Ich bin seit vorgestern wieder hiesig,* schreibt er reichlich unbeholfen in einem ersten Brief, nachdem er von einer Reise nach Paris zurückgekehrt ist. *Nach Verabredung teile ich Ihnen das mit, falls Sie noch dieselbe Gesinnung betreff der Portraitmalerei haben. Ich würde mich freuen, wenn Sie mal zu mir ran kommen, so es Ihre kostbare Zeit erlaubt, Vielleicht Montag zwischen 11 u. 12 oder andern Vormittag. Schreiben Sie mir, wie es Ihnen am besten paßt. Besten Gruß Ihr Herr Lehrer Lovis Corinth*

Das Fräulein Berend, gerade einundzwanzig Jahre alt, hatte Zeit. Und bald aß das ungleiche Paar im Atelier zu Mittag Kaviar, den Lovis in großen Mengen herbeischleppte, sprach über Kunst und Künstler, über Maltechniken, über Geschichte und Politik. Das Fräulein war gebildet.

Am Schluss des Semesters im Juni 1902 fragte er: »Fräulein Berend, ich würde gerne Ihr Porträt malen. Was meinen Sie dazu?« So kam es zum ersten der über achtzig Porträts, die Corinth von Charlotte malte: *Charlotte Berend im weißen Kleid.* Ihr Gesicht ist füllig, eingefasst von üppigem dunklen Haar, ihr Leib über der dunklen tiefsitzenden Schärpe leicht gerundet, die Brust ausgearbeitet. Corinth malt sie wie eine römische Vestalin, so wie sie Livius beschrieben hat: *verehrungswürdig und unantastbar.* Charlotte aber trägt keine Schale mit Feuer, sondern einen blühenden Zweig in ihrer linken Hand, über den rechten Arm fällt eine Stola. Ihr Kopf ist zur Seite geneigt, sie blickt auf den Zweig, der vielerlei Bedeutung tragen kann:

Frühling ihres gerade erblühten Lebens, Verheißung von nahender Fülle und Frucht.

Corinth hat ein Porträt von ihr gemalt, das möglichst große Ähnlichkeit aufweisen soll, darüber hinaus hat er sie inszeniert als eine Inkarnation der Schönheit, wie sie nur in der Malerei darstellbar ist. Er hat seine Schülerin Charlotte Berend mit liebendem Auge betrachtet, vielleicht schon mit dem Begehren, sie möge seine Geliebte werden.

Der Meister signierte es mit *Der Herr Lehrer für Frl Charlotte Berend* und schenkte es ihr am 13. Juni.

Ein Kind entdeckt das Malen

»Ach, das Kind kann ja malen«, rief Ida aus, die mit Martin zu Besuch in die Burggrafenstraße gekommen war. Martin, der eigentlich Mosche hieß, sich aber umbenannt hatte, um nicht auf den ersten Atemzug als Jude identifiziert zu werden, war Ernst Berends Bruder. Er leitete in London die Geschäfte der Firma Berend, so wie Ernst, Charlottes Vater, die Obliegenheiten in Berlin. Ida, Martins Frau, setzte sich spontan zu ihrer angeheirateten Nichte auf den Teppich, ihr Rock schob sich über die Knie, was Hedwig, Charlottes Mutter, missbilligend registrierte.

»Die Lotte hat Talent«, rief Ida. Sie neigte zu enthusiastischen Auslassungen, wenn ihr etwas gefiel. »Wisst ihr, dass euch da eine kleine Künstlerin heranwächst?« Niemand hörte Ida zu. Hedwig war in der Küche verschwunden, Ernst und Martin, beide Liebhaber von edlen Getränken, hatten sich in den Weinkeller verzogen, um einen Burgunder für den Abend auszuwählen. Alice, die ältere Tochter, saß in einem Sessel und war schon in das neue Buch versunken, das ihr Ida mitgebracht hatte.

Seit Charlotte vier Jahre alt war, lief sie mit Zeichen- und Buntstiften durch die Welt. Wenn sie zum Geburtstag eine Puppe geschenkt bekam, lag diese am Abend in der Ecke und wurde nicht wieder angesehen. Die Eltern versuchten es mit Alben, in die man Abziehbilder kleben konnte, mit Puppenstuben und Kaufmannsladen, mit illustrierten Kinderbüchern. Charlotte nahm die Bücher, malte in den Bildern herum, verzierte die Buchstaben mit Arabesken.

»Woher hat sie denn diese künstlerische Ader?«, fragte Ida beim Abendessen, das wie immer, wenn die »Londoner« zu Besuch waren, mit allem Pomp zelebriert wurde. Da kamen die schweren Damasttischtücher auf den Tisch, die böhmischen Kristallgläser, das feine Porzellan aus Meißen, da gab es Rinderlende und Lachs, von den Beilagen und den Getränken ganz zu schweigen. Ida trug eine knallrote Jacke über einem dekolletierten schwarzen Kleid. Ihre lockigen Haare waren kurz geschnitten und nicht wie Hedwigs streng aus dem Gesicht gekämmt und zu einem Dutt hochgesteckt.

Ernst betrachtete wie immer seine Schwägerin mit Wohlgefallen. Diese Frau wusste sich zu kleiden, sie war lebhaft, charmant, konnte kokett ihre Vorzüge zum Leuchten bringen. Den Kontrast zu seiner Frau empfand er schmerzlich. Sie konnte sich nicht anziehen, schlimmer: Sie wollte es nicht. Wie oft hatte er von seinen Geschäftsreisen aus Paris und der Schweiz schöne Stoffe mitgebracht, Brokat und handgeklöppelte Spitze, Seide und Taft. Das alles verschwand in den großen Truhen im Wirtschaftszimmer. Wenn Hedwig sich fein machen wollte, zog sie das immer gleiche graue Kleid mit einem weißen Bubikrägelchen an. Sie beteiligte sich nicht an dem Gespräch, sondern kontrollierte kritisch, ob das hereingetragene Gemüse warm, das Fleisch gleichmäßig aufgeschnitten und in Soße eingerahmt war, die Fruchtkörbe voll, aber nicht üppig aussahen. Ida, unbeeindruckt von aller haushälterischen Anspannung, plapperte munter weiter: »Na, von euch hat Charlotte das Talent ja wohl nicht. Aber ihr müsst sie fördern. Und wie in der Musik kann man damit gar nicht früh genug anfangen. Sucht ihr doch einen guten Zeichenlehrer!«

Dieser Vorschlag empörte Hedwig so sehr, dass sie nun doch den Mund aufmachte: »Ich glaube, Ida, du spinnst. Das hieße ja wohl das Geld zum Fenster hinauswerfen. Einen Zeichenlehrer für eine Vierjährige! Ich bitte dich!« Ernst stand seiner Frau nicht bei. Er war mit Martin in ein Gespräch über die nachlassende Qualität der ägyptischen Baumwolle vertieft. Aber mit halbem Ohr hatte er die Auseinandersetzung der beiden Frauen doch mitbekommen.

Am nächsten Tag bestellte er keinen Zeichenlehrer – das hätte auch er für exaltiert gehalten – aber er brachte Charlotte ein kleines Zeichenbrett und ihren ersten Aquarellfarbkasten mit. Natürlich genoss er es, dass Charlotte jubelte, er genoss nicht weniger, dass sich Hedwig ärgerte. »Natürlich, wenn Ida etwas sagt, ist das gleich ein Evangelium. Charlotte – eine Künstlerin? Mit vier Jahren? Einfach absurd. Und hast du diese rote Jacke gesehen? Eine anständige Frau trägt so etwas nicht.«

»In Paris und London tragen alle Frauen rote Jacken. Ich würde dir auch eine kaufen.« Ernst Berend lachte, weil er wusste, dass er niemals nach einer solchen Jacke Ausschau halten müsste. Wenn Hedwig nur nicht immer ihre Kritik unverblümt und manchmal verletzend ausposaunen müsste. Denn natürlich hatte sie Ida am Ende des Abends gesagt: »Hier in Berlin gehen wir aber nicht mit dir aus, wenn du solch ein knalliges Rot trägst. Das wählen hier nur bestimmte Damen, na, du weißt schon.« Einen Augenblick schien es, als sei Ida ernsthaft eingeschnappt. Aber dann hatte sie gelacht: »Hedwig, Rot ist die Farbe der Lebensfreude. Und gerade daran scheint es dir zu fehlen.«

In den nächsten Tagen wich Charlotte nicht von Idas Seite. Sie malte ein Blatt nach dem anderen voll und schenkte es der Tante, die sich so anders als ihre Eltern über ihre Geschenke freute. Ida übte auch richtig mit ihr, zeigte ihr, wie man ein Blatt mit Wasser bepinseln muss, um dann Aquarellfarben aufzutragen, die zu schönen Mustern verlaufen, zeigte ihr, wie man ein Haus *richtig* zeichnete, sodass die Linien eines Daches zu einem Perspektivpunkt hin verlaufen, wie man einen Baum aufbaut, erst den Stamm, dann die Äste, dann die Zweige mit Blättern. Als Ida und Martin Berend abreisten, heulte Charlotte Rotz und Wasser. Der kostbaren Babypuppe, die Ida Charlotte mitgebracht hatte, wurden ein paar Tropfen Wasser unter die echten Wimpern geträufelt, damit auch sie echte Tränen vergoss.

»Das haben wir nun davon«, sagte Hedwig zu ihrem Mann.

Charlottes früh entwickeltes Talent für das Gestalten mit Stift und Farbe wurde auch in späteren Jahren als Kinderei angesehen. Eine nette Spielerei. Das wächst sich aus. Im Wohnzimmer der Familie wurde keine Kindermalerei an die Wand gehängt, sondern Gobelinstickereien, schwere Ölgemälde mit Landschaftsmotiven oder die beliebten kolorierten Stiche von Hunden und Pferden, die Martin aus England mitbrachte, wenn man ihn darum bat.

Hedwig und Ernst Berend hatten keine künstlerischen Neigungen. Sie nahmen auch nur sehr begrenzt am kulturellen Leben der Stadt teil. Ab und an ging man ins *Lessing-Theater*, das vorwiegend leichte Komödien gab, die Premiere von Gerhart Hauptmanns *Vor Sonnenaufgang* im Jahr 1889 war da eine Ausnahme. Ernst Berend gab die Theaterbesuche bald wieder auf, die Boulevardkomödien gefielen ihm nicht, er verabscheute alles »Süßliche«. Und mit ernsten Stücken wollte er sich nicht auseinandersetzen.

Hedwig liebte Operetten, und über dieses *Gesumse* konnte Ernst nur Hohn und Spott ausgießen. Um sie zu ärgern, sang er manchmal dröhnend im Badezimmer: »*Ich lade gern mir Gäste ein. Man lebt bei mir recht fein*« aus der *Fledermaus*. Hedwig hielt ihm ja oft genug vor, dass er immerzu Freunde einladen und reichlich bewirten müsse, weil er die Abende nicht alleine mit ihr verbringen könne. Für Ironie hatte Hedwig keinen Sinn.

Sie nutzte eine Geschäftsreise Ernsts nach London, um mit ihrer Schwester Liese, deren Sohn Erwin und ihren Töchtern Alice und Charlotte in ein Kabarett zu gehen. Charlotte war begeistert, die Handlung blieb ihr nebulös, aber die Musik war wunderbar, vor allem als eine Art höllischer Galopp begann, riss es sie vom Sitz. *Da begann die Musik. Es schien ein Marsch. Denn als mitten in der Musik der Vorhang hochging, stand eine lange Reihe junger Damen da und turnte nach den Klängen dieser flotten Musik. Sie hoben alle gleichzeitig ein Bein ganz hoch und winkten dann über ihren Köpfen mit dem Fuß. Sowas ist verflucht schwer. Natürlich sah man die Hosen von den Damen. Außerdem, ich mußte das zugeben, diese Hosen waren derart niedlich, wie ich noch nie welche gesehen hatte. Zufällig hatten alle die jungen Damen ganz gleiche Hosen an. Mit viel Spitzen – wirklich sehr niedlich. Und alle trugen dieselben schwarzseidenen Kleider. Plötzlich hoben alle ein Bein hoch und winkten Abschied – winke winke – mit dem Fuß. Dabei sah man freilich die kleinen Hosen. Da saß ein Herr neben mir, der klatschte in die Hände, daß es knallte. Alle Leute klatschten. Ich auch, so doll ich konnte.*

Zuhause übte Charlotte den Cancan, warf ihre Beine in die Luft, ließ ihren biederen weißen Schlüpfer hervorblitzen, als sei dieser so niedlich wie die der Tanzmädchen. Sie übte, um ihren Vater mit der Darbietung zu überraschen, wenn dieser aus London zurückkam. Aber der Cancan im Wohnzimmer, bei dem sie, artistisch genug, sich so tief herabbeugte, dass ihr der Rock über den Kopf fiel, geriet zur Katastrophe. Ernst Berend, sonst ausnehmend liberal, was die Erziehung seiner Töchter anging, geriet ob der gespielten Verruchtheit seines Mädchens aus der

Fassung und brüllte *wie ein Löwe*: »*Aufklärung, ich verlange Aufklärung! Vergiftet! Vergiftet! Für's ganze Leben!!*« Charlotte verstand überhaupt nicht, warum sich der Vater so aufregte. Sie hatte heftigen Applaus erwartet. Und jetzt schrie der Vater ihre Mutter an, es fielen Worte wie »unsittlich«, »verdorben« »Halbwelt«, »Laster«, »Miljöh«, – ihre Mutter schluchzte: »harmlos«, »naiv«, »ahnungslos«, »unbedarft«, alles Worte, die Charlotte nicht einordnen konnte. Nur eines verstand sie: dass die Eltern sich wieder einmal erbittert stritten. Dieses Mal um sie. Da war es das Beste, ganz schnell aus dem Wohnzimmer zu verschwinden und unsichtbar zu werden.

Charlotte verschwand aus dem Wohnzimmer und überließ die Eltern ihrem Streit.

Der Streit beruhigte sich nicht.

Ich sollte mich von Hedwig scheiden lassen, die Gegensätze sind unüberbrückbar, dachte Ernst Berend nicht erst an diesem Abend. Aber eine Trennung war in ihren Kreisen ein Fauxpas, den man sich nicht leistete, das Eingeständnis, nicht nach den Regeln des Standes leben zu können. Ihre Heirat war von einem Schadchen, einem jüdischen Heiratsvermittler, arrangiert worden, die Verhältnisse schienen ideal abgestimmt: hier die wohlhabende jüdische Bankierstochter Hedwig Gumpertz aus angesehener Hamburger Familie, dort der zwölf Jahre ältere jüdische Berliner Kaufmann Ernst Berend, der zusammen mit seinem Bruder Martin das elterliche Baumwollunternehmen leitete und ein Baumwollgeschäft am Alexanderplatz führte. Die Braut war hübsch und unternehmungslustig, die Aussteuer stattlich. Dass sie für seichte Operetten schwärmte, konnte sich ja auswachsen. Aber schon nach den Flitterwochen, die das

Paar in Italien verbracht hatte, hätte der junge Ehemann stutzig werden sollen. Er hatte sich ausgedacht, seine junge Frau mit einer Fülle von Rosen zu begrüßen, wenn sie die Schwelle des neuen Heimes überschritte: eine symbolische Geste, dass er sie auf Rosen betten wolle. Die Bediensteten hatten auf sein Geheiß Körbe voll roter Rosen in die Wohnung gestellt. Statt sich zu freuen, hatte Hedwig entsetzt ausgerufen: »Das ist ja fürchterlich. Welch grässliche Verschwendung. Hätte man wenigstens Rosen in Töpfen genommen statt Schnittblumen!«

※

In wenigen Jahren hatte sich aus dem flotten jungen Mädchen ein Hausmütterchen mit Sparzwang entwickelt, das die Arbeit der Dienstboten nicht beaufsichtigte, sondern sie ihnen abnahm. Mit wachsendem Wohlstand hatte Ernst Berend ein Stubenmädchen, einen Hausdiener, eine Köchin, eine Kaltmamsell und einen Gärtner angestellt. Aber wenn er abends nach einem erfüllten Arbeitstag oder von einer Geschäftsreise nach Hause kam, traf er seine putzende, mit Kittel und Kopftuch bekleidete Frau an, die an den Bediensteten herumnörgelte, die ihr nichts recht machen konnten.

»Es ist nicht die richtige Art zu arbeiten«, sagte Ernst Berend. »Man muss Angestellten Befehle geben, ihre Arbeit lenken und überwachen, nicht sich selbst abrackern.« Aber seine Frau widersprach: »Im Büro, im Lagerraum, im Packraum kannst du deinen Bediensteten und Knechten Befehle geben, im Haushalt kann man das nicht!«

»Warum denn nicht?«

Charlotte schreibt in ihren Erinnerungen an die Kindheit: *Mama ging ganz auf im Hauswesen. Ein richtiger Hausdrache. Sie schimpfte im Haus herum, nie war es sauber und waren wir artig genug. Und diese Sparsamkeit! Papa war großzügig und elegant. Mama war bescheiden, sie verstand nicht, den Vater zu unterhalten. Dem Hause vorzustehen als schöne elegante Frau.*

Die ungleichen Schwestern

Immer stand Charlotte im Mittelpunkt. Nicht nur ihre zeichnerischen Fähigkeiten wurden bewundert. Sie hatte ein Talent, sich selbst in Szene zu setzen, wurde früh von Eltern, Freunden, Lehrerinnen als ein Mädchen entdeckt, das sich mit großer Lust ausstellte, das Spiel genoss und noch mehr den Applaus. Und damit spart niemand bei einem entzückenden Kind.

»Wie unterschiedlich unsere Mädchen doch sind«, sagte manchmal der Vater. Alice fehlte jeder Drang, sich zu exponieren. Wenn es Besuch gab oder eine Soiree im Hause Berend veranstaltet wurde, verkroch sich Alice mit einem Buch auf ihr Zimmer, während Charlotte die Gesellschaft mit munterem Geplapper unterhielt. Altklug wie sie war, wusste sie früh, wie sie Erwachsene bezaubern konnte. Wohlerzogen musste man sein, aber auch lebhaft und witzig. Niemandem ins Wort fallen und den Freunden der Eltern schmeicheln. »Ich glaube, Sie sind ein bedeutender Mann«, hatte sie als Fünfjährige einmal einem Geschäftsfreund ihres Vaters gesagt, der daraufhin seinen Monolog über die wirtschaftliche Krise unterbrochen und herzhaft gelacht hatte. »Du bist noch schöner als meine Mama« – über solch ein Kompliment freute sich eine Cousine ihres Vaters, die zwanzig Jahre älter als Hedwig Berend war.

Es war unüblich, dass Kinder bei Gesellschaften mit an der Tafel saßen. Aber bevor man sich zu Tisch setzte, trank man im Salon einen Sherry oder Portwein und unterhielt sich zwanglos. Da durfte die kleine Charlotte ihre Honneurs machen. Sie heischte keine Aufmerksamkeit, gab sich zurückhaltend – ohne es zu sein, gerade darin bestand die frühe Weisheit des mit allen Wassern der Selbstdarstellung gewaschenen kleinen Mädchens.

Alice tat so, als sei sie über ihre Wirkung auf die erwachsenen Gäste erhaben. Aber natürlich war sie auf Charlottes frühkindliche Erfolge eifersüchtig. Dieses ausgekochte Gör von kleiner Schwester, die sich nach Strich und Faden hofieren ließ, immer so bescheiden tat, hatte völlig unbescheiden die Rolle der Lieblingstochter des Hauses Berend usurpiert. Diese durchtrieben Schmeichelkatze, dieses falsche Naivchen, dieses Kind-Monster!

Alle Besucher brachten immer Geschenke für die Töchter mit. Natürlich fiel pflichtschuldigst auch immer etwas für Alice ab, ein Buch eben – da musste man sich keine großen Gedanken machen. Aber für Charlotte musste man sich ins Zeug legen, da wetteiferten die Gäste darin, wer den besten Einfall gehabt hatte und bei Charlotte die schrillsten Entzückensschreie auslöste.

Alice war nicht so hübsch wie Charlotte. Sie hatte die gleichen dunklen Augen, das gleiche kräftige schwarze Haar – aber schon sehr früh wirkte ihr Gesicht herb, der Mund streng, der Blick, wenn nicht abweisend, so doch abwartend. »Ihr wolltet ein Sonnenscheinchen. Mit mir habt ihr eine Regentrude bekommen«, hatte sie einmal ihren Eltern gesagt. Die hatten natürlich heftig widersprochen. Ihre Mutter Hedwig aber hatte sie mit einem Blick angesehen, der sagte: »Du schlägst eben mir nach.«

Am meisten liebte es Charlotte, wenn sie Theater spielen konnte. Zunächst ergaben sich Gelegenheiten im Familienkreis. Bei der Hochzeit einer entfernten Tante trat sie als Schneeflocke im weißen Tüllröckchen auf und tanzte wie eine kleine Ballerina um einen Jungen herum, der als Eiszapfen verkleidet war. Ein anderes Mal durfte sie bei einem Fest der Schlesier ein Bauernmädchen in schlesischer Tracht spielen. Natürlich sah sie entzückend aus. Sich schminken, in ein Kostüm schlüpfen, eine andere Identität annehmen, neue Rollen ausprobieren, das entsprach Charlottes Wesen. Ihre Mutter schimpfte oft, wenn sie das Kind vor dem Spiegel antraf: *Eitelkeit wird immer bestraft. Man verliebt sich in sich selbst und verliert die Liebe anderer.*

Über solche Lebensweisheiten konnte sich Charlotte mit einem Lachen hinwegsetzen. Als künftige Malerin ahnte sie, dass der Spiegel eine Herausforderung sein würde, sich der ewigen Frage zu nähern: Bin ich die, die da erscheint? Oder gibt der Spiegel nur eine Idee von mir wider? *Für Menschen, die malen, ist der Spiegel wie ein Magnet. Er ist wie ein Wunder. Wer wüßte ohne ihn von sich selbst.*

Attacke

Charlotte war in ihrer Klasse ausgesprochen beliebt. Immer hatte sie einen Hofstaat von Mitschülerinnen um sich herum. Denn mit Charlotte konnte man jeden Unfug unternehmen, die Lehrerinnen trefflich ärgern, über die Jungen, die man nachmittags auf der Allee durch den Zoologischen Garten traf, lästern.

Und man konnte sich von ihr zeichnen lassen. Alle ihre Freundinnen bettelten um ein Porträt, alle bewunderten sie, weil die Konterfeis ihnen tatsächlich ähnlich waren. »Das sieht mehr nach mir aus als ich selbst«, sagte ihre Freundin Hilde, nachdem Charlotte sie gemalt hatte.

Nur eine Person wollte Charlotte partout nicht als Modell haben: ihre Mutter. Der war ja nie etwas recht zu machen, schon gar nicht von ihr. Doch eines Tages ging Hedwig Berend zum Frontalangriff über: »Immer zeichnest du andere. Warum niemals mich? Bin ich denn so hässlich? Oder was gibt es für Gründe?«

»Mama, wie kannst du so etwas denken? Ich dachte, du hättest kein Interesse an einem Bild, das Modell-Sitzen sei dir lästig. Setz dich gleich hin, sofort fangen wir an!« Aber das stillschweigende Einverständnis, das zwischen Maler und Modell herrschen muss – soll ein Bild glücken –, stellte sich nicht ein. Da gab es keine harmonische Schwingungen, kein Vertrauen, keine Gelassenheit. Die Mutter war gereizt, ungeduldig, immer auf dem Sprung, die Sitzung abzubrechen, »weil es Wichtigeres zu tun gibt ...« »Jetzt lass mal sehen«, sprang Hedwig schon nach einer Stunde auf und riss Charlotte den Zeichenblock vom Brett. »Dacht' ich's mir doch, dass du eine hässliche Alte aus mir machen willst.«

»Mama, ich habe bisher nichts als einige Konturen skizziert, setz dich wieder hin!«

»Ich habe schon genug gesehen. Es ist mir klar, dass ich bei dir nicht schön aussehen darf!«. Charlotte klappte den Zeichenblock zu. Am nächsten Tag gab es einen neuen Termin – und guten Willen auf beiden Seiten. Aber Hedwig bestand wieder darauf, die halbfertige Zeichnung zu sehen und zu begutachten. Sie nörgelte herum: Die Augen seien viel zu schräg angesetzt, die Schraffuren sähen wie Krähenfüße aus. Der nach unten gezogene Mund, die ausladenden Wangenknochen verstärkten den Eindruck einer mürrischen Alten. Charlotte musste an sich halten, um nicht zu sagen: Die du ja manchmal bist! Als Mutter Hedwig aber Charlotte den Zeichenstift aus der Hand riss, um Verbesserungen anzubringen, platzte der jungen Malerin der Kragen. Sie ergriff das Zeichenbrett und schleuderte es mit voller Wucht gegen den Kopf des unbotmäßigen Modells.

∽

Am Abend wurde Charlotte ins Arbeitszimmer ihres Vaters beordert. Der saß steif hinter dem Schreibtisch und gab Charlotte durch ein Zeichen seiner Hand zu verstehen, sich auf den Stuhl davor zu setzen. Wie vor Gericht, dachte Lotte. Ernst Berend sprach betont langsam: »Wie soll ein Mensch es im Leben zu etwas bringen, wenn er seinen Jähzorn nicht beherrschen kann.«

»Sie hat mich bis aufs Blut gereizt.«

»Das glaubst du doch selbst nicht, Charlotte.« Nie sagte ihr Vater Charlotte zu ihr, immer nur Lotte. »Dass sie deine Mutter ist, die du ehren musst, hast du wohl völlig vergessen. Glaubst du, ich habe dir das Zeichenbrett geschenkt, damit du es als Waffe gegen deine Mutter einsetzt? Dein Verhalten ist unannehmbar. Ich war immer stolz auf dich, das hat sich heute geändert.«

Der letzte Satz brannte in Charlotte wie eine giftige Flamme. Sie liebte ihren Vater, manche sagten »abgöttisch«, das fand sie übertrieben. Aber sie liebte ihn und wollte, dass er stolz auf sie war. Dass er ihr diese besondere Art väterlicher Zuneigung aufkündigte, schmerzte sie mehr als die offizielle Strafe von sechs Wochen Hausarrest.

Sie machte einen Knicks, bevor sie das Zimmer verließ. Und dann fiel ihr ein Satz ein, den sie irgendwo gelesen hatte: »Vater, ich werde mich Ihrer Liebe wieder würdig erweisen.«

Das eigentliche Leben

Als Zehnjährige hatte sie zwar ihrer Freundin Käte gesagt, sie wolle nie heiraten. *Wenn ich erwachsen bin, male ich Bilder. Ich will keinen Mann und keine Kinder haben.* Was bei ihrer Freundin auf Unverständnis stieß. »*Ich will*«, meinte Käte, »*sobald es möglich ist, heiraten. Fort von zu Hause. Fort von Mama.*« Drei Jahre später hatte sich auch Charlottes Einstellung zum männlichen Geschlecht gewandelt. Als Schülerin der Charlotten-Schule hatte sie viele Freundinnen. Schon auf dem langen Schulweg von der Burggrafenstraße über den Lützowplatz und der Magdeburger Straße zur Steglitzstraße gab es reichlich Gelegenheit, mit Käte, die im Nachbarhaus wohnte, zu ratschen und zu tratschen. Und was machen Teenager oder Backfische, wie sie damals hießen, wenn sie untergehakt am Nachmittag über die Boulevards promenieren, wie man in Berlin die Straßen am Zoologischen Garten nannte? Sie lachen, sie kichern, sie schauen den jungen Burschen nach, sie machen sich über sie lustig und hoffen doch inständig, dass sich einer nach ihnen umdreht oder ihnen zulächelt. Charlotte räumte später ein: *Alle Jungens sollten in mich verliebt sein.* Und alle Jungens waren in sie verliebt, der Emil, der Fritz, der Kurt, der Paul. Nur einer nicht, der schöne Max. Max wird von allen ihren Freundinnen angehimmelt, weil er so unglaublich attraktiv ist. Jede ist glücklich, wenn er ihr nur einen müden Blick schenkt. Charlotte schenkt er gar keinen Blick. Das macht sie wütend. Denn Max sieht wirklich *fressig* aus. Sie verfällt als Vierzehnjährige auf den ältesten weiblichen Trick der Welt: Tu so, als sei er dir völlig gleichgültig, schneide ihn. Das wird seine Eitelkeit nicht verkraften. So sagt sie auch den Freundinnen, in der Gewissheit, dass Max in Windeseile davon erfährt, dass sie den Burschen zwar halbwegs gutaussehend fände, dass er aber der größte Langweiler aller Zeiten sei. Natürlich kommt Max am nächsten Tag angekrochen und fragt Charlotte, ob sie mit ihm gehen wolle. Die kalte Schulter hat reflexartig ein heißes Begehren ausgelöst. Dass die Anziehung sehr schnell verglüht und sich der schöne Max wieder verabschiedet – vermutlich war sie ihm zu widerspenstig –, steht auf einem anderen Blatt. Ihr Herzschmerz hält sich aber in Grenzen, der nächste Bewerber steht schon vor der Tür.

Ich war als junges Mädchen immer verliebt bis über beide Ohren, gesteht Charlotte. Der einzelne junge Mann scheint sie dabei nur in Maßen interessiert zu haben, er war austauschbar, aber der Zustand des Verliebtseins war berauschend. Sie verrät auch das Geheimnis ihres Erfolges: *Ich bin nicht kokett – nie.* Sie will sich nicht verbiegen, sondern so sein können, wie sie ist. Geradeheraus, frech, ehrlich. Bei ihr weiß jeder, woran er ist. Und weil sie gut zuhören kann, erzählen ihr die Jungen alles, vertrauen ihr. Und sie streut generös ihre vierzehnjährige Lebensweisheit über die Schar ihrer Verehrer.

Im wilhelminischen Berlin sind die Möglichkeiten, sich mit Jungen zu treffen, für ein junges Mädchen begrenzt. Man darf am Nachmittag mit Freundinnen am Kurfürstendamm flanieren, bei Anbruch der Dunkelheit muss man zu Hause sein. Vielleicht lernt man bei einem Nachmittagskaffee mit der Familie einen gleichaltrigen Vetter kennen, aber über heiße Blicke und nichtige Konversation geht es nicht hinaus. Immerhin lernt man früh zu tanzen. Schon mit dreizehn Jahren kommt Charlotte in den Genuss von Tanzstunden. Ihr Tanzlehrer ist Ballettmeister der königlichen Oper, die Familien der tanzfähigen jungen Leute haben ihn engagiert. Zwölf Paare werden zusammengebracht, die Stunden finden reihum in den Familien der jungen Leute statt. Jede dieser Familien hat so große Gesellschaftsräume, dass sich 24 Tänzer und Tänzerinnen dort mühelos bewegen können. Die Eltern sind Zuschauer und ergötzen sich an ihren wohlgeratenen Kindern – und passen auf, dass nichts Unrechtes geschieht. Als ein Junge beim Tanzkursus Charlotte plötzlich an sich drückt und die anderen Teilnehmerinnen sich austauschen, dass er das bei jeder probiere, ist der aufdringliche Mensch beim nächsten Mal nicht mehr mit von der Partie. Ein Mädchen hat gepetzt, da ist er in hohem Bogen aus dem Kurs geflogen. Erotisches Anbandeln ist absolut verpönt, Tanzen ist nichts als keimfreie Technik.

Charlotte liebt das Tanzen und wird in ihrem Leben eifrig dieser Passion frönen. Allerdings hat das preußische Mädchen Schwierigkeiten mit dem Wiener Walzer. Sie beherrscht das »Schleifen« nicht richtig. Zu großer Form wird Charlotte auflaufen, wenn in Berlin die neuen Tänze Mode werden: Charleston und Jimmy. Die kommen aber erst später.

Charlotte zog als Dreizehnjährige mit ihren Eltern und der Schwester Alice in die Kantstraße 164. Die Kantstraße war zu dieser Zeit nur drei, vier Blöcke lang, der nahegelegene Savignyplatz noch ein Sandplatz für Kinder. Aber die Kaiser-Wilhelm-Gedächtniskirche war gerade gebaut worden, und der Vater sagte: »Das hier wird in Kürze der elegante Westen von Berlin sein.« Womit er Recht behielt.

Die zentrale Wohnlage erlaubte Charlotte auch, auf kurzen Wegen ihren vielen Vergnügungen nachzugehen. Denn in der Schule war sie eher mittelmäßig – was ihrem Desinteresse an vielen Fächern geschuldet war. Einmal kam gar ein Brief an die

Eltern, in dem diese davon in Kenntnis gesetzt wurden, dass ihrer Tochter die Nicht-Versetzung drohe. Ernst und Hedwig Berend waren entsetzt. Charlotte war es auch. Noch ein Jahr länger auf die Schule gehen zu müssen? Das kam nicht in Frage. So setzte sie sich auf den Hosenboden – und wurde versetzt.

Obwohl sie seit ihrem vierten Lebensjahr immerzu zeichnete, oder vielleicht gerade deswegen, war ihr der Zeichenunterricht bei Fräulein Stort zu akademisch, zu formalistisch. Eva Stort war eine ausgezeichnete Kunstlehrerin, sie selbst malte und stellte aus, war auch bei den malenden Männerbünden anerkannt. Charlotte bewunderte sie, langweilte sich aber schnell, wenn es um die Grundlagentechnik ging. *... ich weiß garnicht, was ich tun soll: Gipszeichnen halte ich nicht aus. Blumen sind mir ebenfalls öde nur Menschen, aber immer kann ich doch nicht Jenny zeichnen.* Jenny war eine ihrer vielen Freundinnen.

Hingegen schwärmt sie für den Deutschunterricht, der ihr die Welt der Literatur öffnete. Noch als hochbetagte Frau kann sie in ihrer amerikanischen Heimat die deutschen Klassiker zitieren; Balladen und Gedichte aufsagen. *Was ich diesem Hofmeister* [ihrem Deutschlehrer] *verdanke, kann ich garnicht erklären, er hat mich erst erzogen zu einem Menschen.*

Das eigentliche Leben aber beginnt nach dem Unterricht. Charlotte ist sportlich, sie schwimmt ausgezeichnet, spielt Tennis, nimmt sogar Fechtunterricht, aber am allerliebsten geht sie zum Eislaufen auf dem Neuen See im Tiergarten. Da dreht sie Pirouetten, übt Sprünge und freut sich, wenn die Jungen an der Bande ihr zuschauen und sie zu immer waghalsigeren Figuren anfeuern.

Sie spielt Klavier, geht in Konzerte, interessiert sich für Kunst, geht schon als Fünfzehnjährige allein in alle Ausstellungen der Secession. Das Elternhaus fördert die musischen Neigungen der beiden Töchter. »Im Rahmen«, wie der Vater sagt. Aber als die sechzehnjährige Charlotte ihrem Vater erklärt, dass sie nach ihrem Schulabschluss auf die Kunstschule gehen möchte, um Malerei zu studieren, ist das ein Schock für ihn. »Du willst ein Blaustrumpf werden, eine alte Jungfrau?« Schließlich willigt er ein: »*Du wünschst es dir so sehr. Es wird mir schwer. Schwerer als du verstehen kannst. Kind. Du! Ich will deinem Glück nicht im Wege stehn. Folge deinem Ideale. Ich willige ein. Vergiß deinen Vater nicht.*«

Einen Tag nach der Abschlussfeier in der Schule geht sie zur Aufnahmeprüfung in die Kunstschule in der Klosterstraße. Die praktische Prüfung dauert eine volle Woche. Am ersten Tag muss sie ein Akanthusblatt zeichnen. *Am zweiten Tag eine Büste des Bildhauers Rauch, am dritten Tag den Kopf des berühmten Knaben aus der Antike, an den weiteren Tagen nach Gipsabgüssen: Hände, Beine und Torso des menschlichen Körpers, dann noch den Abguss einer Frauenhand.* Charlotte genießt die Herausforderung: *Diese Woche war die schönste meines sechzehnjährigen Lebens.* Sie erzählt zu Hause nichts von diesen Vormittagen, aber irgendwann erinnert sich der Vater doch, dass es da eine Aufnahmeprüfung gab, und fragt nach dem Erfolg. Charlotte inszeniert das Ergebnis. »*Ich bin mit fünfundachtzig geprüft worden, und sie haben nur zwei angenommen*«, klagt sie mit Grabesstimme.

»Nur zwei? So wenig?«, fragt der Vater. Und setzt nach, *mit einmal ganz rot im Gesicht:*

»*Na und? Ich meine wer? Kerlchen, wer wurde angenommen?*«

»*Ach so, ja, die eine heißt Margarete de la Ville, die andere heißt Charlotte Berend.*«

Damit endet für Charlotte die Zeit der frühen Jahre, in der ihr Leben von elterlichem Wollen bestimmt war. Jetzt hat sie selbst eine Entscheidung getroffen: Sie wird Malerin.

Kapitel 2

Das Leben mit Lovis Corinth

Führe mein Leben woanders hin

Alice war nicht aggressiv. Trotz der Eifersucht auf Charlotte beschützte sie ihre jüngere Schwester, bügelte deren Fehler aus, nahm sie vor den Lehrerinnen in Schutz, wenn Charlotte sich wieder einmal »unartig« benommen hatte, entführte sie heimlich ins Theater, wenn die Eltern es verboten hatten. Es gab zwischen den heranwachsenden Schwestern Augenblicke großer Einigkeit: Wenn vom Wohnzimmer ein Streit der Eltern so lautstark ausgefochten wurde, dass er in ihren Zimmern zu hören war, so wussten sie – ohne es aussprechen zu müssen –, dass sie niemals so leben wollten, wenn sie groß wären. Niemals.

Charlotte betete: *Lieber Gott. Führe mich heraus aus dieser Familie. Führe mein Leben woanders hin, laß mich eine Künstlerin werden, bringe mich woanders hin.*

Charlottes Wunsch, den sie im Alter von 16 Jahren mit heißem Herzen in ihr Tagebuch schrieb, sollte in Erfüllung gehen, schneller und radikaler, als sie es sich vorstellen konnte.

Am 28. Februar 1900 nahm sich ihr Vater das Leben. Es war ein Schock, der die drei Berend-Frauen völlig unerwartet traf. Denn da Frauen ja nichts von Ökonomie und Finanzen verstanden, verstehen sollten, hatten sie keinerlei Ahnung, dass Ernst Berend seine Firma in den finanziellen Ruin getrieben hatte. Er gab das Geld immer mit vollen Händen aus, pflegte einen Lebensstil, den er sich eigentlich nicht leisten konnte. In der Sprache seiner Zeit war er ein Lebemann, einer, der zu leben wusste, der den Luxus liebte, sinnliche Genüsse, das Dasein in aller denkbaren materiellen Fülle. Er lebte über seine Verhält-

nisse – mit Eleganz und Stil. Um die Finanzen aufzubessern, war er der ältesten und gefährlichsten Methode verfallen, die einen Geldsegen verspricht, der sich so gut wie nie einstellt: Er hatte an der Börse spekuliert, hatte hochriskante Aktienkäufe getätigt – und sein privates wie geschäftliches Vermögen verloren. Zu dem geschäftlichen Bankrott kam noch ein moralischer. Er hatte treuhänderisch überlassene Gelder für seine Spekulationen eingesetzt, also veruntreut.

Mittags war der Vater zum Lunch zu Hause; was ungewöhnlich war. Nach dem Kaffee stand er auf, schaute seine Töchter an und sagte: »Laßt es euch gutgehen«, dann ging er in sein Arbeitszimmer. Wenig später hörten sie den Schuss. Hedwig und die Mädchen stürzten in das Arbeitszimmer, wo Ernst in seinem Blute lag. Die Mutter brach zusammen, die Töchter knieten bei dem sterbenden Vater. Später wusste keine zu sagen, wie lange er noch gelebt hatte.

Der Schuss beendete das verwöhnte Leben der Berend-Frauen im großbürgerlichen Hause. Von einem Tag auf den anderen waren die Töchter verarmte Halbwaisen geworden, die alles an materieller Sicherheit eingebüßt hatten, was ihnen fünfundzwanzig beziehungsweise zwanzig Jahre lang als selbstverständlich gegolten hatte.

Was ihnen blieb, war ihr Wille, dem Schicksal etwas entgegenzusetzen – die Kunst. Bei Alice war es das Schreiben, bei Charlotte das Malen. Einen vernünftigen Broterwerb versprachen beide Künste nicht. Aber dem Leiden trotzen zu wollen, auch dem Selbstmitleid, war die Stärke beider. Und wenn die Kunst kein Brot nach Hause brachte, so doch vielleicht ein intensives Leben.

Die Kunst geht nach dem Brote

Die Malweiber wuselten aufgeregt umeinander herum, zupften an ihrer Kleidung, an ihren Frisuren, kontrollierten gegenseitig, ob die Nähte an ihren Strümpfen gerade verliefen, plapperten, weil auch das Mundwerk nicht stillstehen konnte. Sie hatten die erste große Präsentation eigener Arbeiten in Corinths Atelier. Schon zwei Wochen vorher waren Einladungen verschickt und alle Familienmitglieder zwangsverpflichtet worden, zu diesem Tag der offenen Tür zu kommen und sich die Ausstellung anzuschauen, mit Begeisterung nicht zu sparen. Viele der Eltern und Geschwister waren vor allem erpicht darauf, den großen Meister von Angesicht zu Angesicht kennenzulernen. Von ihm hatten sie viel gehört und einige seiner Gemälde gesehen. Aber der Herr Lehrer verabschiedete sich einfach eine Stunde vor der Eröffnung und übertrug Charlotte die Verantwortung für die Durchführung der Ausstellung. »Machen Sie das! Sie können das! Ich habe etwas anderes vor.«

»Aber die Besucher werden bitter enttäuscht sein. Viele kommen doch nicht, um unsere Stümpereien zu betrachten, sie möchten Lovis Corinth erleben.«

»Arbeiten meiner Schülerinnen können keine Stümpereien sein. Damit das einmal klar ist. Sonst wären sie längst nicht mehr meine Schülerinnen. Und ich will, dass die Aufmerksamkeit nicht abgelenkt wird. Die Tische sind hergerichtet, auf denen Ihre Zeichnungen ausgelegt werden sollen. Sie werden schon dafür sorgen, dass die Präsentation Aufmerksamkeit erregt. Und die Damen sollen ihre Arbeiten nicht verkaufen, sagen Sie ihnen das! Das kommt erst später!«

Corinth hatte Charlotte erzählt, dass er sein allererstes Bild erst mit 37 Jahren verkauft hatte. Und sie erinnerte sich, dass er sie schon bei ihrem ersten Besuch in seinem Atelier auf ein überdimensionales Bild, das an der Wand lehnte, hingewiesen hatte: »Gefällt es Ihnen? *Perseus und Andromeda* stellt es dar. Das können Sie für zwanzig Mark kaufen. Das gefällt niemandem sonst.« Charlotte hätte es gerne gekauft, auch wenn sie es niemals in der Wohnung ihrer Mutter in Halensee hätte aufstellen können. Aber frisch verarmt, wie sie seit dem Tod des Vaters waren, hatte sie keine 20 Mark übrig.

Sie hatte jedoch verinnerlicht, wie leicht sich Corinth von seinen Arbeiten trennte, wie froh er war, etwas verkaufen zu können. Die jungen Elevinnen, die jetzt ihre Zeichnungen präsentierten, hatten kaum kommerzielle Interessen. »Ich muss dem Herrn Papa beweisen, dass das Geld, das er für den Unterricht bezahlt, nicht hinausgeworfen ist«, sagte Lili. Und Fräulein Wolf schien vor allem an einem anerkennenden Wort ihrer Mutter gelegen zu sein, einer Mutter, die immer die jüngere Schwester vorzog und Malerei als unnützen Zeitvertreib betrachtete. Nur die Doktor'sche mit ihrem respektlosen Mundwerk raubte der Veranstaltung von vorneherein alle Illusionen, die richtige Anerkennung zu finden. »Was werden die Besucher sagen? ›Nett‹, werden sie sagen, ›nett‹! Und wir dürfen ihnen das Wort nicht einmal um die Ohren schlagen und sagen: ›Nett‹ ist das Gegenteil von Kunst. ›Nett‹ ist die allergrößte Beleidigung!«

Charlotte bemühte sich darum, dass jede der Schülerinnen den gleichen Platz zur Darbietung ihrer Zeichnungen und Aquarelle erhielt. Sie mühte sich um gute Lichtverhältnisse, was an diesem kalten und dunklen Februartag nicht einfach war. Da von draußen so wenig Licht ins Atelier fiel, musste man sich mit Lampen behelfen. Sie war aufgeregt, als der Türklopfer zum Atelier zum ersten Mal zu hören war. Aber dann setzte sie ihr schönstes Lächeln auf, empfing die Besucher, entschuldigte ausschweifend den Herrn Lehrer, der es zutiefst bedaure, heute

Nachmittag nicht dabei sein zu können. Am Anfang war Enttäuschung zu spüren, aber bald war der Herr Corinth vergessen. Die Malweiber warfen sich stürmisch in die Arme ihrer Familien und Freunde, der Geräuschpegel stieg mächtig an, es wurde geschwatzt und gelacht, nur die Herren Väter nahmen den Zweck der Veranstaltung noch ernst. Sie holten ihre Lorgnons hervor, kniffen ein Auge zusammen und betrachteten kritisch die Zeichnungen. Hatten auch das richtige Vokabular parat, um die künstlerischen Bemühungen zu würdigen: hoffnungsvoll, eine schöne Begabung, gute Ansätze, ein sensible Feder, sehr weiblich, vielversprechend. Und keiner sagte: »Nett!«

Auch Hedwig Berend war gekommen, stand verloren in einer Ecke, als wisse sie nicht, ob sie sich den Zeichnungen zuwenden könne, ohne Schaden an ihrer Seele zu nehmen. »Mama, sieh dich doch um, ich habe zu tun!«, rief Charlotte, die gesehen hatte, dass sich eine Besucherin an sie wenden wollte.

»Handeln Sie in Lovis Corinths Namen?« fragte die Dame sehr direkt. Was war das für eine komisch gestelzte Frage? Die Dame sah nach Geld aus: feinster Pelzmantel, saffianlederne Handschuhe, großer Hut, kleine Stiefelchen, dezent geschminktes Gesicht. »Es ist schön, dass Sie sich für unsere Arbeiten interessieren«, sagte Charlotte. »Könnten Sie mir nicht ein paar Zeichnungen von Lovis Corinth zeigen?« Charlotte zögerte. Das war eigentlich nicht der Sinn dieser Ausstellung, hier sollten doch die Schülerinnen präsentiert werden. Aber warum sollte sie nicht einer Bewunderin Corinths den Gefallen tun – und nach einer Bewunderin sah die Dame aus – und ihr ein paar Zeichnungen aus den Mappen holen und auflegen. Die Dame betrachtete jedes Blatt lange und sorgfältig, gab keinerlei Kommentar ab – was Charlotte erwartet hatte –, keinen Ausdruck von Begeisterung. Charlotte fand es irritierend, dass sie anfing, die Zeichnungen zu sortieren. Corinth hielt in seinen Mappen eine streng chronologische Ordnung, wie sollte sie die bloß anschließend wieder herstellen! Die biblischen Themen wurden aussortiert. Landschafts- und Porträtstudien in die Mitte gelegt. Langsam wurde Charlotte nervös, um sie herum das Sausen und Brausen des Atelierfestes – zu einem solchen hatte sich die Ausstellung entwickelt – und hier in der Ecke nahe am Fenster die Pelzmanteldame mit dem eisigen Schweigen. Als Charlotte die Bilder wieder in die Mappe legen wollte, fiel ihr die Frau in den Arm: »Diese zwei Zeichnungen will ich kaufen«, sagte sie und hob zwei Porträtskizzen hoch, die eines Kindes und einer jungen Frau. »Kommen Sie doch morgen wieder«, wollte Charlotte sagen, aber dann durchfuhr sie ein plötzliches Glücksgefühl: Was würde sich Corinth freuen, wenn er hörte, dass sie zwei Zeichnungen für ihn verkauft hatte. »Tüchtiges Fräulein«, würde er sagen, »den Deiwel auch, allerlei!« Sie strich das Geld ein, quittierte, das Herz voller Jubel. »Ich muss noch aufräumen«, sagte sie ihren Freundinnen, als alle am frühen Abend das Atelier verließen. Sie wartete auf Corinth, wollte ihm vom Verkauf erzählen, in seinem Lob baden.

Er kam. Er war im Wirtshaus gewesen und dann beim Metzger vorbeigegangen, hatte Rumpsteaks gekauft, das tägliche Essen in den Wirtshäusern war er leid, den Kaviar inzwischen auch, er wollte gerne, dass Charlotte ihm Steaks brate, schön blutig. Sie hatte keine Ahnung vom Kochen, aber ein paar Fleischscheiben zu braten, dürfte ja kein Hexenwerk sein.

»Stellen Sie sich vor, ich habe Sie verkauft«, rief sie betont munter, noch bevor er seinen gefütterten Überzieher abgelegt hatte. Aufgeregt erzählte sie ihm von dem Handel mit der Kundin, verfiel aber in eine leisere Tonart, als sie sah, wie sein Gesicht dunkelrot anlief, sich seine Brauen zusammenzogen und sein Schnurrbart zitterte. »Was haben Sie gemacht?«

»Ich wollte doch nur…« Ein Donnerwetter brach los, wüst, ungestüm, polternd. *Das Bauernblut wallte in ihm auf*, schrieb Charlotte später über Corinths Wutanfälle. Aber in diesem Augenblick wallte nichts auf bei moderater Temperatur, der Siedepunkt war überschritten. Der Meister brüllte: »Was fällt Ihnen ein, Fräulein Berend, was maßen Sie sich an, über meine Werke zu verfügen, was glauben Sie denn, wer Sie sind? Ein Kunstwerk ist keine Ware. Und auch wenn ich Bilder verkaufe, bedeutet das noch lange nicht, dass ich sie gleichsetze mit beliebigem Krimskrams, auf das man einen Preis pappt – und dann weg damit. Eine Zeichnung ist nicht reproduzierbar. Sie ist einmalig. Sie ist persönlich. Sie ist Ausdruck meiner künstlerischen Ideen. Sie haben sie verramscht wie ein Zigarettenetui. Und Sie wollen eine Künstlerin werden?«

Charlotte erstarrte. Sie wollte sich rechtfertigen, für ihre Gedankenlosigkeit entschuldigen, aber sie spürte, dass jedes Wort Corinth noch mehr aufregen würde. Das Gewitter verzog sich nicht, es ging in ein dumpfes, lang anhaltendes Grollen über.

Die Rumpsteaks schmeckten wie geschächtetes Fleisch: ledern. Charlotte bekam ohnehin keinen Bissen herunter.

Der Kauf war nicht rückgängig zu machen, die schöne Unbekannte sollte nicht wieder auftauchen. Mit dem Erlös der Zeichnungen konnten einige Steaks finanziert werden, und Charlotte lernte, diese à point zu braten, mit rotem Kern. Aber sie schmeckten nur Corinth.

Die feinen Kreise

»Alice, du musst mir einfach helfen. Ich bin aufgeschmissen. Da habe ich eine Einladung fürs Wochenende, wie sie besser nicht sein kann. Auf eine Art Schloss. Vürnehm, sage ich dir, vürnehm! Und ich habe absolut nichts anzuziehen. Ich werde mich bis aufs Hemd blamieren!«

»Na, Hauptsache, das Hemd ist gewaschen«, sagte Alice trocken. Sie hatte wahrlich anderes im Kopf, als sich um die Garderobenprobleme ihrer Schwester zu kümmern.

Alice versuchte, mit ihrer journalistischen Arbeit Fuß zu fassen, schrieb Artikel über das florierende Berliner Theaterleben für das *Berliner Tageblatt*, in dem der Gott aller Feuilletonisten, Alfred Kerr, seine gefürchteten Kritiken veröffentlichte. Sie schrieb Texte für das Kabarett *Überbrettl*, das sich aus einem Journalistenstammtisch im Café *Monopol* gebildet hatte. Dort am Potsdamer Platz traf sich die Szene: Künstler und Möchtegern-Künstler, Journalisten, die sich für Schriftsteller hielten, und Schriftsteller, die froh waren, wenn sie für Zeitungen schreiben durften, auch wenn das Zeilengeld ein Hungerlohn war. Aber vielleicht erschrieb man sich einen Namen, der einem eine Tür zu einem Verlag öffnete, und wenn das Schicksal es gut mit einem meinte, wurde der allmächtige Verleger Samuel Fischer auf einen aufmerksam. Eine spitze Feder war gefragt, ein Gespür für Themen, die noch nicht in der Luft lagen, aber schon zu ersten grauen oder rosa Wolkenstrichen am Himmel kondensierten. Alice war alles außer ihrer Arbeit zweitrangig. »Wenn man nicht schön ist, verbraucht man keine Zeit auf dem Markt der Eitelkeiten, ein Problem weniger im Leben«, hatte sie einmal gesagt. Dabei waren ihr Männer durchaus nicht gleichgültig, immer wieder war sie verliebt und hoffte, dass gescheite Männer sich in ihren Geist und Witz verlieben könnten.

Besonders schlimm war es vor zwei Jahren mit Max Reinhardt gewesen. Sie war dem Theatermann, der wenig redete, aber ganz wunderbar Stücke in Szene setzen konnte, nachgerade verfallen. Er schien sie zu schätzen, gab etwas auf ihr Urteil, sprach mit ihr über die neuesten Stücke, über junge Dramatiker, über seine Produktionen. Sie hatte das neueste Kind seiner Theatergründungen getauft, eine Kleinbühne im Saal des Künstlerhauses in der Bellevuestraße, in dem experimentelles Theater gezeigt werden sollte. Eines Abends hatte er ihr und anderen Freunden im *Monopol* geklagt, dass er keinen Namen für dieses Theater fände. Ein Freund wiegelte ab, das sei doch völlig unwichtig, entscheidend sei, was auf den Spielplan der Bühne käme, der Name sei nur Schall und Rauch. Flink hatte Alice den Ball aufgegriffen: »Max, nennen Sie Ihr kleines Theater doch *Schall und Rauch*! Das hat Pfiff, ist originell, auf kokette Weise untertrieben und trifft doch mitten ins Theaterherz: Alles, was auf der Bühne tönt und dröhnt, verflüchtigt sich wie aufsteigender Rauch.«

Tatsächlich nannte Reinhardt sein neues Theater *Schall und Rauch* und lud Alice zur ersten Premiere als Patin ein. Alice fühlte sich geehrt. Bei der Premierenfeier legte Reinhardt den Arm um sie, verkündete laut: »Der Name des Theaters ist, wie wir wissen, ›Schall und Rauch‹, aber den Namen dieser jungen Schriftstellerin sollten Sie sich alle merken: Alice Berend. Sie werden noch von ihr hören.«

Alice war selig gewesen. Aber wenig später hatte sich Max Reinhardt einer Schauspielerin zugewandt – Else Heims – und geheiratet.

»Also, geh an meinen Kleiderschrank und such dir aus, was du willst. Du kannst es dir ja von Frieda verändern und enger machen lassen. Mama hat auch noch jede Menge Stoffe, die ihr Papa immer aus Paris mitgebracht hat. Die haben ja vielleicht das richtige Flair für ein Schlossfräulein.«

Frieda war die Hausschneiderin. Unter ihrer Schere wurde aus der aufregendsten Pariser Seide ein biederes Lehrerinnen-Kleid. Das konnte Charlotte jetzt gar nicht gebrauchen.

»Und wo genau gehst du am Wochenende hin«, fragte Alice, aber Charlotte war schon aus dem Zimmer gewischt. Die und ihre neuen Freunde, dachte Alice.

Lovis Corinth führte Charlotte in die besten gesellschaftlichen Kreise ein, und bald verkehrte Fräulein Berend dort als Corinths Lieblingsschülerin. Künstler gehörten zu diesem Milieu, aber auch der neue Geldadel Berlins: Fabrikanten, Industrielle, musisch interessierte Gattinnen erfolgreicher Geschäftsleute. Charlotte konnte sich in diesem Ambiente bewegen, es war ja noch keine zwei Jahre her, dass ihr Vater in seinem Haus ausgesprochen glamouröse Abendgesellschaften gegeben hatte. Sie wusste, wie man Austern schlürfte, Kaviar löffelte und Hummer mit der Zange knackte. Sie wusste, dass man als Dame niemals Bier trank, würde nie ein Rotwein- mit einem Weißweinglas verwechseln und Champagner in zierlichen Schlückchen zu sich nehmen. Sie wusste Konversation zu betreiben, über die neueste Ausstellung bei Paul Cassirer oder die neuesten Inszenierungen im *Schauspielhaus* zu plaudern – mit sicherem Instinkt, niemandem auf die Füße zu treten, der möglicherweise andere Eindrücke gewonnen hatte als sie. Ihre Mutter hatte auch einigen schönen Schmuck retten können, den sie gerne den Töchtern lieh, Goldketten, die sich prächtig auf Charlottes dunkler Haut ausnahmen. Sie konnte also immer noch als Tochter aus erstklassigem Hause auftreten – nur an der Kleidung haperte es gewaltig. Diese gewisse Mischung von Eleganz und kokettem Augenzwinkern, die in Künstlerkreisen erwartet wurde, konnte sie nicht bieten. Manchmal genügte es ja, ein Dekolleté etwas zu vergrößern. Frieda machte zwar ein Mordstheater und rief: »Das geziemt sich nicht.« Aber Charlotte konnte sie am Ende immer besänftigen und ihr ein paar Zentimeter abhandeln. Ein kleiner Schlitz ins Kleid, der glänzende Strümpfe und Knöpfelschuhe hervorblitzen ließ, etwas Rouge auf Wangen und Lippen, schon hatte man den Hauch Verführung aufgelegt, der zum Image einer Künstlerfreundin passte.

Bereits nach einem halben Jahr, nachdem sie zu Corinth in die Malschule gekommen war, hatte ihr der Meister Türen geöffnet, die ihr nach dem Tod des Vaters für alle Zeit versperrt zu sein schienen. Durch die Secession hatte sie zum Beispiel Richard Israel kennengelernt, einen reichen Kunstmäzen, der mit einer Tochter Emil Cohns, des Teilhabers des allmächtigen Zeitungsverlegers Rudolf Mosse, verheiratet war, Bianca Israel. Das Paar bewohnte nicht nur eine Stadtvilla in der Bellevuestraße, ihm gehörte auch ein Landgut in Schulzendorf südöstlich von Berlin. Richard Israel besaß zudem ein prächtiges Gestüt, nahm selbst an Trabrennen teil. Überhaupt waren Pferde die bevorzugte Leidenschaft der reichen Leute. Auch der Kunsthändler Bruno Cassirer, ein Cousin Paul Cassirers, leistete sich einen Rennstall mit Vollblutarabern und holte jedes Jahr Preise beim deutschen Traber-Derby. Er hatte ein Rennpferd »Lovis« getauft, was den so Geehrten zu der Bemerkung veranlasste: »Nanu, sieht der Gaul mir denn ähnlich?«

Über Ostern des Jahres 1902 lud Bianca Israel Charlotte auf das Gut Schulzendorf ein – zusammen mit Lovis. Charlotte war beeindruckt. *Es war eigentlich mehr schon ein Sommer-Schlößchen, und der Stil, in dem sich das Leben darin vollzog, von gediegener Noblesse. Am Nachmittag war im Hause Empfang, Offiziere fuhren vor, an ihrer Seite geschniegelte junge Damen.*

Corinth erschien – nicht im Habitus eines Künstlers, sondern korrekt gekleidet im schwarzen Anzug, mit seinem Markenzeichen, der weißen Piqué-Krawatte (nie trug er eine andere), und schwarzen Lackschuhen, ganz Gentleman und Grandseigneur. Die Damen rissen sich um ihn – und auch, wenn er von Haus aus kein Charmeur war, genoss er weibliche Bewunderung und wusste sie galant zu parieren. Unentwegt sah ihn Charlotte eingekreist von jungen Damen, die Bilder von ihm in einer Ausstellung gesehen haben wollten und ihn mit Lob überschütteten.

Bianca Israel ergriff Charlottes Arm und spazierte mit ihr durch den Garten, der als natürliches Kunstwerk im Stil der englischen Landschaftsgärten angelegt war. Geschwungene Wege führten unter Bäumen entlang, künstlich angelegte Wassergräben wurden von zierlichen Brücken überspannt, freilaufende Pfauen versprachen, Räder zu schlagen, hielten aber selten ihr Versprechen, in einem Teich trieben weiß und hoheitsvoll Schwäne. Skulpturen entlang des Weges zeugten von der Kunstliebe der Besitzer. Charlotte hatte sich gerade entschlossen, auf ihr Zimmer zu gehen und der Abendgesellschaft fernzubleiben. Als einzige der Damen trug sie ein schwarzes Kleid, aus Seide zwar, aber schwarz, während alle anderen weiblichen Gäste in allen Schattierungen von Weiß gekommen waren. War das geschriebener oder ungeschriebener Comment: Ostern in Weiß? Auch Bianca Israel trug ein kostbares cremefarbenes Spitzenkleid, nicht dekolletiert, nicht mit Schlitz. Charlotte kam sich billig vor. Da hatte sie gedacht, sie kenne die Spielregeln dieser Kreise – welch ein Irrtum! Es war peinlich. Doch so einfach konnte sie der Situation nicht entfliehen. Bianca ließ Charlottes Arm nicht los und wanderte mit ihr wie mit einer alten Freundin durch die weitläufigen Grünanlagen. Die Luft war noch kühl, aber der Frühling ließ schon sein blaues Band flattern. »Sehen Sie es so, Charlotte: Wir Frauen tragen heute alle das Gleiche, alle weiße Uniform. Sie sind die einzige, die aus der Reihe tanzt. Um Gotteswillen, genieren Sie sich nicht dafür, im Gegenteil, seien Sie stolz auf sich. Ich glaube, das ist es genau, was Corinth an Ihnen schätzt: dass Sie anders sind als alle anderen.« Charlotte bedankte sich artig. Wenn Sie nur wüssten, Frau Israel, dachte sie, dass ich die pure Not trage, ein abgelegtes Kleid meiner Schwester.

Bianca Israel dirigierte Charlotte in den großen Wintergarten des Gutes. Hier blühten die Zitronen- und Orangenbäume und Orchideen in reicher Fülle. Bianca brach weiße Orangenblüten ab und steckte sie Charlotte ans Kleid. »Glückliche Ostern«, sagte sie herzlich.

Gut Schulzendorf war nicht der einzige Ort, an dem Charlotte als Corinths Lieblingsschülerin – aus der sehr bald die »Kollegin« wurde – bella figura machte. Am Anfang konnte sie es kaum fassen, wohin ein gütiges Schicksal sie, die verarmte Halbwaise, geweht hatte: *Nun war ich zu Gast in Häusern, in denen man das Diner mit Champagner begann. Berge von Austern wurden auf silbernem Tablett von livrierten Dienern serviert. Die erlesensten Weine wurden getrunken. Allem merkte man einen schier unermeßlichen Reichtum, der sich nichts zu versagen brauchte, an.*

Petermannchen

Charlotte und Lovis saßen am Meer. Es war im Sommer 1902, in ihren ersten gemeinsamen Ferien in Horst an der Ostsee. Lovis legte den Arm um seine junge Geliebte und sagte zärtlich »Kerlchen«.

»So hat mich mein Vater immer genannt. Auch schon mal ›Pudelchen‹. Und manchmal neckte er mich damit, dass ich ein vertauschtes Zigeunerkind sei, man habe mich in ein Paket abgelegt hinter dem Zaun des Hauses gefunden.« Liebende erzählen gerne von ihrer Kindheit, aus der Zeit, da sie sich unbegreiflicherweise noch nicht kannten. Lovis entwarf Charlotte ein Bild seiner Kindheit in Ostpreußen, des Lebens in Tapiau an den Flüssen Deime und Pregel, wo sein Vater eine Gerberei und einen Bauernhof betrieben hatte. Die Gerberei hatte seine Mutter als Witwe mit in die Ehe gebracht, daneben auch noch fünf Kinder. Lovis' Halbgeschwister, unter denen er viel gelitten hatte. Den Gestank der rohen Tierhäute, der Loh- und Kalkgruben, die für das Gerben der Häute gebraucht wurden, hatte Lovis nie aus der Nase bekommen. Aber seine Kindheit roch auch nach dem warmen, vertrauten Geruch, den Pferde, Kühe und Schafe verströmten. Ferien gab es nie. »Die Ochsen und Kühe machen auch keinen Urlaub«, hatte sein Vater lakonisch gesagt, wenn die Kinder erzählten, dass andere Familien in die Sommerfrische fuhren. Das konnten sich aber nicht viele Familien in Tapiau leisten. Im Grunde gehörten die Corinths sogar zu den Privilegierten, es ging ihnen wirtschaftlich gut, sie waren angesehen, beschäftigten eine Reihe von Arbeitern, der Vater wurde sogar zum Ratsherrn ernannt. Der Alltag war geprägt vom strengen Regiment der Mutter, die auf Sparsamkeit und Genügsamkeit bedacht war. Franz Heinrich Louis, wie der einzige Sohn von Franz Heinrich Lovis Corinth und seiner Frau Amalie Wilhelmine, verwitwete Opitz, getauft wurde, wurde Luke oder Lue genannt und schon früh mit Arbeiten auf dem Hof betraut. Kindheit war im preußisch-protestantischen Milieu keine Zeit des Spielens und Herumtollens, sondern die Zeit der Einübung in Pflichten.

⁓

Da hatte das Leben der großbürgerlichen Kaufmannsfamilie Berend einen anderen Zuschnitt. Natürlich fuhren die Eltern mit den Töchtern im Sommer an die See; der Vater nur eine begrenzte Zeit, aber Mutter Hedwig und Alice und Charlotte verbrachten die sechswöchigen Ferien in stattlichen Ferienhäusern. Auch wenn der Altersunterschied von Alice und Charlotte fünf Jahre betrug, verstanden sich die Schwestern und hingen sehr aneinander, schwammen miteinander und genossen die Zeit am Strand. Erst als Alice achtzehn und Charlotte dreizehn Jahre alt war, drifteten die Interessen auseinander: Alice schloss erste Urlaubsbekanntschaften. Die jungen Männer, die immer wie zufällig die Wege der beiden Schwestern kreuzten, ihnen Federbälle aufhoben und apportierten oder an den schönsten und am wenigsten einsehbaren Mulden am Strand mit Handtüchern Plätze reservierten, hatten es mehr auf die ältere als die jüngere Schwester abgesehen. Das wurde anders, als Charlotte siebzehn Jahre alt wurde. Von nun an wandelten zwei Aphroditen am Ostseestrand, gefolgt von jungen Männern, die sich die Schwestern als Objekte der Anhimmelei aufteilten. Charlotte fand das alles aufregend, Alice konnte hingegen sehr von oben herab ihre Verehrer abblitzen lassen. In einem Sommer waren ihnen zwei Jungen gefolgt wie treue Hunde, die keine Ermutigung brauchen, um auf den Fersen der geliebten Herrinnen zu bleiben. Charlottes Schatten war blond, weißhäutig, mit leicht eingefallenem Brustkorb, bebrillt, aber nicht schüchtern. Alices Schatten stolzierte wie ein Gockel über die Promenade, ein braungebrannter Adonis mit lockigen schwarzen Haaren. Eines Tages nun, so erzählte Charlotte Lovis die Geschichte dieses Sommers, war sie allein an den Strand gegangen, kokett bewaffnet mit einem rotseidenen Sonnenschirmchen. Alice war wegen einer Verkühlung zu Hause geblieben. Und sofort sprang aus dem Kiefernwald ihr Verehrer. Auf sächsisch fragte er höflich, ob er die junge Dame in einer ernsten Angelegenheit sprechen dürfe. Sie, Charlotte, bot ihm großmütig einen Platz im Strandkorb der Familie an.

»Du machst es ja spannend«, sagte Lovis und warf Stöckchen ins Wasser. »Hat er dir einen Heiratsantrag gemacht?«

»Du bist ein ekelhafter Spielverderber«, sagte Charlotte. Jetzt wollte ich dir die kuriose Szene vorspielen, und du nimmst mir den Wind aus den Segeln.«

»Jeder Heiratsantrag ist eine Groteske, erzähl' ruhig weiter.«

»Morgen reise ich zurück nach Dresden«, sagte der blonde Jüngling, »doch vorher wollte ich anfragen, ob ich die Aussicht haben dürfte, Sie als meine künftige Frau ansehen zu können.«

»Tonnerwetter«, rief Lovis aus. Er verhärtete immer das D zu einem T. »Tonnerwetter, der hat noch nie ein Wort mit dir gesprochen und will dich gleich heiraten. So etwas passiert nur ganz schönen Frauen, bei denen es auf nichts anderes ankommt als auf das Aussehen.«

Charlotte überlegte einen Augenblick lang, ob sie wegen dieses Satzes nicht beleidigt sein sollte. Aber dann wurde sie gepackt von ihrer eigenen Erinnerung – und dem Drang, sie so zu pointieren, dass Lovis seine Freude daran haben musste. Wie oft hatte er ihr in diesen Tagen gesagt: »Ich liebe deine Geschichten. Du kannst so wunderbar erzählen.«

»Ja, ich liebe Sie sehr«, Charlotte versuchte sächselnd den jungen Mann zu imitieren. »Mein Vater ist ein Bankbeamter, zwei, drei Jahre müssten wir vielleicht noch warten, aber dann könnten wir heiraten. Ich hoffe, Ihr Herr Vater ist auch nicht unbemittelt, Ihre Eltern machen einen so vorzüglichen Eindruck.«

Lovis liefen Lachtränen in den Bart. »Jetzt erklären Sie mir nur, Fräulein Berend, warum Sie nicht längst in Dresden eine Dame der reputierlichen Gesellschaft von Bankbeamtengattinnen sind. Ständ' Ihnen gut an!«

Charlotte blieb in ihrer Rolle: »Mein Herr, da haben Sie Recht, in meinen Eltern vorzügliche Menschen zu sehen. Nur muss ich Ihnen eine Enthüllung machen. Meine Eltern sind nicht meine Eltern. Ich bin ein Zigeunerkind, das eines Tages vor der Haustür der Familie lag. Das eigene blonde Söhnchen aber hatten die Zigeuner mitgenommen. Sie wissen doch, wie sehr Zigeuner blonde Kinder lieben. Und ich hatte schon nach der Geburt kohlrabenschwarze Haare. Die Eltern, die nicht meine Eltern sind, haben mich behalten, aber eigentlich stamme ich aus der berüchtigten Zigeunersippe der Petermanns.«

»Den Deiwel auch«, sagte Lovis, »der Jüngling hat die Geschichte doch wohl nicht gefressen.«

»Hat er, der Simpel. Er war wie vor den Kopf gestoßen, wurde bleich und verschwand so wieselflink im Gebüsch, als sei der Teufel hinter ihm her. ›Aber Sie lieben mich doch‹, habe ich ihm hinterhergeschrien.«

»Ach, Petermannchen, du kleiner mutwilliger Teufel, ich muss wirklich Angst vor dir haben«, brachte Lovis zwischen Lachanfällen heraus, »vor dem ungestümen Zigeunerblut, das in dir brodelt, der animalischen Leidenschaft, der …« Weiter kam er nicht. Charlotte nahm seinen Kopf in ihre Hände und küsste ihn. Die Leidenschaft war nicht animalisch, aber jungmädchenhaft war sie auch nicht.

Von diesem Tag an nannte Lovis Corinth Charlotte Berend ausschließlich »Petermannchen«. Höchstens dass er mal nach »olles Kerlchen« variierte. Er sprach sie mit ihrem Zigeunernamen an, er schrieb Briefe mit dieser Anrede, er nannte später das Haus in Urfeld »Haus Petermann«. Bald kannte sie den Namen Petermannchen in allen Färbungen seiner Stimme: zärtlich, vertraut, nahe, sachlich, verärgert, fragend, ironisch.

Da habe ich mir was eingebrockt mit meiner Geschichte, dachte sie manchmal. Und fragte sich, ob der Petermann nicht eine Verschiebung war und Corinth sie bewusst oder unbewusst mit diesem Namen als eine Andere apostrophierte, nicht als Zigeunermädchen natürlich, aber vielleicht als Judenmädchen? Weil sie in den Augen eines ostpreußischen Bauernjungen eine Fremde war mit ihrem dunklen Teint, den dunkelbraunen Augen und der Fülle des schwarzen Haars. Über das Aussehen hinaus ein Wesen, das aus einer unvertrauten, irritierend fremden Welt in seine Welt eingedrungen war? Warum redete er sie nie und nirgends mit ihrem Vornamen an, der in bürgerlichen Berliner Kreisen so verbreitet war? Vielleicht wollte er eine Frau, die anders war als alle anderen. Vielleicht empfand er aber das Fremde an ihr als bedrohlich und wollte es bannen, indem er es benannte. Sie wusste es nicht.

Aber sie wurde sein Petermannchen. Erst Jahrzehnte später, als ihr andere Männer Lotta, Carlotta, Charlotte oder – amerikanisch – Charlie ins Ohr flüsterten, wusste sie, wie gerne sie auf diesen ungewöhnlichen Namen gehört hatte.

Des Meeres und der Liebe Wellen

Charlotte klopfte sich die Kiefernadeln aus ihrem Rock. Auch in der Unterwäsche hatten sich die trockenen Nadeln verfangen und piekten, wenn sie sich bewegte. Sie zwickten – wie das schlechte Gewissen, das sie an manchen Tagen plagte. Die Situation war unmöglich – und doch erschien sie ihr in den köstlichen Augenblicken, in denen sie sich dem Mann hingab, der sie begehrte und den sie begehrte, wie das Allernatürlichste der Welt. Wenn der Abend hereinbrach und ihnen den Schutz der Dunkelheit bot, trafen sie sich in den Kiefernwäldern, die den Strand der Ostsee säumten, suchten sich verschwiegene Senken, die noch die Sonnenwärme des Tages abstrahlten und nach Kiefernadeln dufteten, und liebten sich auf eine Weise, für die Charlotte keine Erfahrung und keine Sprache hatte. Der Mann ihrer Liebe hatte Erfahrung, aber eine Sprache hatte er auch nicht. Er ließ seine Hände sprechen, seinen wortlosen Mund. Der Mund erkundete ihren Körper, als sei dieser eine Terra Incognita. Die Zunge verfing sich hinter ihren Ohrläppchen, die Lippen saugten sich in den Mulden ihres Halses fest, zogen warme feuchte Striche über ihre Brüste, die Hände liebkosten die Innenseiten ihrer Schenkel, da, wo die Haut so zart war wie an keiner anderen Stelle des Körpers, griffen um ihre Hüften, drückten ihren Leib vom Boden ab, bis er sich dem seinen entgegenspannte wie eine straffe Feder. Dann warf er seinen Kopf auf ihre Brust, um den Schrei zu ersticken, der aus ihm herausbrechen wollte.

Charlotte war zweiundzwanzig Jahre alt, sie war seit ihrem vierzehnten Lebensjahr immer in Jungen verliebt gewesen. War eine Expertin darin, einem ahnungslosen Jüngling den Kopf zu verdrehen, triumphierte, wenn dieser bei ihrem Anblick errötete, in Halbsätzen zu stottern begann und ihr mit schwitziger

Hand Blumen überreichte. Sie war im heiratsfähigen Alter – aber nichts war ihr ferner als der Gedanke an die Ehe. Davor müsste ja dann wohl die große Liebe kommen, und die hatte sich bislang absolut nicht blicken lassen. Vielleicht, weil Charlotte vollkommen absorbiert war von dem Gedanken, eine gute Malerin zu werden. So war sie erfahren darin, junge Männer zu verführen, sie als Verehrer an der langen Leine zu führen, dabei ihre eigenen Gefühle zu kontrollieren und keinesfalls ihre Contenance zu verlieren.

Bis der Herr Lehrer in ihr Leben getreten war, den sie immer noch so nannte, auch wenn dieser seinen Unterricht jetzt unziemlich ausdehnte.

Er hatte sie gefragt, ob sie mit ihm an die Ostsee fahren wolle – um bei ihm Unterricht in Pleinair-Malerei zu nehmen. Alice hatte nur »Hoppla« gerufen, als sie ihr von dem geplanten Studienaufenthalt erzählte. Ihre Mutter Hedwig hatte gefragt: »Und wie viele andere Mädchen aus der Malklasse werden mit nach Pommern fahren?«. Als Charlotte sagte: »Ich weiß es nicht«, hatte ihre Mutter sie lange, durchdringend und traurig angeschaut. »Ich vertraue dir«, hatte sie gesagt, und »du musst es ja wissen«, und »schade, dass dein Vater dir keinen Rat mehr geben kann«. Sie hatte ihr Reisegeld mitgegeben. Der Blick der Mutter verfolgte sie, wenn sie mit Lovis im Kiefernwäldchen verschwand.

Aber was sollte man denn machen, wenn man mit der ganzen Person in Liebe entbrannt war? Sie betete ihren Lehrer an. Jede Minute, die sie ihn nicht sah, schien ihr verloren. Ihr Körper verlangte nach seiner Umarmung. Ihre Seele sehnte sich nach dem Blick seiner Augen, dieser Augen, die ungebrochen seine Empfindungen spiegelten: Liebe und Begehren, die sich aber auch in Unlust, Gereiztheit und Ärger verdunkeln konnten. Dieser Mann kann nicht lügen, dachte Charlotte. Er ist immer ganz er selbst.

Fünfzig Jahre später erinnert sich Charlotte Berend ihrer Gefühle in diesem ersten Liebessommer: *Als ich ihn kennen lernte, die Schülerin den Lehrer, war das natürliche Verhältnis der Ehrerbietung vorhanden. Als sich, umworben von ihm, die Liebe einfand, war sie umhüllt vom Mantel der Ehrfurcht, trotz aller Dinge. Die Liebe ging auf den Grund meines flatterhaften Herzens. Und trotz der ganzen Skala der Liebe blieb die Demut.*

༄

Natürlich musste der Schein gewahrt werden. Undenkbar, dass der Maler Lovis Corinth, der hier in Horst seinen vierundvierzigsten Geburtstag feierte, mit seiner halb so alten Schülerin unter einem Dach wohnte; gar ein gemeinsames Zimmer bezog. Das Feriendorf war klein, umfasste nur ein paar Gehöfte und Fischerhütten, nicht mehr als ein paar Hundert Seelen. Aber die Berliner hatten seit ein paar Jahren die kleinen Orte an der westpommerschen Ostseeküste entdeckt, ließen sich Ferienhäuser bauen und steigerten die Einwohnerzahl in den Sommermonaten um das Vierfache. Bei so viel Berliner Präsenz musste man vorsichtig sein. Corinth war noch lange nicht so berühmt wie Liebermann oder Slevogt – aber ganz unbekannt war er auch nicht mehr. Und hatte er nicht einen interessanteren Vornamen als die beiden »Mäxe«? »Wie bist du eigentlich zu ›Lovis‹ gekommen?«, hatte ihn Charlotte gefragt, als er ihr das Du angeboten hatte, das zwischen Lehrer und Schülerin jedem signalisieren musste, dass hier etwas nicht stimmte, dass das normale hierarchische Verhältnis in ein anderes übergegangen war. »Ich heiße Louis, so wie mein Vater. Wahrscheinlich haben wir französische Hugenotten in unserer Ahnengalerie, das ist in Ostpreußen nichts Besonderes. Als ich meine ersten Bilder signierte, sagte ein Freund: »Du malst das U wie ein V, da liest sich dein Vorname wie Lovis.« Der Name gefiel mir spontan, er kam mir vor wie eine lateinische Version von Ludwig, dabei ist es nun geblieben.«

Corinths Freund Georg Roll, Architekt aus Greifswald, der in Horst ein Ferienhaus besaß, hatte ihn eingeladen. Es war nicht der erste Besuch Corinths bei Roll. Er konnte mietfrei bei ihm wohnen, sollte dafür aber dessen zweijähriges Töchterchen malen. Diese Abmachung war schon erprobt. Corinth hatte bereits Rolls Frau und deren Sohn Walter gemalt. Charlotte fand im Nachbarhaus, der Villa Siguna, bei Frau Franzen, der Ehefrau des Organisten, Unterkunft. Morgens malten beide in ihren verschiedenen Häusern, am Nachmittag ging man bei schönem Wetter mit der Staffelei nach draußen, das Fräulein Studentin bekam Unterricht in Landschaftsmalerei. War das Wetter allzu verlockend, ging man schwimmen oder wanderte zum nahegelegenen Eiersberger See, in dem man nicht baden konnte, weil er verschilft war, wo man aber malerische Motive fand. Corinth saß auch gerne am kleinen Hafen und skizzierte die Fischerboote und die Fischer, wenn sie ihren Fang ausnahmen, schuppten und für den Kochtopf präparierten. Er brauche »Wirklichkeit«, erklärte er Charlotte, nichts sei schlimmer als diese Künstelei des Ungefähren.

Charlotte gewann die kleine Lotte, Georg Rolls Tochter, lieb.

»Wir haben den tupfengleichen Namen«, erklärte sie der Zweijährigen: »Du bist eine Lotte, ich bin auch eine Lotte.« Das Kind nickte ernsthaft, als könne es die Bedeutung der Verwandtschaft verstehen. Es hatte einen aufgeweckten Blick, lächelte viel, immer ein bisschen vorsichtig, als müsse es abwarten, ob dieses Lächeln Erwiderung erführe. Die blonden, seidendünnen Haare waren in Form eines Bubikopfs geschnitten, sodass das Mädchen manchmal wie ein Junge aussah. Aber dieser Eindruck hielt nicht lange an, denn immer trug sie ein Kleid, meist üppig verziert. Frau Roll liebte es, ihre Tochter zu schmücken und sie von Kindesbeinen an in die Geheimnisse weiblicher Schönheit einzuweihen. Dazu gehörte auch Lottes Puppe Grete, die schon so sehr ein Teil des Mädchens geworden war, dass sie sie nicht aus der Hand gab, als sie für Lovis Modell sitzen sollte. So geriet die Puppe mit aufs Bild. Lovis gelang ein Porträt voll großer Wärme. Das glückliche Wesen dieses kleinen Menschen wurde dem Betrachter augenscheinlich, die innere Schönheit ging auf in einer äußeren Harmonie. Und als kleine Abweichung von der Norm hatte Corinth das ausgeschnittene Kleid des Kindes über die rechte Schulter rutschen lassen. Bei dem Porträt einer erwachsenen Frau hätte das lasziv ausgesehen, hier deutete es das Temperament des Kindes an, das ja eigentlich nicht still sitzen konnte, sondern herumtollte, sodass die Kleidung manchmal in Unordnung geriet.

Überhaupt ist Corinth in diesen Tagen außerordentlich produktiv. Charlotte scheint ihn zu inspirieren, ein Bild nach dem anderen entsteht: In *Paddel-Petermannchen* watet Charlotte mit hochgeschürzten Röcken und kokettem Blick durchs Wasser. Im Bild *Petermannchen im roten Stuhl* porträtiert er die junge Geliebte im schwarzen Kleid mit roten Blüten, im Bild *Mädchen mit Stier* führt Charlotte – im dekolletierten Kleid und ausladendem Hutgebilde – einen massigen Stier an einem Nasenring vor: Malt da Corinth eine Allegorie der Zähmung des wilden Malers durch ein beherztes Mädchen? Freund Walter Leistikow empfahl sogar den Titel in *Die Zähmung des Widerspenstigen* zu ändern, aber Corinth blieb bei dem neutralen Titel.

Von Charlottes malerischen Aktivitäten in dieser Zeit gibt es wenig Zeugnisse, keine Übungen in Landschaftsmalerei. Es gibt nur ein Blatt, das in Horst entstanden ist. Es handelt sich um eine Zeichnung, die den Herrn Lehrer im Profil porträtiert, ein schönes Bild, das im Stil den Meister nicht verleugnet, ein Bild, das Corinth sehr ähnlich ist und ihn gleichzeitig mit dem Blick der Liebe idealisiert.

An manchen Tagen ging Charlotte allein am Strand spazieren. Sie brauchte diese Stunden des Innehaltens, wenn sie Corinths ständige Nähe, die Intensität seiner physischen Präsenz nicht aushielt. Sie ging langsam, manchmal die Füße im Wasser, schaute aufs Meer, schaute mehr noch in den Himmel, der Wolkenformationen hervorbrachte, wie sie sie in Berlin noch nie gesehen hatte. Dickgeballte weiße Schaumgebirge, hingetupfte leichte Schlieren, elegant-beiläufige Schäfchenwolken – wolkenlos war der Himmel nie –, aber immer weit und groß und eine grandiose Einladung, gemalt zu werden. In Berlin besuchte Charlotte oft die Museen, sie kannte die großartigen Landschaftsmaler wie Jacob van Ruisdael, Nicolas Poussin und Claude Lorrain, sie liebte die Bilder von Caspar David Friedrich. Hier an der Ostsee entdeckte sie nun für sich, dass die Natur im Auge des Betrachters liegt.

Der Abschied von der Ostsee nahte. Vier Tage noch, dann würde der Wagen nach Berlin auf sie warten. Lovis und Charlotte lagen im Heidekraut und hingen ihren Gedanken nach. Charlotte fühlte sich matt von Corinths heftigen Umarmungen. Wie wird sich ihre Beziehung in Berlin weiterentwickeln? Sie sind ein ungleiches Paar, aber besiegt nicht die Liebe den Unterschied in Alter und Herkunft? Als sie sich zur Nacht verabschiedeten, um in ihre getrennten Wohnungen zu gehen, schwebte eine unausgesprochene melancholische Stimmung zwischen ihnen.

Charlotte entkleidete sich, löschte das Licht und stellte sich vor das Fenster ihres Turmzimmers, von dem aus sie ins Nachbarhaus, in Corinths Zimmer blicken konnte. Und was sah sie? Die Vorhänge waren nicht zugezogen. Der Meister schien überhaupt nicht ermattet vom Liebesspiel, auch nicht melancholisch umflort, sondern tatkräftig wie eh. Die Staffelei war aufgebaut, in seiner linken Hand trug er die Palette mit frisch ausgedrückten Farben und – charakteristisch für ihn – ein Bündel Pinsel wie einen kurz gebundenen Blumenstrauß, mit der rechten Hand führt er den Pinsel in kräftigen Stößen auf die Leinwand. Als Lichtquelle diente nur eine heruntergebrannte Kerze.

Charlotte war verblüfft und begeistert zugleich. Der Mann war einfach eine Naturgewalt. Statt sich müde ins Bett zu legen, dem Schlafe oder wenigstens dem Ausruhen zu frönen, hatte ihn die Liebe inspiriert, frisch an ein neues Werk zu gehen. Der Anblick des nächtens malenden Lovis Corinth befeuerte in Charlotte den Entschluss: Er soll es sein! In ihrer weitsichtigen Art, wusste sie in diesem Augenblick, dass sie mit diesem Mann ihr Leben teilen wollte: *Ich habe zugepackt. Feinere Naturen hätten es nicht beansprucht. Ich habe auch kein Recht dazu gehabt – denn ich finde, niemand hat ein Recht auf Versorgtheit und Geborgenheit bloß aus dem Grunde, weil er jemanden lieb hat. Und ich habe den Sprung getan – zu meinem Vorteil – dennoch, wer zugreift, hat den Vorteil, wer es nicht wagt, geht die leere Straße der Enttäuschung.*

※

Aber bevor der Sprung, den sie mit Kopf und Herz tut, auf der Straße der ehelichen Verbindung landet, gibt es im Anlauf Schwierigkeiten. »Trotz aller Dinge« hat Charlotte vorsichtig die Irritationen und Vorbehalte genannt, derer zum Trotz sie Corinth liebt, die aber dennoch existieren. Es ist nicht nur der Altersunterschied, der sich in manchen Situationen bemerkbar macht, es sind Differenzen in der alltäglichen Wahrnehmung, unterschiedliche Gefühlslagen, abweichender Lebensstil. Corinth hat über zwanzig Jahre als unabhängiger Junggeselle gelebt, er kann sich auch jetzt noch nicht vorstellen zu heiraten, auch wenn die »Sache mit Fräulein Berend« ernst zu werden droht. Denn immer noch lebt er von der Hand in den Mund, der Verkauf von Bildern ist kein verlässliches Einkommen, nur die Malschule und das Korrigieren in anderen Schulen halten ihn finanziell über Wasser. (*Nebenan höre ich meine Schülerinnen zwitschern, das ist mir immer noch das einzig Nahrhafte*, schreibt er an einen Freund). Er schätzt seine Freiheit als ungebundener Mann, kann spontanen Einladungen nachgehen, Reisen unternehmen, die Abende mit Freunden im Wirtshaus verzechen. Dass er gerade die Zecherei in dieser Zeit exzessiv betreibt, kann man den Briefen entnehmen, in denen er über einen schweren Kopf klagt: *Mir sind die Glieder noch ganz schwer von gestern Abend Kegelschieben: 2 Glas Grogg, 2 Schnapps Edelkorn u. stumpfsinnige Unterhaltung u. 5 Glas Bier und vorher 2 halbe* [Flaschen] *Rotwein …*

Drei Tage vor der Abreise aus dem idyllischen, pommerschen Ferienort kam es zur ersten gründlichen Missstimmung. Charlotte und Lovis hatten sich am Mittag in ihre getrennten Etablissements zurückgezogen, für den frühen Abend waren sie zu einem Sonnenuntergangsspaziergang verabredet, wohin immer dieser führen mochte. Charlotte war etwas erstaunt, dass den ganzen Nachmittag über in Corinths Zimmer, in das sie ja Einblick hatte, kein Mensch und keinerlei Aktivitäten auszumachen waren. Aber natürlich würde er an ihrem üblichen Treffpunkt am Strand, nahe dem Leuchtturm, sein. Lovis war nicht da. Charlotte wartete, sie scharrte mit den Schuhen im Sand. Sie beobachtete die Familien, die ihre Kinder einsammelten, ihnen warme Jacken gegen die aufkommende Kühle anzogen, die Mütter, die Sandeimer und Kuchenförmchen auflasen, die Väter, die noch einmal mit den Söhnen ein paar Minuten Fußball spielten, bevor sie resolut den Ferientag für beendet erklärten und auf Rückzug bliesen. Auch Charlotte nahm die Kühle wahr, die vom Meer kam – sonst war es abends doch immer noch so warm gewesen. Es war Ende August. Corinth tauchte nicht auf. In der Ferne sah sie einen einsamen Strandläufer, der näher kam. Sie kannte ihn schon, den jungen Mann, der sich ihr immer näherte, wenn sie alleine am Strand spazierte. Immer lächelte er ihr freundlich zu, als habe er in ihr eine verwandte Seele entdeckt. Dieses Mal blieb er bei ihr stehen: »Sie werden frieren, wenn Sie sich nicht bewegen. Wollen wir nicht eine Weile gemeinsam am Strand entlanggehen? Gerade jetzt ist das Licht besonders schön.« Charlotte war einverstanden. Wer war sie denn, hier zu einer Salzsäule zu erstarren, weil ein bestimmter Herr sie versetzte. Sie ging ruhig neben dem Fremden, innerlich kochte sie vor Wut. Ein bisschen Konversation musste sein. Der Herr Ullmann, Dr. Ullmann, wie er sich vorstellte, war Ingenieur bei der AEG in Berlin, noch jung, aber schon auf dem Weg zu einer steilen Karriere. Ein Kollege hatte ihn in sein Ferienhaus hier nach Horst eingeladen, aber als er vor einer Woche eintraf, hatte sich der Kollege das Bein gebrochen, so habe er sich die Zeit im Freien alleine vertreiben müssen. Morgen früh gehe es wieder zurück nach Berlin. Aber vielleicht könne man jetzt den Abend mit einem Glas Wein beschließen? Sie könnten doch vielleicht hinüber nach Rewal wandern, dort gäbe es eine schöne Lokalität. Charlotte war sofort einverstanden. Dieser junge Mann sah gut aus, war reizend, er war keine zweiundzwanzig Jahre älter als sie, und nach einer gemeinsamen Flasche Wein drückte er ihr öfter, als es bei einem ersten Rendezvous angemessen war, die Hand. Sie versprach ihm ein Wiedersehen in Berlin.

Am nächsten Morgen kam Corinth schon sehr früh zum Haus der Franzen-Familie, um Charlotte abzuholen. Er sah mitgenommen aus, zerknautscht und zerknirscht. Charlotte sah mit einem Blick, dass er am Abend zuvor gezecht hatte. Das gestand er kleinlaut: Ja, Freund Roll und er seien in die einzige Gastwirtschaft in Horst gegangen, viele Fischer seien in die Kneipe gekommen, knorrige Typen, wie man sie in Berlin nie treffen könnte. Die Runde habe viel getrunken und geschnackt, er habe sogar einige Skizzen von diesen ausdrucksvollen Gesichtern machen können. Und erst als Roll und er spät nach Hause gewankt seien, habe er sich seiner Verabredung mit Charlotte erinnert. Es tue ihm leid.

Charlotte verzieh ihm großmütig, aber die Stimmung in den letzten Tagen in Horst war nicht so heiter wie zuvor, die Umarmungen waren weniger leidenschaftlich. Erst als sie zurück in Berlin waren, schöpfte die Liebe neuen Atem. Corinth wollte seiner jungen schönen Freundin die Stätten seiner Jugendsünden zeigen, wie er es formulierte. Er wollte mit ihr nach Bayern fahren. »Gibt es da neue Landschaftsstudien«, fragte Mutter Hedwig spitz, als ihr Charlotte eröffnete, dass sie schon wieder mit dem Herrn Lehrer verreisen wolle.

※

In München stellte Lovis Charlotte nicht mehr als seine Schülerin vor, sondern als seine Verlobte. Aus seiner Münchner Studienzeit hatte er noch viele Freunde, Maler, aber auch Schriftsteller wie Max Halbe. Jeden Abend waren die beiden bei anderen Künstlern eingeladen, Charlotte genoss die Bewunderung, die ihr entgegengebracht wurde: was hatte der alte Schwerenöter von Corinth doch für eine schöne junge Frau gefunden. Ihrer Mutter und Schwester schrieb sie Postkarten mit den Münchner Wahrzeichen: dem neuerbauten Rathaus am Marienplatz, der Bavaria, dem Friedensengel – und natürlich dem Hofbräuhaus, das schon damals im Ruf eines einmaligen Ortes Münchner Bierseligkeit stand. Der Höhepunkt war natürlich das Münchner Oktoberfest, zu dem man damals in schwarzem Anzug und festlichem Kleid ging. Auf einem Foto von diesem Besuch trägt Lovis keinen schwarzen, aber immerhin einen grauen Anzug mit Weste und Hemd mit hohem Stehkragen, Charlotte ein dunkles Kleid mit weißer Strickjacke, auf dem Kopf einen flachen weißen Hut mit dunklem Rand. Sie sieht aus wie ein bayerisches Mädchen vom Lande. Sie lehnt sich an Corinth, eine Hand auf seiner Schulter, die andere an seiner Uhrenkette eingehakt. Er blickt – wie eigentlich immer auf Fotos – grimmig in die Kamera.

Charlotte schrieb vor allem von der Aufmerksamkeit, die sie mit ihrer feschen Berliner Garderobe erregte. Wie gut, dass ihre Mutter ihr erlaubt hatte, sich für die Reise eigens einzukleiden. Sie hatte einige Überredungskunst aufwenden müssen. Schon die dreißig Mark, die Charlotte für die Malschule monatlich bezahlte, mussten vom knappen Budget abgeknapst werden. Die prachtvolle Wohnung in der Kantstraße war als erstes aufgeben worden, Frau Berend mit ihren zwei Töchtern hatte eine bescheidenere Unterkunft in der Ringbahnstraße 120 in Halensee gefunden, eine Dreizimmerwohnung, in der sich Charlotte und Alice ein Zimmer teilten. Und jetzt kam Charlotte mit immer neuen Kleiderwünschen. Aus München erhielt Hedwig Berend eine Postkarte, die sie halb mit Freude, halb mit Sorge erfüllte. *Heute schon großen Bummel durch München gemacht, heute abend zum feinen Souper geladen. Wir leben, wir genießen; nicht? Die Blouse und der Hut großartig.* Dass Lotte die vor der Reise neuerstandene Garderobe erwähnte, freute die Mutter: Das Mädchen war nicht undankbar. Der Satz »Wir leben, wir genießen«, gefiel ihr weniger. Sie war in einem preußisch-jüdischen Elternhaus großgeworden, in dem das Wort Genuss verpönt war. Gott hatte den Menschen nicht in die Welt gesetzt, damit er das Leben genieße, sondern damit er seine Pflicht tue. Da waren sich ihre Eltern mit den protestantischen Nachbarn einig gewesen. Aber Lotte war kein Kind mehr, vielleicht hätte Ernst noch Einfluss auf sie, Charlotte hatte ihren Vater ja vergöttert, aber was sollte sie bei Lotte ausrichten? Das Mädchen hatte einen starken Willen. Wenn sie sich jetzt diesen Maler in den Kopf gesetzt hatte, dann würde es niemandem gelingen, ihn ihr wieder auszureden – ihr als Mutter schon gar nicht. Was hätte Charlottes Großmutter Selma, die aus Oppeln stammte, in solch einem Fall gesagt: »Fett-Schmett – solange sie glücklich damit ist«. Mutter Hedwig aber hatte keinen Sinn für den Fatalismus jiddischer Redensarten.

Einmal war der Herr Corinth nach Halensee gekommen und hatte sich ihr vorgestellt. Sie, Hedwig, war schon erstaunt gewesen: Der Mann war ja nur wenig jünger als sie, viel zu alt für Lotte. Und anziehend war er auch nicht: so ein grobgeschnittener, massiger Mensch, der in seiner Erscheinung nichts von einem feinsinnigen Künstler an sich hatte. Die Konversation hatte sich mühselig hingeschleppt, hätte Lotte nicht immer fröhlich dazwischen gezwitschert, wären sie und der Herr Corinth wohl in tiefes Schweigen gesunken. Aber höflich war er, vertrauenerweckend, seriös, das schon.

Von Tutzing und Bernried am Starnberger See kamen keine Karten mehr: Charlotte war krank geworden. Lovis verordnete ihr Bettruhe, aber der Bronchialkatarrh wurde eher schlimmer als besser. So mussten sie nach Berlin zurückkehren. Es passte Corinth überhaupt nicht, der Mutter eine kranke Tochter abzuliefern. Sah das nicht so aus, als hätte er ein gerüttelt Maß Mitschuld an ihrem febrilen Zustand? Charlotte hütete das Bett, aber über der Bettdecke ließen sich Liebesbriefe schreiben, für die Alice treulich Sorge trug. Denn Lovis Corinth durfte sie nicht besuchen, nicht, solange sie im Bett lag, das wäre nicht schicklich gewesen. Aber er bediente sich eifrig der Rohrpost, die innerhalb weniger Stunden Briefe beförderte: *Heute vor einer Woche waren wir noch auf der Reise und morgen bin ich neugierig, wenn der Trubel* [die Malschule] *los geht ohne Dich, mein liebes Petermannchen, aber mach' nur, daß Du bald Du bist! Mach' nur, daß Du bald malen kannst. Das Stilleben ist gut angelegt und verspricht was zu werden. Dein Herr Lehrer grüßt Dich und bleibt Dein Luke*. Die kranke Charlotte fließt in ihren Briefen über vor Sehnsucht und Zärtlichkeit, Lovis würde sie gerne pflegen, *dann wärest du in der Hälfte der Zeit gesund*, das kann natürlich nur eine schöne Vision bleiben. Er ermahnt sie, und darin manifestiert sich bei allem Mitgefühl für die Kranke sein männliches Leistungsdenken, die Arbeit nicht zu vergessen. Auch wenn er sich ironisch in den Dialekt rettet, ist nicht zu übersehen, dass er sie wieder in der Malschule sehen will: *es wäre doch enorm fein, wenn Du schon Mittwoch antanzen könntest. Komme nur immerzu, das Stilleben bleibt Dir erhalten, hoffentlich wirst es fein machen und noch viele andre Sachen. Immer arbeeten, was ich immer noch nicht selbst befolge, diesen guten Rat; aber es wird schon kimma.*

Es kommt aber eben nicht. Charlotte bleibt halbleibig, erholt sich nur schwer. So schlägt Corinth, der immer an die heilende Wirkung von Seeluft glaubt, vor, erneut an die Ostsee zu fahren. *Und frische Nahrung, neues Blut, saug ich aus freier Welt. Wie ist Natur so hold und gut, die mich am Busen hält,* zitiert er aufmunternd Goethes Gedicht *Auf dem See.* Sie fahren ins Ostseebad Brunshaupten, das später in der Stadt Kühlborn aufgehen wird, gehen am Strand spazieren, strandauf, strandab: »Immer tief durchatmen, Petermannchen, es gibt nichts Besseres für die Bronchien«, sie plaudern, sie schweigen. Das Meer rauscht. Die Sonne scheint, da sie keine Wahl hat, auf nichts Neues. Zum Schwimmen ist es schon zu kalt. Eine Woche lang erträgt Corinth die therapeutische Strandläuferei – dann hält es ihn nicht länger. »Petermannchen, ich muss nach Berlin zurück. Die Arbeit ruft, die Schüler warten. Bleib du hier. Das Hotel ist bezahlt. Siehst schon viel besser aus. Wirst quietschgesund sein, wenn du zurückkommst.«

Die Droschke ist schon bestellt. Bitten und Diskussionen sind offensichtlich unerwünscht. Charlotte ist empört. Da ist die große Leidenschaft des Herrn Lehrers aber sehr schnell abgeflaut. Hals über Kopf sucht er das Weite, erklärt die Flucht mit dringenden Arbeiten. Aber statt sich in Selbstmitleid zu ergehen oder als verlassenes Mägdelein zu fühlen, zieht sie den Brief hervor, den ihr Herr Dr. Ullmann vor wenigen Tagen nach Brunshaupten geschrieben hat. Seit dem Abend in *Rewal* hat er ihr treulich fast jeden Tag einen Brief geschickt, sie konnte einem Treffen entgehen, indem sie ihre Krankheit als Entschuldigung vorgebracht hat. Aber wozu braucht sie jetzt noch irgendeine Entschuldigung? Sie ist frei, zu tun, was sie möchte. Frei, aber nicht froh. Die Liebe zu Lovis nagt an ihr, sie kann den Verlust einfach nicht fassen.

Was hat der junge Herr Ullmann, Walter heißt er mit Vornamen, geschrieben? Er müsse in den nächsten Tagen in Geschäften nach Kopenhagen. Ob sie nicht Lust habe, mitzukommen? Er könne sie in Brunshaupten abholen.

Sie hat Lust. Tagsüber ist der Herr Ingenieur für die AEG unterwegs, aber die Abende verbringen sie in den Ballsälen und Konzerthallen des Tivoli. Die verrauchte Luft und die wilde Tanzerei tun Charlottes Bronchien besser als die frische Meeresbrise. *Aug' mein Aug', was sinkst du nieder? Goldne Träume, kommt ihr wieder? Weg du Traum, so gold du bist, hier auch Lieb' und Leben ist.* Ob Corinth wusste, was er seiner Freundin mit auf den Weg gab, als er ihr das Goethe-Gedicht zum Abschied auf einen Briefbogen des Hotels schrieb?

※

Corinth schreibt nach Brunshaupten, aber der Brief kommt mit dem Vermerk »abgereist« zurück. Er ist konsterniert. Ist Charlotte schon wieder zu Hause? Er wollte sie doch Ende der Woche abholen. Er ist beunruhigt. Bei Charlotte weiß man doch nie genau, was in ihrem schönen Kopf herumschwirrt. Wenn sie tatsächlich schon wieder zu Hause war, würde sie morgen in den Unterricht kommen. Mit diesem Gedanken rafft er sich auf und geht ins Weinhaus Federich, um seine Kumpane zu treffen, die Vettern Cassirer, Walter Leistikow, Ernst Oppel und die ganze Bagage.

Aber Charlotte erscheint nicht. Lisa Winchenbach, Corinths Schülerin und Charlottes beste Freundin, weiß auch nicht, wo sie steckt. Zu Hause sei sie auf jeden Fall nicht. Sie habe gestern Alice getroffen, die habe gesagt, sie kuriere sich an der Ostsee aus. Jetzt ist Corinth ernsthaft besorgt.

Charlotte ist auf dem Rückweg nach Berlin. Die Tage und Nächte in Kopenhagen waren einfach himmlisch. Als der Zug das Weichbild Berlins erreicht, sagt sie: »Was ich mir immer schon einmal gewünscht habe, ist, in Berlin in einem richtig schönen großen Hotel zu dinieren und zu übernachten. Das wäre ein Traum!« Herr Ullmann schaut sie verwundert an: Was ist das nur für ein impulsives junges Fräulein! Fräulein Berend kommt offensichtlich aus einem guten Elternhaus, ihre Sprache ist gewählt, ihre Manieren sind tadellos. Aber ihre spontan geäußerten Wünsche sind alles andere als damenhaft zurückhaltend. Aber wunderbar: Mon Dieu, wirklich wunderbar.

Herr Dr. Ullmann trägt seine Begleiterin ins Anmeldeformular des Berliner *Savoy*-Hotels als seine Gattin ein. Das Paar logiert drei Tage in einer Suite mit zwei Zimmern und einem Salon, verlässt selten das Zimmer, lässt sich das Frühstück ans Bett bringen.

Jeden Tag wurde Corinths Bestürzung größer. Er war außer sich. Wo war Charlotte? Sollte die Liebe, die ihn gepackt hatte wie nie zuvor, so sehr, dass er sich ernsthaft Gedanken machte, trotz seiner prekären ökonomischen Verhältnisse einen Hausstand zu gründen, schon ein jähes Ende gefunden haben? Er wollte es einfach nicht glauben, aber er war auch unfähig, etwas zu unternehmen. Stattdessen wartete er Tag für Tag in seinem Atelier auf sie. Würde sie kommen, würde alles gut werden; käme sie nicht, wäre alles aus. Magisches Denken war Corinth nicht fremd. Er war so aufgeregt, dass er jeden Tag schon um sieben Uhr früh im Atelier war, zu einer Zeit, die er als »Sünde wider den Herrn« empfand, sinnlos Pinsel wusch, Paletten reinigte, Zeichnungen sortierte, Leinwände präparierte. In seinem Atelier stand ein Porträt des Vaters, das er im Mai 1888 gemalt hatte, ein Bild, das er niemals weggeben würde, weil er seinen Vater sehr verehrt hatte. Jetzt, in diesem Augenblick erinnerte er sich an ein Gespräch mit ihm: *Du sollst nur ein Mädel heiraten, das du liebst, und die dich liebt, es ist ganz gleich, ob sie arm ist,* hatte sein Vater gesagt. *Und wenn es nun eine Jüdin wäre? – Das wäre auch recht, wenn sie dich sehr lieb hat und wenn sie gebildet ist.*

Das Fräulein Berend erschien nicht. Die Morgen verstrichen, die Mittage, die Abende auch. Am Nachmittag des siebten Tages hörte er ein zaghaftes Klopfen an der Tür. Es war Charlotte. Müde sah sie aus. »Entschuldigung, ich habe mich vergessen«, sagte sie.

Amor vincit omnia

Es gab Geständnisse, Tränen, Entschuldigungen, Versprechen, Versöhnung. Amor vincit omnia – Corinth war ein alter Lateiner, und wenn ihm ein Sprichwort passend erschien, gebrauchte er es gerne. Nach der Kopenhagener Eskapade, die nie wieder zwischen Charlotte und ihm erwähnt wurde, blühte die Liebe, als hätte es nie eine Dürreperiode gegeben.

Auch wenn sie in einer Stadt wohnen und sich regelmäßig sehen, sind beide von einer regelrechten Schreibwut befallen. Die Liebe gedeiht auf dem Papier, das Nicht-Sagbare ist schreibbar. Charlotte schlägt vor, dass beide das, was niemand lesen soll, weil es zu gewagt ist, in Spiegelschrift schreiben. Das ist mühsam, zeugt auch von einiger Naivität, weil diese Art von Geheimschrift am leichtesten zu dechiffrieren ist. Aber offensichtlich stimuliert der Versuch, einen intimen Raum zu schaffen, aus dem sie als Paar die Außenwelt verbannen, die sinnliche Erregung. Prüde war Charlotte nie.

Corinth malt im Oktober 1902 das *Selbstporträt mit Charlotte Berend und Sektglas*, das er das Verlobungsbild nennt. Es ist ein ausnehmend schönes, ausnehmend erotisches Bild. Corinth greift auf ein Motiv Rembrandts zurück, des Malers, den er neben Frans Hals am meisten bewundert und in seiner Studienzeit in Antwerpen eifrig studiert hat. Auf Rembrandts *Selbstporträt mit Saskia* blickt ein reich gekleideter Mann lachend den Betrachter an und hebt ein großes Kelchglas triumphierend in die Höhe. Seine linke Hand liegt auf der Hüfte einer jungen Frau, die auf seinem Schoß sitzt. Sie ist ebenfalls kostbar gekleidet und geschmückt und blickt über ihre rechte Schulter. Aber Rembrandt wollte mit dieser Szene nicht das überschäumende Glück des Augenblicks feiern, sich als erfolgreichem Maler und glücklichem Ehemann selbst zuprosten. Er malte die Figuration einer biblischen Geschichte: den verlorenen Sohn, der ausgelassen in einem Wirtshaus sein Geld mit einer Dirne verzecht. Corinth enthält sich der Verweise auf eine biblische Konstellation, greift aber in der Komposition und in der Farbgebung auf Rembrandt zurück. Der Maler schmiegt sich mit vor Verliebtheit trunkenem Blick an die auf seinem Schoß sitzende Frau, mit der linken Hand hebt er ein Glas hoch, eine mit rotem Sekt gefüllte Schale. Mit der rechten Hand umfasst er Charlotte Berends nackte Brust, drückt sie kräftig, rahmt die Brustwarze zwischen Zeige- und Mittelfinger ein. Charlotte erscheint nackt bis zum Gürtel, die Kleidung ist bis zur Taille herabgelassen, krumpelt dort in unordentlichen Falten, erweckt den Eindruck, spontan abgestreift zu sein. Charlotte als Geliebte schaut mit ruhigem Blick auf den Betrachter, sie ist sich ihrer selbst und ihrer Rolle gewiss und verströmt die Aura einer Frau, die um ihre körperliche Schönheit weiß.

☙

Aber das Modellstehen, so gerne Charlotte es tat und in den kommenden Jahren unzählige Male wiederholen würde, hatte in diesem Spätherbst 1902 üble Folgen: *Es war kalt im Atelier. Wir hatten den Ofen vergessen – das Anthrazit war verschlackt, vergebens mühte Corinth sich damit ab. Dabei fröstelte ich, denn von den großen Atelierfenstern her, die nie dicht schlossen, strich mir ein eiskalter Luftzug über die Haut. Am nächsten Tag lag ich fiebernd zu Hause. Ich hatte einen schweren Bronchialkatarrh.*

Also ein erneuter Rückfall in die Krankheit. Aber das Fieber hindert sie nicht daran, liebesfiebrige Briefe zu schreiben. Allein die Anreden, mit denen sie Corinth bedenkt, zeigen den Wunsch, ihre Gefühle im Schreiben zu steigern: *Geliebter Lu,*

Mein geliebter Lovis, Guter Luke, Meisterchen. Neben der Sehnsucht, den Geliebten wiederzusehen, formuliert sie auch die klassische Angst vor dem Verlust: *Ich habe Dich so lieb, Lukechen, ich denke den ganzen Tag an Dich, immer denke ich »was tut Lukechen jetzt«. Und ich male mir den Tag aus, wo ich Dich endlich, endlich wiedersehen werde, ich dann Dich küssen werde, und was wir uns dann alles erzählen werden. Mir ist oft bange nach Dir, Du bist doch mein geliebter Mann, mein Lue. Mein lieber, lieber Luke, sag mal, hast Du Dein Kerlchen denn noch ein Bißchen gerne? Ist Dir auch manchmal bißchen traurig, weil wir uns nicht sprechen? Oder hast Du mich längst vergessen und zum Deiwel geschickt?*

Im März 1903 meldet sich Corinth zu einem offiziellen Besuch bei Hedwig Berend an. Bei einer Mutter kann man nicht um die Hand ihrer Tochter anhalten, das ist im bürgerlichen Comment nicht vorgesehen, aber man kann der künftigen Schwiegermutter die Vermögensverhältnisse darlegen und sie zu einem Einverständnis mit einer Heirat bewegen. Seine finanzielle Lage ist zu diesem Zeitpunkt nicht rosig, aber auch nicht dunkelgrau: Das Paar wird halbwegs standesgemäß leben können.

Und dann wird geheiratet. Und da beginnt das große Rätselraten: wann heirateten Lovis Corinth und Charlotte Berend? Sie selbst geben den 26. März 1903 an. Dafür spricht, dass Corinth ab diesem Zeitpunkt seine Briefe an Frau Berend-Corinth oder an Frau Corinth adressiert. Dagegen spricht, dass in der ausschweifenden Korrespondenz, die die beiden führen, auch in den Tagebüchern die Hochzeit nahezu verschwiegen wird. Natürlich, es gab nur eine standesamtliche Trauung zwischen dem Protestanten Corinth und der Jüdin Berend. Charlotte berichtet, dass es nach der Trauung auf dem Bezirksamt Charlottenburg-Wilmersdorf ein kleines Essen im *Savoy*-Hotel gab. Ausgerechnet im *Savoy*, wo Charlotte vor nicht allzu langer Zeit mit Walter Ullmann einige Tage und Nächte logiert hatte! Aber Lovis hatte das Hotel ausgesucht, sollte sie ihm sagen, dass das Etablissement mit Erinnerungen besetzt war, die so gar nicht zu ihrer Hochzeit passten? Charlotte trug eine feine weiße Crêpe-de-Chine-Bluse und einen schwarzseidenen Rock, darüber einen schwarzen Mantel. Die Rosen, die Corinth ihr für die Trauungszeremonie geschickt hatte, gelbe Rosen, ließen alle schon die Köpfe hängen, als der Bote sie am Morgen brachte. So lief Charlotte in den nächstgelegenen Blumenladen und kaufte sich selbst den Hochzeitsstrauß, auch wenn Mutter Hedwig protestierte: Das bringe Unglück. Sie entschied sich für mattrosa Nelken, der Mutter kaufte sie dunkellila Flieder.

Aber nach dem kleinen Essen im allerkleinsten Kreise – nicht einmal die Schwester Alice war anwesend – gab es keinerlei Feierlichkeiten mehr, keine Gesellschaft, keinen Empfang, kein Dinner am Abend – nichts. Sogar Charlottes Mutter, die ja immer für das Bescheidene und Sparsame eintrat, war irritiert, dass ihre Tochter derart formlos den Bund der Ehe einging, fast als müsse man sich schämen. Frank Wedekind, ein guter Bekannter Corinths aus Münchner Tagen, würde seine Tilly wenigstens zum Hochzeitsschmaus in den Berliner Zoo führen, sodass sie beim Gebrüll der Löwen und Geschrei der Affen einen für Wedekind passenden Raubtier-Hintergrund hatte. Laut Charlottenburger Standesamt fand die Trauung zwischen Franz Heinrich Louis Corinth und Charlotte Behrend erst im März 1904 statt, ein Jahr später als immer angegeben. Der Grund für die Vernebelung liegt auf der Hand: Im Oktober 1904 wurde das erste Kind des Paares geboren: Thomas Ernst Franz Corinth. Charlotte war bei der Hochzeit schwanger. Das war zu diesen Zeiten despektierlich genug, um das Heiratsdatum rückzudatieren. Man gehörte schließlich nicht zur Bohème, die es im Wilhelminischen Deutschland ohnehin nur als Lehnwort aus dem Französischen gab.

Charlotte entging ein rauschendes Fest – aber rauschende Feste würde sie noch viele feiern können. Sie hatte den Mann erobert, den sie wollte, so wie sie es sich im Sommer an der Ostsee vorgenommen hatte: Sie hatte »zugepackt«.

Die Zeit nach der Hochzeit sprach allerdings jeder Vorstellung von Flitterwochen Hohn. Charlotte verbrachte sie allein, nur ab und an von ihrem Ehemann besucht, in einer kleinen Ferienwohnung in Waidlage, einem Dörfchen bei Eberswalde. Während der junge Ehemann in alter Junggesellenmanier alle Feste und Gesellschaften in Berlin besuchte, ins Theater ging und mit Freunden in die Berliner Weinhäuser, wo er sich reichlich *den Stiebel vollaufen* ließ, saß die schwangere Charlotte völlig vereinsamt in einem Dorf, aus dem sie sich nicht wegrühren konnte, weil es keine Fortbewegungsmittel gab. So hatte sie sich das neue Glück der Ehe wohl nicht vorgestellt. Immer wieder bat sie Lovis, sie nach Berlin zu holen. Der aber schrieb ungerührt: *Für Dich, Petermannchen, ist es besser, wenn du auf dem Lande bleibst.* Den Hinweis auf die gute Luft, die jedem Kind im Mutterleib gut tue, hat schon manche Schwangere hören müssen, aber hier verbrämte er eine veritable Verbannung.

Erst Anfang Oktober holte er sie nach Berlin zurück und malte zwei Tage vor der Geburt des Sohnes noch ein Bild von ihr: *Die Schwangere*. Ihre Beine zitterten, das stundenlange Stehen strengte sie an, aber klaglos stand sie ihm Modell. Und Lovis lobte: *Dein Kopf ist direkt reizend, wirklich warrraftig!*

Die Geburt des Sohnes Thomas bedrohte Charlottes Leben. Das Kind lag falsch, nicht in der Steißlage, aber auch nicht in der normalen. Die Hebamme wusste sich nicht zu helfen, um ärztliche Hilfe zu holen, war es zu spät. Erst kamen ein Arm und eine Schulter, das Köpfchen und der Körper wurden aber lange nicht geboren. Als das Kind endlich doch aus ihrem Leib heraustrat, blieb Charlotte völlig erschöpft zurück. Corinth reagierte äußerst verhalten auf die Geburt seines Sohnes. Er mietete sich ein Atelier in der nahegelegenen Händelstraße, um ungestört von Lärm und Unruhe, die ein Säugling verbreitet, arbeiten zu können. Erst als Thomas aus dem Babyalter herausgewachsen und ein munterer Knabe geworden war, taucht er in Corinths Briefen auf und findet liebevolle Erwähnung. Und fast vom ersten Tag an malte er seinen Sohn – das war seine Art einer Liebeserklärung.

Das erste Jahr nach Thomas' Geburt wurde schwierig für Charlotte. Die Nächte mit einem Säugling sind immer zu kurz, sie war erschöpft. Corinths hatten zu dieser Zeit noch kein Kindermädchen und keine Dienstboten. So lastete die ganze häusliche Arbeit auf ihr. Sie konnte sich kaum noch vorstellen, wann sie zuletzt einen Pinsel oder einen Zeichenstift in der Hand gehabt hat. Die Malerin hatte Mutterschaftsurlaub – und bedauerte das zutiefst.

»Lass mich doch einfach mal in Ruhe«, Charlotte drehte den Kopf zur Seite und vergrub ihn im Kopfkissen. Die Influenza hatte sie gepackt. Berlin war im Winter einfach ein Drecksnest, aus dem unaufhörlich Krankheitserreger herausgeschleudert wurden. Ihr Kopf fühlte sich wie ein auf doppelte Größe angeschwollener Hohlkörper an, in dem Hämmer gegen die Innenwände schlugen. Kälte- und Hitzewellen schüttelten sie. Schon früh am Morgen hatte sie nach ihrer Mutter schicken lassen, damit diese Klein-Thomas abholte und betreute. Und jetzt ließ sich der Meister nach einem ausgiebigen Frühstück herab, nach ihr zu schauen. Wenn Charlotte auf Zuspruch oder eine zärtliche Geste gehofft hatte, sah sie sich entschieden getäuscht. Lovis blieb an der Tür zu ihrem Schlafzimmer stehen.

»Du wolltest doch heute die Steuererklärung machen!«

»Wie du siehst, bin ich krank.«

»Und der Vertrag mit dem Verleger muss dringend aufgesetzt werden.« Charlotte konnte es nicht fassen: Dieser Mann war ein Monster. »Ich bin krank und du ... du bist einfach meschugge«, krächzte sie und wunderte sich, wieso sie ins Jiddische verfiel. Vielleicht hatte sie das Wort bei den Großeltern mütterlicherseits aufgeschnappt. »Und Paul Cassirer wartet heute auf ...« Weiter kam er nicht. Charlotte warf ihr Kopfkissen in seine Richtung – und traf. Lovis schlug krachend die Tür zu. Er war so wütend, dass er die zwei Wochen, die Charlotte im Krankenbett lag, nicht ein einziges Mal in ihr Zimmer kam. Drei Tage, nachdem sie wieder auf den Beinen war, legte sie ihm die ausgefüllte Steuererklärung zur Unterschrift auf den Tisch, danach war – für ihn – der Streit vergessen.

Er erwartete einfach, dass sie ihm nicht nur Haushalt und Kinder abnahm, den Betrieb am Laufen hielt und die »Firma« Corinth managte, mit potenziellen Käufern verhandelte, geschäftliche Korrespondenz erledigte, Verträge mit Verlegern abschloss, die leidigen Steuerklärungen anfertigte. *Ich war von uns beiden die Hellere, aber ein Licht war ich auch nicht, obwohl es ihm so erschien. Ich schrieb diese Briefe* [an Verleger und Galeristen], *aber ungern, machte die Steuern mit Widerwillen, ich machte den praktischen Apparat, und da unsere Existenz damit verbunden war, so war es verantwortungsvoll. Ich macht's nur aus Pflicht.*

Corinth war in der Praxis des Lebens ein Kind. Dass dabei ihre eigene künstlerische Tätigkeit in den Hintergrund geriet, mochte bedauernswert sein, war aber unumgänglich.

Es war nicht leicht, mit einem Mann zu leben, der an einem Tag ein hilfsbedürftiges Kind, am nächsten ein zärtlicher Liebhaber, am übernächsten ein Choleriker war, ein Bollerkopp. Charlotte liebte den schwierigen Menschen, aber sie wusste sich auch zu wehren, wenn sein Verhalten ihr zu bunt wurde. Was hatte Corinth einmal für eine Aufstand gemacht, als sie sich – selten genug – in ihr Atelier verzogen hatte, malen wollte und kein Deckweiß fand. Sie war in Corinths Atelier gegangen und hatte sich eine Tube ausgeliehen. Die Entdeckung des »Diebstahls« hatte ihn in solche Rage versetzt, dass sie schier um ihr Leben fürchten musste. Aber sie hatte es ihm zurückgegeben, ja, das Deckweiß auch, aber auch solch einen absurden Ausbruch. Sie konnte dann einfach ein paar Tage verreisen, sollte er sich den Kopf zerbrechen, wo sie war, sollte er sie nur kräftig vermissen. Wenn sie zurückkam, war sie dann wieder sein Petermannchen, an das er zärtlich noch eine Verkleinerung anhängte: Petermannchenchen.

Nur in einem war Charlotte nachgiebig: Immer zeigte sie sich bereit, ihm Modell zu stehen, tat das klaglos, gleichgültig, wie anstrengend ihr Tagwerk war. Das unsichtbare Band der Zusammengehörigkeit, das sich gerade beim Modellstehen zwischen ihr und Lovis spannte, wollte sie auf keinen Fall durchhängen lassen.

Eines Abends, nachdem sie Thomas zu Bett gebracht, das komplette Ritual zelebriert hatte, bis er mit seinem Teddybär im Arm einschlief – zweimal alle sieben Strophen von *Der Mond ist aufgegangen* singen, einmal die alte Spieluhr in Betrieb setzen, die sie aus dem Besitz der Großmutter gerettet hatte, drei Gutenachtküsse und einmal an den Zehen kraulen –, kam sie erschöpft ins Wohnzimmer und ließ sich in einen Sessel fallen. Da kam Lovis ins Zimmer, baute sich in seiner ganzen Größe vor ihr auf und sprach: *Also, Petermann, ich werde dir sagen, was ich mir überlegt habe. Ich finde, wir haben jetzt genug voneinander. Wir sind jetzt eine ganze Weile zusammen. Du hast das Kind von mir, du trägst meinen Namen. Ich werde immer für das Kind sorgen. Ich werde auch für dich sorgen. Du brauchst dir darüber keine Gedanken zu machen. Ich will ganz meiner Malerei leben können, ohne irgendwelche Rücksichten auf das Kind oder dich oder irgendetwas anderes. Ich will vielleicht auch andere Frauen haben wollen. Ich will einfach wieder frei sein und tun können, den ganzen Tag, den ganzen Abend und die ganze Nacht, was ich will. Das ist es, was ich dir sagen wollte!*

Charlotte war sprachlos. Sie konnte nicht reagieren auf diese Ungeheuerlichkeit. Sie konnte nicht weinen oder schreien. Es erfasste sie eine völlige Lähmung. Nach einer Weile wandte sie den Kopf zur Seite, um ihn nicht sehen zu müssen. Aufzustehen und wegzugehen wäre ihr nicht gelungen, sie wäre in sich zusammengesunken. So blieb sie sitzen, erwartete, dass ihr Ehemann den Raum verließ. Aber der blieb auch stehen, erstarrt in seiner Haltung, als hätte ein Regisseur befohlen: So bitte einfrieren!

Dann stürzte er plötzlich auf seine Frau zu, riss sie vom Sessel, umarmte sie, schluchzte auf: »*Nein, nein, das soll alles nicht sein, was ich gesagt habe. Vergiß alles, was ich geredet habe. Wir bleiben so, wie wir sind.*« Später, als beide ruhiger geworden waren, erklärte Corinth, dass er schon einmal einen Menschen so verletzt habe, den Menschen, den er nach Charlotte am meisten geliebt habe: seinen Vater. »Er lag im Sterben, ich war eigens nach Königsberg gefahren, um ihn noch einmal zu sehen. Er lag auf seinem Bett, totenbleich, aber noch klaren Sinnes. Er sah mich an mit all der Liebe, die er immer für mich empfunden hat. Und ich, jung, vor Kraft strotzend, sagte zu ihm: Naja, Alter, du wirst ja nun bald sterben! Da sah er mich lange aus seinen blauen Augen an, dann wandte er den Kopf von mir fort zur Wand. Das war damals entsetzlich. Und das war heute entsetzlich. Als du den Kopf zur Seite gedreht hast, habe ich mich an die Szene in Königsberg erinnert. Damals habe ich mir geschworen, nie im Leben wieder eine solche Rohheit zu begehen. Und jetzt habe ich sie begangen.«

Es dauerte lange, bis Charlotte sich von dem Schock dieses Vorfalls erholte, vielleicht schwand das Gefühl, dass die Ehe für Corinth auf Abruf stand, nie. Es kam ihr vor, als wenn die Flut hereinbräche und ihr die Füße vom Meeresboden wegzöge.

Hätte ein Mann wie Corinth ein Lämmchen geliebt?

Charlotte lag Rachsucht fern. Aber die Frustrationen ihrer ersten Ehejahre schrien förmlich nach Flucht. Sie sehnte sich danach, als Frau wahrgenommen, umworben, geschätzt zu werden. Und da fiel ihr der Schweizer Maler Ferdinand Hodler geradewegs in den Schoß. Sie hatte schon einige Bilder in der Secession von ihm gesehen, kühle Berglandschaften in eisigem Blau, Selbstporträts. Sie war begeistert von seiner Malerei. Während Corinth bevorzugt in Rembrandt-Farben malte, in allen Schattierungen von Braun und Gold und gedecktem Rot, hatte Hodler den Farben Weiß und Blau eine unerhörte Aura verliehen. Charlotte konnte sich nicht sattsehen an seinen Alpenpanoramen, diesen blau- und türkisfarbenen Bergseen, überwölbt von fast durchsichtigen, schneebedeckten Gipfeln. Hodler kam es ja nicht wie Corinth darauf an, möglichst wirklichkeitsgetreu zu malen, er nahm die Natur als Vor-Wurf, um sie spirituell aufzuladen. Zur Secessions-Ausstellung im Jahre 1905 war Hodler als Ehrengast eingeladen und aus Genf angereist. Seine Werke waren prominent in mehreren Räumen ausgestellt und zogen Besucher in Scharen an. Hodler selbst sagte nichts zu seinen Gemälden, aber die Interpreten überboten sich in Kommentaren: Die Bilder vom Genfer See versuchten, das nicht darstellbare Unendliche als Vorstellung beim Betrachter hervorzurufen. Hier werde die Verbindung zwischen Erde und unendlichem Kosmos zum Ereignis. Die Farbe Blau diene in allen Variationen als Farbe der Ferne und Entgrenzung. Niemals seien Schönheit, Größe und Monumentalität der Alpen in einer Verknüpfung aus Naturalismus und Idealität so gefeiert worden. Die mystische Feier von Licht und Farbe, hier werde sie Ereignis.

Hodler bedankte sich freundlich bei allen Rednern nickte zu allen Deutungen seiner »kosmischen« Gemälde, biss sich auf seinen Schnurrbart, was er immer tat, wenn es ihm langweilig wurde.

Abends gab es im *Palast-Hotel* ein großes Fest. Charlotte hatte sich eigens eine Robe schneidern lassen. Seit sich die finanziellen Verhältnisse im Hause Corinth auf das Erfreulichste entwickelten, legte sie gesteigerten Wert auf ihre Garderobe. So rauschte sie in einem Abendkleid aus roter Seide, tief dekolletiert, eine Straußenboa lässig um die Schultern geschwungen, in den Saal.

Sie ist eine Erscheinung, sie genießt die bewundernden Blicke, die sie so lange, eingesperrt in ihrer Hausfrauen-Existenz, entbehrt hat. Hodler fordert sie zum Tanz auf – aber er kann gar nicht tanzen. Einen Langsamen Walzer würde er vielleicht noch aufs Parkett legen können, Polka könne er auch tanzen, aber dieses neumodische Gehüpfe sei ihm völlig fremd. Charlotte aber liebt dieses Gehüpfe, Cakewalk und Two Step und natürlich Tango, der gerade die Salons erobert. Sie versucht, ihm die Schritte beizubringen, er stellt sich tölpelhaft an, mimt den Schweizer Naturburschen, den er in seinem Aussehen ausfüllt. »Gnade, schöne Frau, ich bin sechsundfünfzig Jahre alt, und Sie sind ein junges Ding«, fleht er kokett auf Französisch, lässt sich aber auf seine Tanzlehrerin ein – es ist ein verrückter Spaß. Corinth beobachtet vom Tisch aus, an dem zwischen ihm und seinen Freunden die Rotweinflaschen kreisen, seine Frau, sieht, wie entflammt sie ist, wie anziehend, begehrenswert. Er kennt seine unzufriedene Ehefrau kaum wieder. Hodler fordert sie wieder und wieder zum Tanze auf. »Sie müssen sich der Gesellschaft widmen. Sie sind hier der Ehrengast, Sie müssen die Frau des Präsidenten auffordern«, rät ihm Charlotte, aber Hodler lacht nur, wer will ihm in Berlin befehlen, mit wem er tanzen soll. Der Abend ist ein einziger Rausch.

Sie traf sich in den folgenden Tagen mit Hodler, ging mit ihm in Berliner Museen, brachte ihn ins Hotel. Zum Abschied küsste er sie, sie biss ihn in die Lippen, dass es blutete, damit er sie nicht vergesse. Er fragte sie, ob sie nicht mit ihm reisen wolle. Er verschwieg ihr nicht, dass er Geliebte habe, aber er sei frei, von seiner Ehefrau Bertha Stucki sei er schon eine Ewigkeit geschieden, es gebe nur seinen Sohn Hector, achtzehn Jahre alt. Man könne alles arrangieren. *Überhaupt lassen Sie doch Corinth, ich finde Sie passen gar nicht zu ihm,* sagte er.

Charlotte fühlte sich wie neugeboren, geboren für eine neue Liebe. Dann schreckte sie doch vor diesem dramatischen Schritt zurück. Es entspann sich ein leidenschaftlicher Briefwechsel, Hodler schickte ihr Skizzen zu neuen Bildern, er bat um eine Fotografie von Charlotte, er umwarb sie. Seine Zärtlichkeit ließ sie erblühen.

Der wortkarge und missmutige Corinth hatte da schlechte Karten. Schließlich wurde er auf die Affäre gestoßen, weil Charlotte – absichtlich oder unabsichtlich – einen Liebesbrief an Hodler auf dem Tisch hatte liegenlassen. Corinth las ihn. »Du schreibst an Hodler, dass du ihn liebst«, fragte er. Wenn man bedenkt, dass Corinth wegen Kleinigkeiten explodieren konnte, war seine Einlassung verhältnismäßig moderat. Charlotte baute eine Brücke: *Ich schrieb das im Überschwang, weil ich seine Bilder so schön fand.*

Aber damit ist die Geschichte noch nicht zu Ende. Charlotte findet eben nicht nur die Bilder schön. Im März 1906 fährt sie mit dem zweijährigen Thomas nach Florenz und macht Halt in München, um dort Hodler zu treffen, der von Genf aus anreist. Sie gehen zusammen ins Hofbräuhaus, Hodler hat eine große Affinität zu bayerischer Volksmusik, oder was als solche verkauft wird. Sie sitzen an geschrubbten Holztischen, um sie herum jauchzen und juchzen Hunderte von bierseligen Münchnern oder Zugereisten; die Kapelle auf der mit papiernen Alpenblumen geschmückten Empore spielt mit viel Blech ein Schmankerl nach dem anderen. Charlotte versteht nichts, ihr eigenes Wort nicht, Hodlers Worte ebenso wenig. Aber Hodler fühlt sich wohl, fasst sie unter den Arm, will mit ihr schunkeln, küsst sie auf den Hals. Charlotte fühlt sich sehr fremd, sehr berlinerisch. Sie mag das fetttriefende Hendl nicht, nicht den Radi, nicht das Bier, nur die Brezel, die man hier Brezn nennen muss. Klein-Thomas schläft die meiste Zeit, unbeeindruckt vom Lärm der Tuben und Trompeten. Hingegen ist er hellwach, als das Paar mit ihm in die Pinakothek geht. Da hat Thomas Auslauf. Hodler aber kehrt den Lehrer heraus und geht mit Charlotte von Bild zu Bild und fragt sie nach ihrem Urteil. »Wie sehen Sie die Farben? Bitte äußern Sie sich!«

»Oh, wenn Sie nicht lachen wollen, ich fühle die Farben manchmal auf der Zunge.«

Nein, Charlotte, das sollen Sie nicht. Farben haben nichts mit dem Geschmacksinn zu tun, auch müssen Sie nicht sagen, diese Stelle gefällt mir gut. – Sie müssen von einem Bild sofort immer das Ganze sehen. Die Gesamtabsicht des Künstlers. Niemals von Einzelheiten auf das Ganze kommen, sondern vom Gesamten auf Einzelheiten.

Ich bin einfach zu jung, denkt Charlotte. Jeder fühlt sich bemüßigt, mich zu belehren.

Im Hotel wird alles wieder anders. Da fühlt sie sich in einer Weise geliebt, die sie bei Corinth seit ihrer Hochzeit schmerzlich vermisst. Hodler bedrängt sie, Lovis zu verlassen und zu ihm nach Genf zu kommen. Sie würden zusammen Landschaften malen. Er möchte ein Kind von ihr haben. *Wir würden der Welt einen kostbaren Menschen schenken.* Er beschwört sie: *Bitte, denken Sie nicht bürgerlich. Daß Sie verheiratet sind, was die Welt sagen wird, und dergleichen, sondern denken Sie an die größeren Gesichtspunkte. Denken Sie mal, wie interessant ein Mensch sein müßte, der unser Blut vereint in sich trüge.*

Er denkt an eine kleine Tochter, ein »Mädelchen«, eine kleine Charlotte. »*Kann ich die große nicht für mich haben, ganz und gar nicht für mich, hätt' ich dann die kleine Charlotte.*

Charlotte ringt mit sich, soll sie Hodlers Angebot annehmen? Die Versuchung ist groß. Zwar ist Hodler noch älter als Corinth, zwar wäre Genf ein Exil für eine Berlinerin, zwar wüsste sie nicht, wie sie ganz ohne Freunde und Verwandte leben sollte, zwar wäre nicht klar, ob Hodler ihrem Sohn Thomas ein Vater sein könnte, auch wenn er sich in diesen Tagen rührend um ihn bemüht, zwar wäre sie wieder in den Status einer Geliebten verschoben, den sie eigentlich verbscheut, zwar wäre sie wieder an einen Malerfürsten geraten, der seine Kunst himmelhoch über die ihre stellen würde, aber was nützen alle vernünftigen Bedenken, wenn man sich geliebt fühlt? Mit einer Macht so leuchtend und abgründig wie die Schweizer Berge, die niemand so malen kann wie Ferdinand Hodler?

Als sie Hodler eröffnet, dass sie wohl nicht mit nach Genf fahren werde, kommt er mit einem absurden Vorschlag: Er bittet sie, wenigstens für kurze Zeit die Geliebte seines achtzehnjährigen Sohnes Hector zu werden. Wenigstens! *Der erste Schritt, den ein junger Mann macht, die erste Frau, die ihn in der Liebe belehrt, ist entscheidend für seine Auffassung zur Frau, zur Liebe, zur Welt. Charlotte, seien Sie die erste Frau, die er liebt, der er sich anvertraut. Wie beruhigt, wie dankbar würde ich sein, wüßte ich ihn in Ihrem Arm.*

Sie fährt nach Florenz und hat viel Zeit zum Nachdenken. Eine innere Stimme sagt: »Sei vernünftig, Mädchen, bleib auf dem Boden!« Wie sie diese Vernunft hasst! Ist sie doch eine

Frau, die für die Liebe geschaffen ist. Sie geht zu Corinth zurück. Später schreibt sie: *Nein, wir haben uns fast nie gezankt. Fast nie, obwohl ich kein Lämmchen war. Hätte ein Mann wie Corinth ein Lämmchen geliebt?*

Vivat Bacchus, Bacchus lebe!

Auch wenn sie fast alle Preußen waren, die Maler und Literaten und Theaterleute Berlins: Feiern konnten sie, dass sich die Balken bogen. Unter dem Einfluss von Alkohol, der immer reichlich floss, fielen alle Schranken bürgerlicher Zurückhaltung, im Spree-Athen konnte man dann dionysische Entgrenzung erleben. Corinth gehörte in seinen jungen Jahren entschieden zu den Feierbiestern, in seinen Briefen an Charlotte entpuppt er sich als handfester Alkoholiker, der jeden zweiten Abend einen über den Durst trinkt, am nächsten Morgen aber mit dickem Kopf Meisterwerke malt. Bei den offiziellen Gelegenheiten hielt man ja noch auf Contenance, auch wenn Feste der Secession in wüste Tanzereien münden konnten, die erst um vier Uhr morgens dem Ende entgegen dämmerten. Richtig ausgelassen aber wurde es bei privaten Atelierfesten, da steigerten sich die enthemmten Künstler in wahre Orgien hinein.

Corinth fing ab einer bestimmten Nachtstunde und einem bestimmten Alkoholspiegel im Blut an, sein Lieblingslied zu grölen: »Dabi wohnt hei noch immer in der Lammer-Lammerstraat, kann maken, wat hei will.« Dabei wurde von allen Kumpanen mit der Faust auf den Tisch geschlagen. Paul Cassirer, der bis zum Zerwürfnis mit der Secession zusammen mit seiner Gefährtin und späteren Frau Tilla Durieux häufig Gast im Hause Corinth war, setzte dem infernalischen Nonsense-Gebrüll etwas entgegen und sang den Vers: »Ich bin Kaiser, spricht Napoleon.«

»Der meint das ernst«, sagte sein Vetter Bruno, »er hält sich für den Allergrößten.« Zumindest war Paul Cassirer der Allerbeweglichste. Er lief auf den Händen durchs Atelier, *dass ihm das Geld aus beiden Hosentaschen auf die Diele prasselte.*

Charlotte toleriert Corinths Trinkgelage: »Ich bin schließlich nicht seine Gouvernante«, sagt sie. Ja, sie rationalisiert das Trinken als Schlüssel zu Lovis' Kreativität. *Der Wein, ja das Trunkensein war für ihn nicht Vergnügungssucht; er machte diesem schweren Menschen das Tor zum Leben auf.* Zwar versuchte sie, die Einladungen an Freunde zu steuern, die wüstesten Gäste herauszufiltern, mit dem Effekt, dass sich die Nichteingeladenen, die vom Fest bei Corinths erfahren hatten, Zugang zum Haus in der Klopstockstraße verschafften und im Treppenhaus einen ohrenbetäubenden Lärm veranstalteten, bis schließlich – wie Tilla Durieux in ihren Memoiren berichtet – Corinth erschien und die von seiner Frau verschmähten Gäste in die Wohnung und an den Tisch lud. Charlotte machte gute Miene zum bösen Spiel und ertrug, dass die von ihr als gesittet inszenierten Einladungen aus dem Ruder liefen.

※

Gegen die privaten Exzesse nahmen sich die Feste in der Secession harmlos aus. Es wurde getanzt, es wurde auf Teufel komm raus geflirtet – auch wenn man dieses Wort noch nicht gebrauchte. Es gab Künstler, die still versunken hinter ihrem Wein einschliefen, und es gab solche, die allen Damen den Kopf verdrehten. Charlotte konnte gar nicht genug von diesen Festen bekommen. Und als sich die Secessionisten von der Paul Cassirer/Max Liebermann-Fraktion abgespalten hatten und einen neuen Ausstellungsraum zu kaufen suchten, nahm das Charlotte zum Anlass, um Wohltätigkeitsveranstaltungen zu arrangieren. Sie war die treibende Kraft, die die sogenannten »Mascott-Bälle« ins Leben rief, die außerordentlich beliebt waren, auch wenn durch sie die Secession kaum profitierte und ihrem Ziel, ein eigenes Haus zu gründen, nicht näherkam.

Charlotte amüsiert sich prächtig bei solchen Festen und lässt sich »die Cour schneiden«, sich also hofieren. Ihre Tanzkarte ist immer gut gefüllt, oft dreifach überbelegt. Und in den Tanzpausen lebt sie sich munter aus: *Da hatte ich manche Heimlichkeiten und mich mörderlich gut amüsiert.* Einmal, so berichtet sie, hat sie sich von einem Verehrer leidenschaftlich küssen lassen. Ihr schlechtes Gewissen regte sich, regte sich aber auch schnell wieder ab, als sie den Gatten in einer Ecke entdeckte mit einer Freundin auf dem Schoß, die er nicht weniger intensiv herzte.

Meistens aber sitzt Lovis nur mit seinen Kumpanen an einem Tisch und zecht. Charlotte beklagt in diesen Augenblicken den Altersunterschied zwischen Lovis und sich: Sie ist eine junge Frau, die temperamentvoll ihr Recht verteidigt, sich zu verlustieren, er ist ein gesetzter Mann um die Fünfzig, der sich die Hörner abgestoßen hat, der sich lieber von Rotwein und Zigarre den Kopf benebeln lässt als von der Balzerei.

Schlechtes Gewissen hält bei Charlotte ohnehin nie lange vor. Schließlich ist sie ihrem Ehegespons doch in einer Weise ergeben, dass ein kleines Ausbüchsen aus der Ehe nicht ins Gewicht fallen kann. Sollte sie einmal gar zu sehr über die Stränge geschlagen haben, geht sie am nächsten Morgen, bevor die Sonne aufgeht, in Lovis' Atelier und richtet dem Meister alles zum Besten für den bevorstehenden Tag: wäscht die Pinsel aus, legt die Farben zurecht, präpariert die Leinwand, ja, arrangiert sogar ein Blumengebinde so, dass der Meister ohne Verzögerung mit einem neuen Stillleben beginnen kann.

Er sollte das zu schätzen wissen.

Neben den ausgelassenen Festen gab es auch die anständigen Einladungen zum Abendessen. Die dienten dann zwar auch dem künstlerischen Austausch, mehr aber der gesellschaftlichen Reputation. Ab 1905, ab der Zeit also, da Corinth seine Bilder sehr gut verkaufte und der Wohlstand wuchs, wurden Künstlerfreunde, aber auch Financiers, Ärzte, Verleger, Geschäftsleute, Museumsdirektoren in die Klopstockstraße eingeladen. Charlotte wusste als gute Managerin ihres Gatten, wie man künftige Kunden gewinnt und umschmeichelt. Sie hatte einen untrüglichen Sinn dafür, wie man solche Abende gestaltete, und bezog Lovis mit ein, wann immer es dienlich war. So malte er zum Beispiel eine Menükarte, die die Gäste dann als einen originalen Corinth mit nach Hause nehmen konnten. Die Menükarte einer Soiree vom 25. 2. 1905 ist erhalten geblieben. Corinth hat auf die Karte ein Schwein, einen Ochsen und Gänse gezeichnet – und ein Reh, auf welchem ein nacktes Mädchen mit Pfeil und Bogen reitet; das Mädchen zielt auf eine fliegende Gans. Das war eine Verbeugung Corinths vor den fleischlichen Genüssen des Lebens, die man sehr umfassend verstehen durfte. Auch das Essen ließ keine Wünsche übrig: »Lachs mit neuen Kartoffeln, Filet naturel, Artischocken à l'anglaise, Eis, Früchte, etc.«

⚜

Im späten Winter gab es aber nicht nur neue Kartoffeln in Berlin, woher auch immer dieser Luxus importiert sein mochte. In den Februar fielen die Höhepunkte der Ballsaison, vor allem die beliebten Kostümbälle. Schon in Kleinkindertagen hatte Charlotte die Verwandlung in eine andere Person geliebt, in eine Schneeflocke oder Prinzessin oder in ein schlesisches Bauernmädchen. Auch Corinth liebte es, sich zu verkleiden. 1909 erscheint er beim Kostümfest als Bacchus, trägt um den Kopf künstliche Weintrauben mit Laub, die beim Tanzen vermutlich sehr unpraktisch waren. Das weiße Oberhemd ist weit geöffnet, lässt die behaarte Brust des weinseligen Gottes frei. Zu einem anderen Kostümfest verkleidet sich Corinth als Chinese, Charlotte geht als Odaliske. Gleich am nächsten Tag malt er seine Frau in diesem Kostüm.

Höhepunkt aber ist der Secessionsball im Februar 1924, der unter dem Motto »Eine südliche Nacht« steht, Charlotte tritt als Carmen auf. Sie kleidet sich aufwendig in ein Habanera-Kostüm: eine weitausgeschnittene weiße Bluse, einen schwarzen rüffigen Rock, mit gelber Seide drapiert, rote Stoffrosen im Haar. Corinth hat sich einen Vollbart umgehängt, Orden ans Revers geheftet und geht als alter Würdenträger. Während sie beim Ball Verehrern Flamenco-Schritte beibringt, mit den Fingern wie mit fiktiven Kastagnetten schnippt und ganz in ihrer Rolle aufgeht, sitzt er einsam an einem Tisch und trinkt. Der Vollbart ist ihm verrutscht, im Mund steckt die unvermeidliche Zigarre. *Da zeigte sich trotz guten Willens der Unterschied der Jahre zwischen uns.*

Das immerwährende Modell

So wie manche Männer von ihren Frauen erwarten, dass sie sich ihnen hingeben, wann immer sie die Lust überkommt, so erwartete Corinth von Beginn an, dass ihm Charlotte Modell stand. Für Corinth war das Porträtieren sein Leben lang die Königsdisziplin. Er verdiente viele Jahre sein Geld mit bestellten Porträts, er malte jedes Jahr um seinen Geburtstag herum ein Selbstporträt, vierzig werden es insgesamt, oft stellt er sich in Verkleidungen dar, einmal sehr schonungslos mit nacktem Oberkörper, und er malte immerfort und immerzu Charlotte.

Sie war ja allezeit präsent, allezeit willig und bereit, sie kannte die Feinheiten des Modellstehens und die spezifischen Ansprüche ihres Mannes. So einfach es für einen Laien scheint, einem Maler Modell zu stehen, so schwierig ist es in der Praxis. Da gibt es nicht nur die physische Herausforderung, in einer arrangierten, und das bedeutet oft, in einer künstlichen Haltung zu erstarren, einzufrieren – und das stundenlang. Dazu gehört auch die Fähigkeit, auf die kleinsten, oft nicht einmal mit Worten geäußerten Wünsche des Malers einzugehen, auf minimale Winke zu reagieren – ohne lange Stellproben, die den Maler aus dem Konzept oder gar zur Verzweiflung bringen. Am wichtigsten ist die richtige Ausstrahlung, das Vertrauen in die Kunst und den Maler.

All das verkörperte Charlotte auf ideale Weise. Da sie das Porträtieren von Corinth gelernt hatte und selbst porträtierte, wusste sie immer, um was es ihm ging. Er brauchte sich nicht mit Erklärungen zu echauffieren, sie verstand, bevor er es hätte formulieren können, welche Positur sie einnehmen, wie sie sich ins rechte Licht stellen oder setzen sollte.

Und, sie war immer da. Es kam nicht selten vor, dass Corinth spontan, von einem Augenblick zum anderen, sagte: »Das ist aber eine schöne Bluse, die du da trägst, ich habe Lust, dich darin zu malen.« Oder: »Das Licht ist heute ganz besonders, lass alles liegen und stehen und komm ins Atelier.«

Sie kam, wenn er rief. Und nicht selten ging die Initiative von ihr aus, bot sie sich als Modell an, wenn ihm gar nicht nach Malen zumute war. Es war ihre Geheimwaffe gegen seine Depressionen. Wenn er allzu trübsinnig im Sessel saß, der Seehundschnauzer noch tiefer hing als sonst, der Blick ganz nach innen gekehrt war, jede Pore Düsternis verströmte – dann fasste Charlotte seine Hand, gab sich Mühe, nicht wie eine Mutter zu klingen, die einem Kind Spielzeug anbietet, um es aufzuheitern, sagte: »Luke, magst du mich nicht malen? Ich finde, dass ich heute besonders schön aussehe.« Dabei gurrte sie kokett, als wolle sie ihn ins Bett verführen. Er ließ sich verführen, nicht immer, aber oft. Und Charlotte war befriedigt, weil es ihr wieder einmal gelungen war, der Krankheit seines Gemüts ein Schnippchen zu schlagen.

Natürlich war sie eitel, auch wenn nicht jedes Bild ihrer Eitelkeit schmeichelte. Manchmal ging ihr der Gedanke durch den Kopf, dass sie mit ihrer eigenen Malerei vielleicht keinen dauerhaften Platz im Kunstleben des Jahrhunderts gewinnen könnte. Aber Corinths Bilder würden Rang und Wert behalten, davon war sie fest überzeugt. Ihn würde man verehren, wenn er längst nicht mehr lebte. Und fiele dann nicht ein Abglanz auch auf sein permanentes Modell? Sie würde in seinen Bildern fortleben, über ihre Sterblichkeit triumphieren. Leonore Sanvitale in Goethes *Tasso* träumt diesen Traum vom Überleben in dem sie teilhat an der Aura eines Genius: *Wie ihn die Welt verehrt / So wird die Nachwelt ihn verehrend nennen. / Wie herrlich ist's, im Glanze dieses Lebens / Ihn an der Seite haben! So mit ihm / Der Zukunft sich mit leichtem Schritte nahn. / Alsdann vermag die Zeit, das Alter nichts / Auf dich.*

Wenn er ein Porträt von ihr verkaufte, war das jedes Mal ein wehmütiger Abschied. »Der Rubel muss rollen«, sagte er, »ich kann doch ein neues Bild von dir malen.« Als ließe sich eins durch ein anderes ersetzen. War doch in jedes Bild die Geschichte seiner Genese eingeschrieben: die Stunden im Atelier oder am Strand, in der Sommerfrische, im Garten oder auf dem Balkon eines Hotels. Die Gerüche nach Farbe und Terpentin, aber auch nach Strandhafer und frischer Meeresbrise, nach Heidekraut oder Ginster. Was sie gesprochen oder gesungen hatte in den langen Stunden des reglosen Sitzens, während Corinth schweigsam vor seiner Staffelei stand. *Sie* durfte ja sprechen oder singen, nur nichts Banales. Tödlich wären Sätze gewesen wie: »Die Köchin will dir heute Königsberger Klopse machen.« Oder: »Soll ich einen Brief an Herrn Soundso wegen der unbezahlten Rechnung schreiben?« Sie hätten einen Wutausbruch nach sich gezogen. Denn das Malen hatte neben aller handwerklichen Arbeit etwas Sakrales, etwas, das Ehrfurcht einflößte: Hier brachte ein Mensch etwas auf die Welt, was es vorher nicht gegeben hatte, was einzigartig war, was Respekt gegenüber dem schöpferischen Akt forderte.

Irgendwann kam der Moment. In dem Corinth mehr schnauzte als sagte: »Mund zu!« Dann wurde der Mund gemalt.

Bestenfalls ging ein Bild an ein Museum, so blieb es ihr immer noch erhalten, konnte ihr auf einer Ausstellung wiederbegegnen, sie konnte ihrem Porträt in die Augen schauen, ja, Zwiesprache mit ihm halten. Irritierender war die Vorstellung, in einem Salon auf einer roten Brokattapete zu hängen und sich von einem zigarrenrauchenden älteren Herrn anstarren zu lassen, der sich zum Abendvergnügen die Delikatesse gönnte, eine schöne Frau um sich zu haben.

Aber Charlotte war nicht nur Künstlerin, sondern auch Wirtschafterin des Hauses Corinth und als solche nüchtern genug, um zu wissen, dass die Kunst nach dem Brote ging, dass nur durch reichen Verkauf von Bildern der Lebensstandard der Familie zu halten war. Natürlich ging es Corinth nicht nur um den rollenden Rubel, sondern um die Anerkennung als Künstler, natürlich war er zufrieden, wenn es nach einer Ausstellung der Secession positive Kritiken in den Berliner Blättern gab, aber er träumte nicht davon, in das Pantheon der unsterblichen Maler aufgenommen zu werden, er sah sich nicht an der Seite Rembrandts und Dürers. Als ostpreußischer Bauernjunge blieb er mit beiden Füßen auf der Erde. Höhenflüge waren Weibersache.

Es gab Porträts, die Charlotte besonders liebte, natürlich alle aus der Zeit ihrer jungen Liebe, es gab Porträts, die sie erst hasste, um sie später zu lieben, und es gab ein Porträt, das ihr Frau Doktor Lippmann verleidet hatte. Charlotte schätzte ihre Malschwester der ersten Stunde, aber wie alle ihre Freundinnen fürchtete sie deren spitze Zunge, mit der Rahel distanziert und ironisch eine Sache analysieren konnte. Ihre Kommentare trafen häufig ins Schwarze, während die anderen Mal-Damen lieber in rosa Gefilden wandelten.

Als Rahel Lippmann, drei Monate nach Charlottes und Lovis' Heirat, im Atelier Corinths Bild *Selbstbildnis mit Rückenakt* betrachtete, seufzte sie demonstrativ. »Was gefällt Ihnen denn nicht an dem Bild?«, fragte Charlotte, schon leicht eingeschnappt.

»Meine liebe Charlotte, der nackte Rücken gehört ja wohl Ihnen. Und jetzt schauen Sie sich an, das heißt Sie können sich ja gar nicht ansehen, weil Sie dem Betrachter den Rücken zuwenden. Sie sind eine gesichtslose, anonyme Figur, klammern sich nackt und bloß und hilfebedürftig an den Maler, der schräg vor Ihnen steht, legen Schutz suchend Ihre Hand auf seine Brust. Und er? Schaut selbstbewusst dem Betrachter ins Auge, in der Hand seine Pinsel gezückt wie Waffen. Sehen Sie denn nicht, wie Corinth Ihnen jede Persönlichkeit nimmt? Sie sind nicht mehr eine Künstlerin, sondern ein Huscherl von Ehefrau, das sich am übermächtigen Meister festhält. Hat Corinth das aus der widerspenstigen Charlotte gemacht? Sie in einem Vierteljahr Ehe domestiziert?«

Charlotte war wütend. Sie sollte das Bild verteidigen. Wie leuchtend hell Lovis den Rücken gemalt hatte. Wie man das Bild als Symbol für die innige Nähe von Maler und Modell sehen könnte. Wahrscheinlich hatte Frau Doktor Lippmann einfach schlechte Erfahrungen mit Männern gemacht und sah in jedem Mann einen Unterdrücker. Das konnte sie nicht auf Lovis sitzen lassen. Aber ihr wollte keine flammende Verteidigungsrede einfallen. Stattdessen fiel ihr ein, dass Lovis sie tatsächlich nur ein einziges Mal malend als Künstlerin wahrgenommen hatte: *Charlotte Berend malt Lisa Winchenbach*. Aber gerade dieses Bild war technisch und ästhetisch missraten, er hatte es einfach so hingeworfen, ohne Liebe zum Sujet, wahrscheinlich nur, um ihr eine Freude zu machen, sie als Malerin zu malen. Die Freude hatte sich nicht eingestellt.

Rahel Lippmann verhalf der jungen Frau Corinth zur Einsicht, dass sie als Modell, nicht als Malerin geschätzt wurde.

⚘

Es gab eine noch schmerzlichere Erfahrung, aber die kam viele Jahre später, erst 1920. Sie war verknüpft mit dem Bild *Charlotte Berend in der gelben Bluse*, das Lovis gemalt hatte, als er sich von ihr abgewandt und einer anderen Frau zugewandt hatte.

Diese Frau, schön, reich, noch jünger als sie selbst, kam ständig unangemeldet in Corinths Atelier. Charlotte sah sie vom Fenster der Wohnung aus das Haus zu Unzeiten betreten, was ein absoluter Tabubruch war: Das Atelier war ein Sanctuarium, das selbst die Familienmitglieder nur nach Vorladung betreten durften. Die Dame verließ Stunden später das Haus, immer mit einer Mappe oder einer Rolle unter dem Arm, in der vermutlich Zeichnungen steckten, die ihr Corinth geschenkt hatte. Lovis, der abends im Salon im Sessel sitzend zu lesen pflegte, ging plötzlich aus, ohne zu sagen, was er vorhatte. Wenigstens suchte er keine Ausreden. Die Zeichen standen auf Sturm. Charlotte wollte als kluge Frau abwarten, manche Strohfeuer erloschen ja von selbst. Und handelte es sich hier nicht um den Johannistrieb, der als späte Leidenschaft alte Männer befiel, ein gesteigerter sexueller Drang, bevor dieser für immer verging? Schließlich war Lovis über sechzig Jahre alt.

Wie konnte sie ihren Mann halten, die Geliebte zurückdrängen? Wenn sie die Intimität beschwor, die immer zwischen Lovis und ihr herrschte, wenn er sie malte? Eines Morgens sagte sie beim Frühstück: »Luke, ich habe mir eine neue gelbe Bluse und einen schwarzen Samthut gekauft, der Hut ist ein Gedicht. Willst du mich nicht damit malen? Dann würden wir die Kosten für dieses zauberhafte Gebilde zurückbekommen.« Der Scherz mit den Kosten des Hutes ging daneben. Corinths Blick kam von sehr weit weg, als nähme er nach langer Zeit wahr, dass noch eine andere Person mit am Tisch saß. »Warum nicht?«, sagte er.

Das war die kälteste Einladung, Modell zu stehen, die sie jemals erhalten hatte. Charlotte fror bis ans Herz hinan. Aber sie zog sich um und ging mit ihm ins Atelier. Sie, die das heitere Einverständnis, die Innigkeit zwischen ihnen beiden gewohnt war, wenn er sie malte, dieses fast zeitlose Ineinander-Versunken-Sein, litt schrecklich unter der eisigen, geschäftsmäßigen Atmosphäre, die Corinth jetzt aufbaute. Sie sprach kein Wort, sang kein Lied aus der *Schönen Müllerin*. Er musterte sie mit kaltem Auge, im Blick nichts als Fremdheit: *Beim Malen konnte ich mehr erfahren, als mir lieb war*, erinnert sich Charlotte. Das machst du nicht mit mir, dachte sie spontan, nicht mit Charlotte Berend. Am nächsten Tag wollten sie nach Urfeld fahren. Wie sollten sie unter diesen Bedingungen einen ganzen Sommer dort verbringen?

Er malte und malte, stundenlang, ohne Pause, ohne ihnen beiden Gelegenheit zum Essen oder Trinken zu geben. Es war eine Strafexpedition, eine Züchtigung: Bitte, du wolltest gemalt werden, also male ich dich. Erst am späten Nachmittag legte er Palette und Pinsel zur Seite.

»Fahren wir morgen wie geplant nach Urfeld oder bleibst du hier?«, fragte Charlotte. Der Deckel auf dem Dampftopf ihrer Wut hob sich ein wenig. »Habe ich irgendetwas anderes gesagt«, brummte er.

Die Fahrt nach Oberbayern war in normalen Zeiten immer gesättigt von Vorfreude. Die Kinder – Thomas, jetzt schon fünfzehnjährig, und die 1909 geborene, jetzt elf Jahre alte Wilhelmine, die alle nur Minchen oder Mine nannten – waren begeisterte Wahlbayern, die nach der Ankunft in Urfeld immer sofort in Lederhose und Dirndl hüpften. Aber diese Reise war nicht normal, sie war wie durch schwarze Magie aller Freude beraubt. Die Kinder langweilten und zankten sich. Corinth war in sich versunken, sprach kein Wort. Charlotte hatte dafür gesorgt, dass alle auf der Fahrt mit Lektüre, Butterbroten und Getränken versorgt waren, dass sie in München den Anschluss zur Bimmelbahn nach Kochel erreichten, dass die Pferdedroschke sie abholte. Alles funktionierte wie immer, nichts half: Die Stimmung glich einem frostigen Januartag in Berlin.

Abends, als die Kinder im Bett lagen, saß das Ehepaar auf der Terrasse vor dem Haus. Der See verfärbte sich dunkel, das Karwendelgebirge war nur noch als Silhouette zu erahnen. Das Schweigen, das sonst die Form eines stillen Einverständnisses hatte, lastete auf Lovis und Charlotte, breitete sich aus wie ein nasses Tuch, unter dem das Atmen schwer wurde. »Und was ist nun, Lovis?« Sie redete ihn immer nur mit Luke oder Lue an, jetzt sprach sie zu ihm wie vor einem Scheidungsrichter, als erwarte sie eine offizielle Verlautbarung.

Er erhob sich und ging wortlos in sein Zimmer. Am nächsten Tag malte er nicht, auch am übernächsten nicht. Er saß im Liegestuhl und las, er ging ins Dorf zur Post, er wanderte mit dem Hund am Uferweg des Sees entlang. Corinth war, wie Charlotte schrieb, *zum ersten Mal ohne Lust und Liebe in Urfeld.*

Aber sie gibt nicht auf, gibt ihn nicht auf, führt eine Aussprache herbei, fordert klare Verhältnisse. »Ich bin nicht gewillt, stumm zuzusehen, wie miserabel du mich jetzt behandelst, dich vollkommen von mir abwendest und dieser Person verfällst.« Corinth spürt, dass Charlotte bereit ist, ihn notfalls zu verlassen. Da lenkt er ein, entscheidet sich für seine Frau. *Wir hatten uns wiedergefunden.* Charlottes schmallippiger Satz verbirgt, wie viel Geduld, Schmerz, Angst und Hoffnung die Annäherung gekostet hat.

⚶

Als sie zwei Monate später zurück in Berlin sind, sieht sich Charlotte das Bild *Charlotte Berend mit der gelben Bluse* an. Es ist ein gutes Bild, ein hervorragendes Bild, technisch brillant wie alle Corinth-Porträts. Aber Charlotte sieht, dass es aus der Kälte des Herzens gekommen ist. Wilhelmine erzählt: *Sie hat oft zu mir gesagt: »Wie lieblos hat er das gemalt. Es gibt mir einen solchen Schmerz ins Herz, wenn ich dieses Bild ansehe«.* Charlotte neigte in dieser Zeit zur Fülle, Corinth hat diese Entwicklung mit wenig barmherzigem Blick festgehalten: das Gesicht in die Breite gezogen, die Bluse unvorteilhaft aufgebauscht. Ob dieses Bild Charlotte dazu gebracht hat, sich Abmagerungskuren zu unterziehen, ist nicht verbürgt, wohl aber, dass sie rigoros und weitgehend erfolglos versucht hat, Gewicht zu verlieren.

Es gibt ein anderes Porträt, das große Irritationen in ihr ausgelöst hat. Corinth hat es nach dem Kostümball der »Südlichen Nacht« in der Secession begonnen. Als sie zu Hause angekommen waren, riss sich Corinth den angeklebten Vollbart vom Gesicht: »Zieh dich nicht aus, Petermannchen, bleib so, wie du bist, ich will sich malen.«

»Aber Luke!«

»Wir gehen ins Wohnzimmer, schalte den Kronleuchter an, leg' *Carmen* aufs Grammophon, tanz' ein bisschen herum, bis ich die Staffelei und die Utensilien geholt habe.«

»Aber Luke, weißt du, wie spät es ist?«

»Dem Maler schlägt keine Stunde.«

»Ich bin völlig derangiert, es ist kalt im Wohnzimmer, der Kachelofen ist seit Stunden aus.«

Jetzt in dieser Februarnacht, in der sie erschöpft vom vielen Tanzen und er nach reichlichem Rotweinkonsum nach Hause mehr getaumelt als gegangen waren, jetzt sollte sie ihm noch Modell stehen? »Luke, ich bitte dich, ich ziehe morgen das Kostüm wieder für dich an.« Er wollte keine Einwände hören. »Natürlich ziehst du es morgen wieder an, ich werde ein paar Tage daran arbeiten. Aber jetzt muss ich diesen Augenblick festhalten. Und der Rahmen ist genau richtig: *Das Schwarz ist ja wundervoll und im Hintergrund der flimmernde Kronleuchter und die roten Brokatmöbel.«*

So ertönte tief in der Nacht in der Klopstockstraße Bizets

Habanera, und die Charlotte-Carmen überkam ein Gefühl von spanischer Melancolia, aber auch von tiefer Liebe zu diesem altgewordenen Mann, der vor über zwanzig Jahren der ihre geworden war:

Ja, die Liebe hat bunte Flügel,
solch einen Vogel zähmt man schwer;
haltet fest sie mit Band und Zügel,
wenn sie nicht will, kommt sie nicht her.
Ob ihr bittet, ob ihr befehlet
und ob ihr sprecht und ob ihr schweigt,
nach Laune sie den erwählet
und heftig liebt der stumm sich zeigt ...
Glaubst den Vogel du schon gefangen,
ein Flügelschlag, ein Augenblick,
er ist fort und du harrst mit Bangen,
eh du's versiehst, ist er zurück.
Weit im Kreise siehst du ihn ziehen,
halt ihn fest und er wird entfliehen,
weichst du ihm aus,
flugs ist er da!

Als Charlotte einige Tage und Sitzungen später das vollendete Bild *Carmencita* sah, war sie erschüttert. Sah Lovis sie tatsächlich so, als eine dicke unförmige Matrone mit viel zu kleinem Kopf über dem ausladenden Körper? Wo war ihre Schönheit geblieben, wo war sein Bild von ihrer Schönheit geblieben? Sie betrachtete sich lange nackt im Spiegel. Auch wenn sie nicht mehr schlank war, Busen und Leib an Fülle gewonnen hatte, nie und nimmer sah sie so monströs wie auf dem Bild aus. Es war sinnlos, mit Lovis darüber zu reden, er veränderte Bilder nur, wenn er es wollte, niemand anderer hatte Einfluss darauf.

Und – das sagte dann wieder die Malerin in ihr –: die *Carmencita* war ein Meisterwerk in dem Stil, den Corinth in den letzten Jahren herausgebildet und in seinen Walchenseebildern geschärft hatte: die Auflösung des Motivs durch schnelle und grobe Pinselführung, die »Attacken« mit dem Spachtel, die Eigenmächtigkeit der Farbe, der souveräne Wechsel des Lichts. Hatte er in seinen jungen Malerjahren die Ähnlichkeit als oberstes Gebot der Porträtkunst gerühmt, glaubte er daran, die Persönlichkeit eines Menschen in seiner Erscheinung zu finden und festhalten zu können, ging es ihm inzwischen um anderes. Er suchte in der Differenz zum Erscheinungsbild, in der gewollten Unähnlichkeit von Person und Bild die verborgenen Seelenzustände eines Menschen zu enthüllen. In sein Tagebuch schrieb Corinth in diesem Jahr: *Ein Neues habe ich gefunden: die wahre Kunst ist Unwirklichkeit üben. Das Höchste!*

Auf dem Bild *Carmencita* sind vor allem die Brust und die davor abgewinkelte Hand mit dem weißen Fächer betont, die der Figur eine sinnliche Aura verleihen, noch unterstrichen durch die Farbe der Leidenschaft: dem Rot der Blumen im Haar, den knallrot geschminkten Lippen.

Charlotte konnte nicht ahnen, dass *Carmencita* das letzte Porträt war, das Corinth von ihr malte. Aber sie ahnte, dass er in diesem Bild die seelische Kraft der Frau verkörpern wollte, die ihm mehr bedeutete als äußere Schönheit.

Nur Reisen ist Leben

Die junge Frau Corinth lässt sich nicht einsperren, nicht als Hausmütterchen, nicht als Mütterchen. Sie kann sich durchaus von Mann und Kind – später Kindern – trennen, um sich zu erholen, um sich Inspirationen für ihre Malerei zu holen. So fährt sie im Februar 1906 nach Südtirol. Thomas ist just ein Jahr und vier Monate alt und kann gerade laufen. Die meisten Mütter finden dieses Alter ganz besonders entzückend. Charlotte liebt ihren Sohn, aber sie hängt nicht wie eine Klette an ihm. Bei Oma Hedwig ist das Kerlchen doch sehr gut aufgehoben, sein Papa liest ihm abends Geschichten vor und bedauert, dass er noch nicht Latein und Griechisch mit ihm üben kann.

Der Grund ihrer Reise bleibt im Dunkeln. Anfänglich schreibt sie Briefe vom Hotel *Haßfurther* in Meran, dann wechselt sie das Quartier, weil ihr das Hotel nicht gefällt, und logiert in der *Schloßwirtschaft* im Dorf Schönna, dem heutigen Schenna. Auch Lovis scheint nicht recht zu wissen, was seine Frau im Tirolischen treibt, und empfiehlt ihr zu malen: *Nun Petermannchen, immer froh und lustig. Mach' doch mal eine Gebirgslandschaft. Ich kann mir gar nicht recht denken, wie Du die Tage hinbringst.* Lovis' Brief ist vom 17.3.1906, da weilt Charlotte schon seit drei Wochen in Schenna. Sie antwortet zwei Tage später: *Mein herzlich geliebtes Lukechen: Ich bin unbeschreiblich vergnügt. Ich bin ein runder, dicker alter junger kleiner großer Petermann. Ich habe einhundertneunundachzig* [sic!] *Sommersprossen. Ich bin Deine Lotte. Und nun bleibe ich noch hier, bis ich es für gut halte zu reisen; nicht wahr?*

Die Sehnsucht nach Mann und Sohn scheint jedenfalls nicht überschwänglich zu sein. Zwar spricht sie von einer ausgestandenen Angst, worauf sich diese bezogen haben könnte, erfährt man nicht. Es gibt weiterhin fröhliche Karten und

Briefe, erst Ende des Monats März bricht sie ihren Aufenthalt in Schönna ab, bleibt noch ein paar Tage in *Minka* (München) und kündigt für den 31. März ihre Rückkehr nach Berlin an.

Dann war sie fünf Wochen in Südtirol – ohne erkennbaren Anlass und ohne Beschäftigung. Nach den Ferien vom Ich geht es im Mai schon wieder los, dieses Mal mit Thomas. Lovis hat für die Sommermonate eine Villa an der mecklenburgischen Grenze in Hohenlychen gemietet, die *Villa Melitta*. Er selbst pendelt immer wieder nach Berlin. Jetzt, da endlich nach langer Durststrecke die Aufträge ins Haus kommen, vor allem Anfragen, Porträts zu malen, kann er nicht wochenlang fern von seinem Atelier sein. Aus der Uckermark erreichen ihn Klagebriefe. Das Dorf liege am Ende der Welt. Charlotte könne nichts unternehmen, ihr sei langweilig, das Dienstpersonal, das man mit der Villa gemietet hatte, sei eine Katastrophe. Sie schreibt: *Lieber Luke, jetzt ist es Juni, und in den schönen Sommer-Nächten scheint der volle Mond die ganze Nacht, aber ich bin allein und einsam. Du hättest das auch bedenken können, so scheint es mir. Wenn der kleine Thomas zu Bett gebracht ist, dann sitz ich da und Du kannst Dir nicht vorstellen, wie traurig mir in dem einsamen Haus zumute ist. Da ist wohl der Unterschied unserer Jahre zu spüren. Ich bin grade eben erst 26 Jahre alt und habe eben mehr heisse Lebenswünsche. Aber es hat wohl keinen Sinn Dir das zu schreiben.*

Corinth platzt der Kragen, er schreibt einen geharnischten Brief zurück: *Mein lieber Petermann: Dein Brief liest sich wie von einem Backfisch und nicht von einer Frau, die doch zum Besten des Ganzen manches hintansetzen sollte und auch ein gutes Gesicht machen sollte, wenn es nicht gar so angenehm ist. Als wir das Haus mieteten, danktest Du mir und konntest nicht genug rühmen, wie gut ich wäre, und jetzt bist Du die elend Gefangene, die ihre Jugend hier vertrauern muß, und es fehlt nicht viel, so bin ich der brutale Kerkermeister. Ich habe leider die Empfindung, daß irgend etwas anders ist. Du gehst von der Voraussetzung aus, Du wärest fehlerfrei. Denke auch einmal nach, ob Du wirklich immer im Recht bist. Ich beurteile doch Deinen Charakter neben warmer Empfindung als sehr egoistisch, und ist nicht alles, wie Du es im Augenblick möchtest, gleich bist Du die mißverstandene Nora und glaubst Dich vollständig verraten. Ich kann wohl mit Bestimmtheit sagen, daß die Verstimmungen, die wir durchgemacht haben, dieses der einzige Grund stets gewesen ist. Solltest Du irgendwie glauben, daß mein Alter für Deine Jugend zu unverständlich ist, so muß an Änderung gegangen werden; jedenfalls will ich Klarheit und Vertrauen und kein Gejammer von Juni und schwühlen* [sic!] *Nächten, was ich alles für Pose halte. Ich meine aber, daß Du jetzt wieder bessere Stimmung hast, und alles wieder gut wird. Gruß Lovis*

Charlotte saß in der warmen Sonne auf der Holzbank und las den Brief wieder und wieder. Klein-Thomas lag im Mittagsschlaf. Das Hausmädchen hatte sich zurückgezogen. Selten hatte sich Charlotte so allein gefühlt, so verlassen. Sie versank in eine Traurigkeit, die so gar nicht zu der blühenden Frühsommerlandschaft um sie herum passte, den goldgelben Rapsfeldern, den grünen Buchenwäldern, dem Phlox und Rittersporn und Löwenmäulchen im Garten. Nein, sie würde nicht weinen über diesen schändlichen Brief, eher die Fäuste ballen, so wie der kleine Thomas das tat, wenn ihm der Haferbrei nicht schmeckte. Wie konnte ihr geliebter Luke, dem sie ihr Leben und ihre Jugend opferte, sie nach nur zweijähriger Ehe derartig abkanzeln, sie als egoistisches Ekel darstellen, sie zurückweisen, ja eigentlich die Ehe aufkündigen: *So muß an Änderungen gegangen werden.*

Vielleicht hatte sie etwas viel gejammert über diese mecklenburgische Einöde. Aber ihr Brief war doch moderat gewesen, hatte mehr nach Sehnsucht als nach Vorwürfen geklungen. Musste er sie da als ein verwöhntes Dämchen hinstellen, das in Klagelitaneien ausbricht, wenn irgendetwas nicht nach ihrem Gusto geht?

Sie war nicht verwöhnt. Und ein Dämchen war sie schon gar nicht. Was hatte sie in den letzten zwei Jahren alles für ihn und die junge Familie getan: eine schwere Geburt durchgestanden, für das Kind gesorgt, bei knappem Geld das Haus geführt, gut gewirtschaftet, die Launen des Meisters mit Humor ertragen, für sein leibliches Wohl Sorge getragen, die Kontakte zu seinen Freunden und Käufern gepflegt und – das Anstrengendste von allem – ihm immer wieder Modell gestanden. Aber das zählte, wenn sie einmal zu klagen wagte, offensichtlich nicht.

Sie ist, verdammt noch mal, keine Nora im Puppenheim, keine zwitschernde und tirilierende Lerche, sondern eine hart arbeitende Frau, die alle privaten Wünsche zurücksteckt, um dem Meister den Rücken frei zu halten für sein Werk. Dass er nicht verstehen kann, dass die Wahl eines Sommerquartiers in der Mecklenburger Einöde ein Fehler war, über den zu klagen sie alles Recht hatte. »Deiwel auch«, sagt Charlotte. Und im nächsten Augenblick schlägt sie sich vor die Stirn. Jetzt übernehme ich schon seine Flüche. So weit ist es gekommen, dass ich mit seiner Zunge rede, als hätte ich nicht einmal mehr eine eigene Sprache. Zum Teufel! Wer bin ich eigentlich? Bin ich noch ich oder nur noch das Medium, durch das Lovis agiert?

Sie hört Thomas oben in seinem Zimmer krähen. Nein, so schnell gibt sie nicht auf. So schnell muss nicht »an Änderungen gegangen werden.« Aber in den Staub kriechen und um Verzeihung bitten, wird sie nicht. Das müsste dann doch wohl eher Lovis tun.

Am Wochenende kam dieser nach Hohenlychen. Man sprach sich aus. Bei Corinth verflog der Jähzorn so schnell, wie er in ihm aufgestiegen war. Bei Charlotte wirkte die Kränkung länger nach. Fürs erste traf sie eine kluge Entscheidung: Ab jetzt wird sie die Sommer-Domizile aussuchen. Ein Dorf in der Uckermark wird nicht mehr darunter sein.

Das Jahr 1907 brachte erfreulichere Reisen. Im Frühling fuhr Charlotte mit Thomas nach Florenz, wo ihre Schwester lebte. Alice hatte 1904 in London einen schwedischen Schriftsteller und Journalisten geheiratet, John Jönsson, der das Pseudonym John Hertz angenommen hatte. Erst lebte das Paar in London, dann in Berlin, 1906 zogen sie, zusammen mit Sohn Nils-Peter, nach Florenz. »Schreiben kann man überall, warum sich nicht dann einen schöneren Flecken aussuchen als dieses triste Berlin«, hatte Alice ihren Entschluss begründet. Sie ist auf dem Weg, eine bekannte Schriftstellerin zu werden. Seit der Großverleger Samuel Fischer, den alle nur als Sami kennen, sie unter ihre Fittiche genommen hat, steigen die Auflagen ihrer Romane.

Die Ehe mit dem unbekannten und unbekannt bleibenden John Hertz war wohl, so mutmaßten Freunde, eine Verlegenheitsheirat gewesen. Alice war nach den Maßstäben ihrer Zeit als Braut in die Jahre gekommen, ihre fünf Jahre jüngere Schwester hatte eher geheiratet als sie – und ausgerechnet den Mann, bei dem sie sich selbst Chancen ausgerechnet hatte, Lovis Corinth. Das waren der Demütigungen genug gewesen, um den ersten Mann zu heiraten, der ihr die Ehe antrug. Er sei einmal Ibsens Sekretär gewesen, wurde in der Berend-Familie kolportiert, wohl um seine Bedeutungslosigkeit abzumildern. Er hatte kleine Theaterstücke geschrieben und Berichte aus dem Berliner Theaterleben für das *Svenska Dagbladet*. Dabei hatte er Alice Berend kennengelernt. Alice sprach perfekt

Schwedisch und interessierte sich für Strindbergs Dramen, die auf der deutschen Bühne – nicht zuletzt durch Max Reinhardts Engagement – Erfolge feierten. Aus Italien konnte John Hertz seiner Zeitung kaum noch etwas berichten, und seine literarischen Bemühungen liefen ins Leere. Tatsache war, dass Alice als einzige Geld verdiente und mit den Tantiemen ihrer Bücher, die sich wachsender Beliebtheit erfreuten, ihrer Familie ein komfortables Leben in Italien ermöglichte: eine Wohnung in der Via Montebello in Florenz und ein Ferienhaus am Gardasee.

Es war erstaunlich, dass Charlotte ihre Schwester Alice besuchte, denn die Schwestern hatten sich entfremdet. Charlotte hatte zwar den erfolgreicheren Mann »abgekriegt«, aber Alice war die wesentlich erfolgreichere Künstlerin, die im Laufe der Jahre mit ihren Büchern Auflagen von Hunderttausend und mehr erzielte. Charlotte war neidisch. Deshalb mäkelte sie an den Freunden der Familie Hertz herum, an den Hertzens selbst. Die Schwester konnte ihr nichts mehr recht machen. Und ihre Bücher wollte sie weiß Gott nicht lesen. Bei einem Titel wie *Die Bräutigame der Babette Bomberling* lachten doch die Hühner. Das sollte ein fortschrittlicher Gesellschaftsroman sein, in dem eine junge Frau sich freien Willens und gegen elterliche Wünsche zwischen ihren Bewerbern entscheidet – und natürlich den richtigen auswählt. Nicht den mit dem meisten Geld, sondern den mit dem größten Herzen. Das alles im Stil feiner Ironie, wie die Zeitungen lobten. Über Niveau ließ sich eben trefflich streiten. Charlotte las dann doch lieber Balzac und Maupassant.

Natürlich gab es regen Briefwechsel zwischen Berlin und Florenz. Lovis ermunterte seine Frau, in die Uffizien zu gehen und die alten Meister zu studieren. *Es scheint, daß Du wieder selbst malen möchtest, aber das ist ja doch nicht notwendig; denn*

Du solltest all das Schöne, was dort ist, nicht als Sehenswürdigkeit genießen, sondern als Studium.

Dieser Brief zeigt, dass er Charlotte immer noch als Studentin ansieht. Muss man einer Malerin, die auch in diesem Sommer wieder ein Bild in der Secession ausstellen wird, tatsächlich empfehlen, eine der größten Gemäldegalerien der Welt zu besuchen, damit sie noch etwas lernt?

Charlotte genoss Florenz, genoss Italien. Das Flanieren abends auf der Piazza di Signoria, die ungezwungene Lebensart der Menschen, das Klima, die Küche – alles kam ihrem sinnlichen Naturell entgegen. Und wenn der Tag zu heiß zu werden drohte, fuhr sie nach Fiesole und ging in den Hügeln spazieren, schaute von San Francesco auf das unter ihr liegende Florenz mit seinen Türmen und Kuppeln und Brücken über den Arno. »Es war zum Sterben schön«, sagte sie zu Corinth nach ihrer Rückkehr. »Seit wann bist Du sentimental?«, fragte dieser zurück. Beide lachten.

Aber am Abend setzt sich Charlotte hin und schreibt ihr Testament. Die Begegnung mit der Renaissance hat sie aufgewühlt. Wie nichtig sind ihr im Angesicht eines Botticelli, eines Masaccio, Ghirlandaio, Filippo Lippi die eigenen Produktionen vorgekommen. Am liebsten würde sie alles vernichten, was sie bisher gemalt hat. Wenn nicht jetzt, sollte das spätestens nach ihrem Tode geschehen. Darum muss sie ein Testament an ihre Familie verfassen. Absurd, sagt die vernünftige Stimme in ihr, mit siebenundzwanzig Jahren den Letzten Willen aufzusetzen. Man weiß nie, sagt die gefühlsbewegte.

Mein Körper soll verbrannt und nichts davon ausgestellt werden. Meine Malereien taugen nichts, weg damit, mag wer will sich etwas nehmen, alles andere bitte ich dringend zu vernichten. Alle Kleider sollen verbrannt werden, ich wünsche nicht, daß jemand, sei es wer es sei irgend etwas von mir trägt, da ich kein Kleidungsstück anlegte ohne ganz intime Gefühlszusammenhänge; es soll alles mit mir verschwinden, was mit mir lebte. Denkt an mich, wenn die Abendstunden da sind, in denen der Tag mit der Nacht kämpft; meine heiße Liebe zu Euch wird den Weg finden, so daß ich nahe um Euch sein kann. Denkt meiner, wenn die Wiesen blühn, ich liebe alle kleinen Blumen.

Ruft meinen Namen leise, wenn es Euch schlecht geht, meine Liebe kann vielleicht Hülfe schaffen.

Ach, denkt an mich, wenn Ihr nach Italien kommt, und wenn Ihr die göttlichen [sic!] *heiligen Werke großer Künstler seht.*

Charlotte wird noch sechzig Jahre nach diesem Testament leben.

~

Im späteren Sommer fuhr Charlotte mit Thomas nach Timmendorf. Das Seebad war sehr beschaulich, aber kein zweites Hohenlychen. Und ein Kleinkind ist bestens beschäftigt, wenn es am Strand buddeln kann. Im Frühjahr 1908 ging es wieder in den Süden, sechs Wochen lang an den Gardasee, der damals noch zu Österreich-Ungarn gehörte. Wieder traf sie sich mit ihrer Schwester und John Hertz und dem Sohn Nils-Peter. Erst logierte sie in Maderno, dort gab es Auseinandersetzungen mit dem Wirt, weil Thomas eine wertvolle Vase zerbrochen hatte. John Hertz vermittelte bei der Schadensregulierung. Dann ging es nach Riva und schließlich nach Torbole ins Goethehaus zu Signor Alberti. Corinth, der ein großer Goethe-Liebhaber war und den *Werther* und die *Iphigenie* über die Maßen schätzte, hatte seiner Frau die *Italienische Reise* ins Gepäck gesteckt, so konnte sie von ihrer Casa Goethe aus die Aussicht genießen, die schon Goethe in seinem Tagebuch mit Eintrag vom 12. September 1786 gerühmt hatte: *Wie sehr wünschte ich meine Freunde einen Augenblick neben mich, daß sie sich der Aussicht freuen könnten, die vor mir liegt! Aus dem Zimmer, in dem ich sitze, geht eine Türe nach dem Hof hinunter; ich habe meinen Tisch davor gerückt und die Aussicht mit einigen Linien gezeichnet. Man übersieht den See beinah in seiner ganzen Länge, nur am Ende links entwendet er sich unsern Augen. Das Ufer, auf beiden Seiten von Bergen und Hügeln eingefaßt, glänzt von unzähligen kleinen Ortschaften.*

Weitere Frühjahrs- und Sommeraufenthalte folgten, mal sechs Wochen lang, im Sommer meistens drei Monate lang: im Schloss Westendorf bei Dorfmark, in der Lüneburger Heide, in Doberan, in Thaur bei Innsbruck, im Ostseebad Heringsdorf, in Kastelruth und St. Ulrich in Südtirol. An Weihnachten und über Silvester 1909/10 gönnte sich das Paar eine Reise nach Paris, überlässt Mutter Hedwig die Kinder und vergnügte sich in Cafés und Cabarets und *Vaudeville*-Theatern.

Eine Venedig-Reise im August 1910 mit der ganzen Familie stand unter einem ungünstigen Stern. Lovis verdarb sich den Magen, er vertrug die Schwüle in der Stadt nicht, wurde ernsthaft krank. Kurz entschlossen packte Charlotte Kinder und Koffer zusammen und bestieg eine Postkutsche zum Brenner. Dort in der frischen Luft erholte sich Corinth zusehends. Charlotte hatte sich als Krankenschwester bewährt.

Auch Lovis reiste unaufhörlich – allein. Seine Reisen standen fast immer im Zusammenhang mit Geschäften. Er wurde zu Ausstellungsvorbereitungen gebeten, er besuchte Kunden, die er porträtieren sollte, er folgte Einladungen in gastliche Häuser und zu Freunden, wo er die Miete in Naturalien, d.h. in Bildern und Zeichnungen abstattete. Am häufigsten fuhr er auf das Rittergut des Herrn von Glantz nach Klein-Niendorf, das heute zur Gemeinde Rom bei Parchim gehört. Hier malte er vierunddreißig Bilder – so hält es die Chronik des Dorfes stolz fest. Hier galoppierte er gerne mit einem Rappen des Gastgebers über die Felder. Hier schafften ihm die Dorfbewohner Töpfe und Körbe voller Rosen, Mohnblumen, Schwertlilien und Nelken herbei, die er in seinem Bild *Hymnus an Michelangelo* als farbenprächtiges Blütenmeer um die Büste Michelangelos drapierte.

Im Juli 1908 hielt sich Corinth in Antwerpen bei seinem Freund Paul E. Gorge auf, den er malte, er fuhr weiter nach Nordwijk, um Paul Cassirer zu treffen, 1911 war er wochenlang in Hamburg, um den Direktor des Tierparks Hagenbeck mit seinem Walross Pallas zu malen, das Bild hat die stolze Größe von 2,00 mal 2,70 Meter: ein Walross braucht einfach Platz. Er fuhr nach Westerland auf Sylt, nach Blankenburg zu seinem Freund Rudolf Sieger, der ihm eine Schlachterei vermittelte, in der er aufgeschnittene Schweinehälften malen konnte. Charlotte erzählte, dass ein Freund zu Corinth gesagt hatte: »Deine Frau ist ja sehr verständnisvoll, dass sie dich so viel reisen lässt.« Das kommentiert Charlotte ganz im Stil der angepassten Ehefrau, die alles rationalisiert, was der Gatte tut: *Jederzeit begriff ich allerdings, daß Freiheit höchst notwendig war für seinen Charakter, um glücklich zu sein. Es brachte uns immer noch inniger zusammen.*

Malerei ist doch das Schönste in diesem Leben

Malerei ist doch das Schönste in diesem Leben, schreibt Charlotte. Manchmal war Malerei auch das Schwierigste in ihrem Leben.

Da war zum Beispiel die komplizierte Geburt ihres Bildes *Die Mütter*. Charlotte begann damit im Juli 1905, als sie drei Monate zusammen mit dem Sohn Thomas in Braunlage im Harz verbrachte. Lovis kam für einige Wochen und teilte die Sommerfrische mit seiner Familie, fuhr aber auch wieder nach Berlin oder nach Blankenburg. *Unser Meisterle ist nach Blankenburg zu Herrn Sieger gefahren und wird dort 14 Tage bleiben, um eine Schlächterei zu malen. Deinem Vater und mir ist's auch ganz angenehm ein Weilchen jeder für uns allein zu sein,* schrieb Charlotte in das Tagebuch, das sie für Thomas führte.

So hatte Charlotte viel selbstbestimmte Zeit, denn um Thomas kümmerte sich auch das mitgereiste Dienstmädchen. Aber es wollte nicht recht vorangehen mit ihrem Bild. Sie verlängerte ihren Aufenthalt, obgleich sie auch in Berlin ein Atelier hatte. Aber in Berlin gab es zu viele Ablenkungen und gesellschaftliche Verpflichtungen. Ende September schrieb sie an Lovis: *Wenn ich jetzt das Bild aufhöre, war es eigentlich überhaupt unnötig, daß ich hierbleibe, denn so halbfertig, wie es damals war, ist es noch immer. Ich bin ärgerlich, daß ich es so schlecht mache, obgleich ich mir alle Mühe ...* Es war ein großformatig angelegtes Bild mit einer Komposition von acht Frauen und ihren Kindern. Lovis hatte Verständnis. Er, der ein Bild in zwei Stunden malen konnte, eine perfekte Komposition, nicht einen flüchtigen Entwurf, wusste, dass man manchmal mit seiner Kunst ringen musste *wie Jakob mit dem Engel*. Er machte Charlotte Mut, flößte ihr Selbstvertrauen ein, ermunterte sie, das Bild nicht aufzugeben. Aber er korrigierte sie auch, schrieb ihr nach Braunlage: *Zuviel Hände sind nicht, mach nur vor allem die der*

Dicken gut. Die Tippin kann ganz gut die Hand da haben, aber mehr wohl im Ton. Sie kann auch etwas mehr verdeckt werden vom Kleide, aber sie muß bleiben, weil sie die Haltung bedingt, und dem Kinde eine Puppe. Der Fingersalat schadet absolut nicht. Der Junge muß mit den Füßen mehr runter, er steht doch auf derselben Flucht mit der einen vorderen Figur, und da mußt Du dir eine horizontale Linie denken, daß er nur wenig zurücksteht; fast ziemlich am Rand. Nun sei fleißig und amüsier dich recht ...

So spricht man mit einer Schülerin, nicht mit einer Kollegin, die man ernst nimmt. Charlotte hatte Zweifel, ob ihr Bild etwas taugt, Angst, sich vor Lovis zu blamieren. Er hingegen drängte darauf, das Bild für die Jahresausstellung der Secession einzureichen. Sie folgte seinem Rat mit großen Bedenken. In der Jury saßen Kunstpäpste wie Max Liebermann und Max Slevogt, die mit Strenge darüber wachten, dass die Secession den künstlerischen Anspruch hielt und nicht zu einem Verein modernistischer Dilettanten wurde. Corinth saß auch in der Jury.

Als Charlottes Bild zur Begutachtung aufgerufen wurde, löste er den Interessenskonflikt auf seine Weise: Er stimmte dagegen. Als einziger. Die anderen Jurymitglieder waren empört, das Bild sei doch höchst originell und verrate großes Können. Erst als sich alle Mitglieder dafür ausgesprochen hatten, das Bild für die Ausstellung der Secession zuzulassen, entdeckte Corinth die Tatsache, dass sich hinter der Malerin Charlotte Berend Frau Corinth verberge. Sofort telegrafierte er seiner Frau nach Südtirol, und die Antwort kam postwendend. Charlotte schien große Angst vor einer Ablehnung gehabt zu haben, umso größer war ihre Erleichterung. Bei der Hängung der Bilder im April 1906 war Corinth mit von der Partie und schickte eine Rohrpost an seine Frau in die Klopstockstraße: *L.P.*[etermannchen] *Du hängst schon im großen Saal. Hast kolos-*

salen Erfolg bei der Jury. Slevogt ist weg davon. Liebermann auch ... Also hurrah. Prost. Lovis. Leider ist das Bild verschollen.

※

Auch 1908 war Charlotte Berend-Corinth in der Jahresausstellung der Secession vertreten, wieder mit einem Bild, das ein weibliches Thema aufgreift: *Die schwere Stunde.* Auch dieses Bild ist verschollen, aber es gibt Reproduktionen. *Die schwere Stunde* zeigt eine Gebärende auf ein Lager hingestreckt, halbnackt, ein zerknülltes Hemd bedeckt einen Teil des Oberkörpers, lässt eine Brust frei, unter dem hochgewölbten Leib liegt ein Tuch, das von zwei Händen angehoben wird, als solle es weggezogen werden. Die Figur der Geburtshelferin ist aber nur schemenhaft angedeutet Die Gebärende krümmt sich vor Schmerzen, presst die rechte Hand vor Augen und Stirn, der Mund ist geöffnet, lässt die Zähne frei. Mit der linken Hand umklammert sie den Arm eines Kindes, das im Kontrast zur Figur der Schwangeren ganz in Dunkel gehalten ist. Es hockt vor ihr, das verzweifelte, weinende Gesicht im Dreiviertelprofil von der Schwangeren abgewandt. Das Bild verkörpert auf drastische Weise die biblische Prophezeiung: *Ich will dir viel Schmerzen schaffen, wenn du schwanger wirst; du sollst mit Schmerzen Kinder gebären.*

Vermutlich hatte Charlotte die Erinnerung an die traumatische Geburt ihres Sohnes als inneres Bild vor Augen gehabt. Das Gemälde ist ganz in erdfarbenen Tönen gehalten: Schwarz, Grau, Umbra, ein fahles Grün. Nur die Brustwarzen und der Mund sind rot, hinter dem Kopf liegt eine rote Farbfläche wie ein zerknüllter Schal.

In allen Kritiken über die Ausstellung wurde das Bild erwähnt, häufig sehr kritisch: *taktlos, widerwärtig, direkt wider-*

lich, naturalistisch unverhüllt. Die drastische Darstellung des Gebäraktes galt noch als unerhört, unzumutbar. Max Liebermann, der sich in der Jury heftig für das Bild eingesetzt hatte, störte sich an der Darstellung des Mädchens im Vordergrund und machte den frivolen Witz: *Det Mädchen soll et wol ooch lernen.*

Else Lasker-Schüler allerdings war so beeindruckt, als sie das Gemälde in der Secession sah, dass sie in ihrer unvergleichlich emphatischen Sprache über die Malerin schrieb: *Sie hat ihre Schöpfung aus dem Mark aller Farben erschaffen. Es nahte ihre selige, schwere Stunde selbst. Das Wunder der Inspiration schlug sie zur Riesin. Ich habe nie in Wirklichkeit ein kindtragendes Weib mit solcher Ehrfurcht betrachtet wie diese Riesenmutter, von einer Riesin gemalt, auf ihrem Riesenbilde.* Lasker-Schüler versteigt sich sogar dazu, Charlotte Berends Bild als *Historienbild des Naturgesetzes* neben den Moses von Michelangelo zu stellen. Vielleicht war ihr das Bild darum so nahe, weil sie ihren eigenen Sohn auch unter besonderen Umständen geboren hatte: bei einer öffentlichen Geburt vor Medizinstudenten, für die die verarmte Else Lasker-Schuler nichts bezahlen musste.

Die schwere Stunde wurde von dem Arzt Professor Straßmann gekauft, der das Bild im Entrée seiner Klinik aufhängte. Professor Straßmann hatte im Juni 1909 Charlotte von ihrer Tochter Wilhelmine entbunden. Kurz darauf malte Corinth das Bild *Der Künstler und seine Familie.* Charlotte sitzt im Mittelpunkt, hell ausgeleuchtet, in schimmernder, tief dekolletierter, spitzenbesetzter Robe, auf dem Kopf einen ausladenden Hut, der wie eine dunkle Wolke komponiert ist (als trüge man im Wohnzimmer immer einen Hut!). Sie neigt ihr Gesicht Wilhelmine zu, die ganz im Stile der Zeit bis zur Halskrause eingewickelt ist, kostbar geschnürt, mit einem Spitzenmützchen auf dem Kopf. Daneben steht der fünf Jahre ältere Bruder Thomas in Knickerbockern, weißem Hemd und Kittel, er blickt lächelnd auf Mutter und Kind, legt eine Hand auf die Schulter der Mutter, schon ganz in der Pose des zweiten Manns in der Familie, der die Frauen beschützen muss. Was das Bild aber zu einem Augenfang macht, dem man als Betrachter nicht entgeht, ist die Gestalt des Vaters. Corinth malte sich als Maler, aber auf den ersten Blick sieht er aus wie ein Ungeheuer, das die Mutter-Kinder-Idylle bedroht. Die Gestalt beugt sich dunkel und dräuend über Frau und Kind, schwingt die Palette wie eine Waffe über Charlottes Haupt, die linke Hand mit dem Pinsel ist wie zum Schlag erhoben, die Stirn unheilverkündend gerunzelt. Hier behauptet jemand sein Künstlertum, lässt der Familie ihre Schönheit – und wehrt sie ab, wehrt alles ab, was ihn von seinem Schaffen ablenken könnte. Später wird Wilhelmine ihre Erinnerungen unter den Titel setzen: *Ich habe einen Lovis, keinen Vater.*

Charlotte war absorbiert von Kindererziehung und einem immer größer werdenden Haushalt. Zeitweilig beschäftigten die Corinths sechs Hausangestellte. Damit wuchs die Entlastung, es wuchsen aber auch die Pflichten. Trotzdem behielt Charlotte immer ihr Atelier, darauf bestand sie, auch wenn sie wochenlang keinen Pinsel in die Hand nahm und keine Farbe anrührte. *Und ich habe mich immer wieder an den Ohren herausgezogen und wieder gemalt*, schrieb sie über diese Zeit, ließ dabei offen, aus welchem häuslichen Schlamassel oder welcher kreativen Blockade sie sich herausgezogen hatte.

       ∽

Aber die produktiven Jahre kamen erst, als ihre Kinder größer waren und Charlotte über ihre Zeit verfügen konnte. Und das tat sie dann auch ausgiebig. Sie reiste sehr viel. Mutter Hedwig, die sie als Kind so sehr geschmäht hatte, erwies sich als immer hilfsbereite Großmutter. Lovis verstand sich glänzend mit seiner Belle-Mère, so organisierten die Beiden einträchtig Haushalt und Kindererziehung, wenn Charlotte nicht zu Hause war.

Hüte sich, wer kann

»Wirklich Aufsehen erregen Sie nicht mit Kleidern und Kostümen, sondern mit Ihren Hüten.«

Das war Musik in Charlottes Ohren. Seit Corinth so gut verdiente, dass man nicht mehr aufs Geld schauen musste, schaute Charlotte nicht mehr aufs Geld – sondern auf ihre Garderobe. Schließlich gab es jetzt viele gesellschaftliche Verpflichtungen, bei denen sie nicht nur als berühmtes Modell Corinths auftrat, man taxierte den Wert seiner Gemälde auch nach dem Erscheinen der Ehefrau. Zumindest glaubte sie das, entsprechend tat sie alles, um eine exzellente Figur zu machen. Während sie sich zu Hause sehr leger gab, änderte sich ihr Auftreten, wenn es in die Öffentlichkeit ging. Bald gehörte sie zu den bestangezogenen Frauen Berlins. Sie besuchte regelmäßig einen exquisiten Salon in der Tauentzienstraße, in dem sie sich Kleider schneidern ließ. Am meisten liebte sie Chiffonkleider, in denen man das Gefühl hatte, nur von Luft umgeben zu sein. Aber sie ging auch in die neuen Kaufhäuser *Wertheimer* und *Tietze*, dort liefen die Verkäuferinnen zusammen, wenn Frau Corinth eintrat.

Die Dame war wählerisch. Das allein wäre nicht so schwierig gewesen. Aber immer wollte sie die Balance halten, zwischen modisch-extravagant und solide-bürgerlich. Das war schon deutlich schwieriger. Sie war bestens informiert, welche Rocklänge in dieser Saison angesagt war, ob die Jacken Schößchen hatten oder eher gerade geschnitten waren, ob man Humpelröcke trug oder noch die weiten, von vielen Stofflagen aufgebauschten Röcke der Belle Époque. Und wie war das mit den Kleidern dieses französischen Modepioniers Poiret? Er schneiderte tatsächlich Kleider ohne festgezurrte Taille und Krinolinen? Ließ den Stoff einfach am Körper herunterfallen wie eine vom Wind bewegte Welle? Und bevorzugte leuchtende Stoffe mit orientalischen Dessins?

Charlotte hatte ihre eigene Putzmacherin, die viel mehr als eine schlichte Modistin war. Von ihr konnte sie sich nicht nur Hüte entwerfen, sondern sich beraten lassen, wenn es um ihren ganz persönlichen Stil, ihr Auftreten in der Gesellschaft ging. So eine Frau war ein Segen. Und Luke konnte ja gar nichts sagen, dass sie so viel Zeit und noch mehr Geld in dem Atelier auf dem Kurfürstendamm ließ, weil er doch davon profitierte, malte er sein Modell doch allzu gerne in exzentrischen Hüten und ausgefallenen Kleidern. Die Zeit des braven Jungmädchenkleides auf dem ersten Porträt von 1901 war einfach vorbei. Er liebte es, wenn er sie im besonderen Putz porträtieren konnte. Oder eben als Akt, aber das stand auf einem anderen Blatt.

Bei dem Porträt *Junge Frau mit Katzen* aus dem Jahre 1904 hatte ihr die junge Modistin zum ersten Mal geholfen, hatte ihr zum rosafarbenen Spitzenkleid einen zauberhaften Hut kreiert mit einer Fülle von Stoffrosen in allen Schattierungen von Altrosa bis Flieder. Seither schwor Charlotte auf Hüte.

»Wir bleiben immer noch bei Wagenrädern, laden sie auf mit Tüll und Blumen und Obst. Sie werden auch in Zukunft mächtig daran zu tragen haben«, lachte die junge Hutmacherin und drapierte ein Modell auf Charlottes Kopf. »Sie sind ja eine starke Frau: sie werden die Fülle des Lebens auf dem Kopfe tragen können. Freuen Sie sich dran, solange es noch Mode ist. Ich sage Ihnen, die Zeiten ändern sich. Wenn ich Journale aus Frankreich und England geschickt bekomme, ahne ich, dass eine neue Zeit anbricht: In ein paar Jahren werden die Frauen Herrenhüte tragen oder schwarze, schmucklose Kappen. Die Zeit der schönen Hüte geht dem Ende entgegen.«

»Dagegen werden wir beide uns aber tüchtig wehren, oder?«

»Ach, Frau Corinth, wenn es als Mode ausgerufen ist, finden

alle Frauen das chic, glauben Sie mir.«

»Aber ich bitte Sie, Herrenhüte?«

»Und Kleider wie Säcke, in denen die Frauen keinen Busen, keine Taille, keine Hüften haben. Dafür rauchen Sie dann Zigaretten.«

Charlotte fühlte sich ertappt. Sie rauchte hin und wieder Zigaretten. Lovis, der alte Paffer, hatte etwas dagegen, aber meistens bekam er es gar nicht mit.

»So, jetzt gehen wir an die Arbeit. Was brauchen Sie denn? Einen Hut zum Nachmittagskostüm, einen für die große Abendgarderobe, einen fürs deutsche Derby?«

»Die Pferde sind am anspruchsvollsten«, sagte Charlotte.

Sie klatschte mit Pia über deren Kundinnen, die Charlotte alle kannte, die Damen, die in Berlin etwas auf sich hielten und deren Gatten genug verdienten, um sich die modischen Ambitionen ihrer Gattinnen leisten zu können. Und sie wusste, dass Pia mit der nächsten Kundin über sie klatschen würde, die Gattin des Malers, der nicht so berühmt war wie Max Liebermann, aber doch wohl gut im Geschäft.

»Kann man nich meckan über die Dame«, höchstes Lob kam aus Pias Mund, das sie gerne – ironisch – im breiten Berliner Dialekt zelebrierte.

»Wie wäre es mit einem schwarzen Hut aus Wollfilz, den wir nicht wie üblich mit Stoffblumen, sondern mit Straußenfedern, Seidenschleifen und Perlenschnüren dekorieren? Ich zeige Ihnen, wie ich mir das denke.« Pia hatte bereits einen runden Filzstumpen vorbereitet, ihn mit Feuchtigkeit und Wärme über eine Kopfform gewalkt, gepresst und geformt. Er hatte eine feudale Krempe, die Pia mit den Schmuckutensilien verzierte. Die Wirkung war hinreißend. Vor allem die weißen Perlen die sich um die schwarzgefärbten Federn schlangen, erzeugten den Eindruck von nicht zu überbietender Eleganz. Am besten erst gar nicht nach dem Preis fragen, sagte sich Charlotte, vielleicht würde sie dann abtrünnig werden. Wenn das meine Mutter wüsste, dachte sie beim Hinausgehen. Die setzte immer noch den alten grauen Kapotthut auf, den sie schon vor zwanzig Jahren getragen hatte. Aber sie ging ja schließlich auch nicht auf die schönsten Bälle, die Berlin zu bieten hatte.

Kinder-Geschichten

»Weißt du Luke, dass wir seit langem einen Mitbewohner in unserem Haus haben?« Charlotte legte das Buch, in dem sie las, in ihren Schoß. Lovis tat das gleiche, offensichtlich widerwillig. Er wurde nie gerne gestört, weder beim Malen noch beim Lesen. »Es wird doch wohl hoffentlich keine Ratte sein.« Charlotte lachte: »O nein, wir haben einen sehr vertrauten und ganz wunderbaren Gast, anbetungswürdig.« Jetzt zog Lovis dann doch die Brauen zusammen: »Wovon redest du eigentlich?«

»Von deinem Vater. Er ist immer hier, er blickt dich immer an, ich würde ihn vermissen, wenn ich ihn nicht immer in deinem Atelier vor mir sähe.«

Charlotte wusste, wie sehr Lovis seinen verstorbenen Vater verehrte, den er das erste Mal schon 1883 – *Franz Heinrich Corinth mit Weinglas* – und dann wieder im Jahre 1888 wenige Monate vor dessen Tode gemalt hatte. Obwohl das Bild *Porträt des Vaters Franz Heinrich Corinth* zu Corinths frühen Porträts gehört, zeigt es eine außerordentliche Reife und Ausstrahlung. Seit dieser Zeit hatte sich Corinth nie von dem Bild getrennt, jetzt hing es in seinem Atelier, bewachte gleichsam sein künstlerisches Schaffen. Neben diesem Bild hatte Corinth auch den ledernen Lieblingssessel aus der Königsberger Wohnung seines Vaters gerettet, in dem er jeden Abend saß. Das Bild und der Sessel und noch der Rollschreibtisch des Vaters – das waren Objekte, die er bis in alle Ewigkeit behalten wollte – oder wenigstens bis zu seinem Lebensende.

Corinth war nach Ostpreußenart wenig sentimental, er konnte im Gegenteil sehr direkt, manchmal gefühlskalt und brutal sein. Überliefert ist, dass er einem Mann, der vom Grabe seiner gerade verstorbene Frau kam, sagte: »Es lohnt sich nicht zu trauern. In drei Monaten haben Sie sie ohnehin vergessen.«

Das sagte jemand, der seinen Vater lang über dessen Tod hinaus verehrte und seiner gedachte. Das Bild zeigt den Vater sitzend im Profil, der Kopf ist ins Dreiviertelprofil gedreht, die dunklen Augen unter stark buschigen Brauen sehen den Betrachter an. Franz Heinrich Corinth erscheint als ein gutaussehender Herr mit markanten, feingeschnittenen Zügen, selbstbewusst, in sich ruhend, seines Stands im Leben gewiss. Niemand würde beim Anschauen dieses Bildes vermuten, dass der Porträtierte ein ostpreußischer Bauer war, zudem ein Gerber, der sich täglich mit blutigen Tierhäuten abgab. Er hatte etwas, was über jedes Handwerk hinauswies: Noblesse. Und die hat Corinth, der liebende Sohn, meisterhaft in das Bild eingeschrieben.

»Wolltest du nicht einmal mit mir nach Tapiau fahren? Eigentlich hast du das schon lange versprochen.« »Ach«, brummte Corinth, »Wallfahrten in die Kindheit enden meistens mit einer großen Enttäuschung oder mit einem großen Besäufnis.« »Aber ...«, fiel ihm Charlotte ins Wort. Corinth winkte ab: »Von Berlin nach Tapiau ist es eine Weltreise, lang und unbequem. Und ich kenne überhaupt niemanden mehr in dem Kaff. Was sollen wir da?«

»Wir könnten doch auch nach Königsberg fahren, da wallfahrtest du in deine Jugend.«

»Und an die Stätte meiner ersten großen Besäufnisse.«

Charlotte ließ das Thema fallen und wandte sich wieder ihrem Buch zu. Sie las Erzählungen von Maupassant. Obwohl diese Lektüre eigentlich nicht schwierig war, konnte sie sich nicht konzentrieren. Wenn sie einen ganzen Tag über »gekribbelt« hatte, unaufhörlich mit Thomas und dem Haushalt und den Dienstboten beschäftigt gewesen war, fand sie am Abend nicht die innere Ruhe, sie konnte den Tag nicht abstreifen wie eine Arbeitsschürze (die sie ohnehin nie trug). Lovis war da völlig anders, was immer er tat, tat er mit äußerster Konzentration:

Malen, Lesen, Lehren, Essen. Es ratterten nicht immer wie bei Charlotte viele Räder gleichzeitig in seinem Kopf, strebten in verschiedene Richtungen, sprangen aus den Schienen. Er war immer ganz bei sich und ganz bei einer Sache.

Aber jetzt sollte sie doch am besten in *Der Schmuck* weiterlesen, in der Geschichte eines armen, hübschen Mädchens, das sich nach einem besseren Leben sehnt. *Sie dachte an Salons, mit Seide bespannt, und mit zarten Möbeln, mit köstlichen Nippes und Nichtsen; an kleine, reizende, duftgeschwängerte Boudoirs, die eigens gemacht schienen für eine kleine Unterhaltung Nachmittags zur Theestunde mit den intimsten Freunden, bekannten und bedeutenden Männern, deren Aufmerksamkeit alle Frauen wünschen und neiden.*

Charlotte legte das Buch zur Seite. Das Leben war eben doch kein Roman.

Später, erst 1922, wird Charlotte die letzten Novellen Maupassants lesen und grafische Visionen zu den *Folterkammern der Seele* zeichnen, wie sie ihr in den Geschichten *Der Horla*, *Wahnsinnig* und *Ein Scheidungsfall* begegnen.

※

Mitten im Sommer ihres Missvergnügens 1905 in Hohenlychen erschien Corinth plötzlich in der Uckermark: »Petermannchen, wir fahren nach Ostpreußen.« Ob er mit diesem Angebot seinen bösen Brief abschwächen wollte, in dem er sie eines krassen Egoismus beschuldigt hatte? Oder eingesehen hatte, dass die junge Frau in der Eintönigkeit dieses Sommers eine Abwechslung brauchte?

Es war Anfang September, als sie vom Schlesischen Bahnhof mit der Preußischen Ostbahn Richtung Ostpreußen fuhren, Thomas blieb wie immer in der Obhut der Großmutter. In

Tapiau war kein Hotelzimmer zu bekommen, einfach, weil es kein Hotel gab, obgleich die Stadt doch beinahe zehntausend Einwohner hatte. Es gab nur Gasthäuser, wie man sie in Dörfern findet, die Fremdenbetten anzubieten hatten. Am Morgen stiegen von der Deime Nebel auf, die sich im Laufe des Tages auflösten. Lovis führte Charlotte ins Zentrum des Städtchens, wo noch immer das einstöckige Haus stand, in dem er geboren und großgeworden war. Es wirkte ärmlich und zu klein geraten. Wo früher Kühe geweidet hatten, standen jetzt zweistöckige Häuser. Von der alten Gerberei war nichts mehr zu sehen, die Loh- und Kalkgruben waren verschwunden.

»Mein Vater musste meine Mutter heiraten. Nicht, weil ich unterwegs war. Er hatte fünf Geschwister, nur der älteste Sohn konnte den väterlichen Bauernhof erben, und das war nicht mein Vater. Die anderen Jungen mussten sehen, wo sie blieben. Die schauten sich als erstes nach einer Witwe um, die »Lehm an den Füßen« hatte. So hat mein Vater seine verwitwete, viel ältere Cousine geheiratet, da blieb das Vermögen in der Familie.«

Charlotte zog den Wollmantel enger um ihre Schultern. Dieser Blick in die Vergangenheit ihres Mannes machte sie frieren. Corinth war jetzt im Fahrwasser, wie ein Fremdenführer erzählte er die Geschichte des Hauses Corinth, und Charlotte empfand die Geschichte als exotisch – ganz weit weg von allem, was sie kannte. »Das Vermögen, das Cousine Wilhelmine in die Ehe brachte, waren Schulden, die Gerberei arbeitete mit Verlust. Ansonsten brachte sie fünf halberwachsene Kinder mit, die wütend waren, dass da noch ein Eindringling kam. Der Eindringling war ich. Sie erlaubten sich Späße, die mich beinahe umgebracht haben, warfen mich in die Lohgrube, wenn du weißt, was das bedeutet.«

Charlotte wollte nichts mehr sehen und hören. Sie wanderten noch eine Stunde durch Tapiau, und immer sagte Corinth

Anerkennendes: »Da ist aber der Fortschritt eingezogen. Das war zu meiner Zeit noch Brachland. Hier gab es nur ein paar Fischerboote, nichts als halbe Weinfässer mit zwei Stangen. Und jetzt schau' dir diese Schiffe an! Deiwel auch, ist Tapiau schön geworden«. Schön geworden?

Franz Heinrich Corinth hatte früh erkannt, dass sein Sohn Louis anders war als seine Geschwister, dass in ihm kein künftiger Gerber und Bauer steckte. *Der empfindungsvolle und kluge Vater, der hat den kleinen Sohn erkannt. Der hat von Kinderzeit an beobachtet, was für ein kleiner Wunderbaum da im Gemüsegarten Wurzeln geschlagen hatte. Und er hat erkannt, vor allen Dingen soll der Junge was lernen; denn er sah es am besten, es konnte nichts Richtiges erreicht werden ohne Wissen und ohne Bildung,* schreibt Charlotte über den Schwiegervater, den sie nicht kennengelernt hat. Franz Heinrich Corinth gab seinen Sohn einer Tante in Königsberg in Pension, damit er dort aufs Gymnasium gehen konnte. Und als seine Frau Wilhelmine 1873 gestorben war, verkaufte er seinen ganzen Besitz in Tapiau, die Gerberei hatte er längst wieder zu einem florierenden Unternehmen gemacht, legte das Geld in Immobilien in Königsberg an und zog in eines der gekauften Häuser. Der Mietzins aus diesen Wohnungen hatte Corinth die langen Wanderjahre in Antwerpen, Paris, und München ermöglicht, hatte er doch sehr lange keine Bilder verkauft und keinerlei Einnahmen gehabt.

In Königsberg lebte Charlotte auf. Das war für eine Berlinerin eine Stadt nach ihrem Zuschnitt. Hier gab es nicht so elegante Viertel wie den Kurfürstendamm und die Straßen um den Bahnhof Zoo, aber doch am äußersten Ende des Reiches eine

Weltläufigkeit, die sie erstaunte. Die Umgebung um das Schloss mit dem Schlossteich und die vielen Parks, die früher Festungsanlagen gewesen waren, luden zum Flanieren in der warmen Septembersonne ein. Im Hotel, das Corinth ausgesucht hatte, gab es Zimmer mit fließendem Wasser und Toilette. Aber alle Eleganz wurde mit einem Schlage zunichte gemacht, wenn die Menschen, vor allem die fein herausgeputzten Damen, den Mund auftaten. Der Dialekt war einfach grauenvoll. Sie war dankbar, dass sich Luke diesen Zungenschlag abtrainiert hatte und nur dann ein Dialekt-Wort gebrauchte, wenn er ein rhetorisches Ausrufezeichen setzen wollte.

»Ei, vielleicht noch e Schlubberche Kaffee oder e Tulpje Bier?«, wurden sie in Cafés gefragt. Und überall wurden freigebig Lebensweisheiten ausgestreut: »Ward all ware, nuscht is nu all«, oder »Halt dich am Zaun, de Himmel is ze hoch«.

Corinth zeigte ihr in der Nähe des Doms das Kneiphöfische Gymnasium, in das er bis zu seinem sechzehnten Lebensjahr gegangen war. »Die Schule war stolz auf ihre Tradition, es war die alte Domschule, sie gab es seit 1300. Der Kunstunterricht war nüschte nücht, aber Latein und Griechisch waren meine Lieblingsfächer. Thomas muss unbedingt Latein lernen.« »Er ist gerade ein Jahr alt«, wandte Charlotte ein. »Macht nichts, früh anfangen soll er. Mit Latein fängt der Mensch an. Und Ovid muss er lesen. Nur so kann er meine Bilder verstehen.«

Sie »wallfahrteten«, wie Corinth das nannte, zu dem Haus, wo er während seiner Gymnasialzeit bei der Tante untergebracht gewesen war. »Diese Tante war so geizig, dass ich nie genug zu essen bekam, obwohl der Vater ihr reichlich Geld schickte. Habe ich dir schon die Geschichte mit dem Mantel erzählt?«

»Du hast eine Mantelgeschichte? Ich auch.«

»Erzähl!«

»Du zuerst!«

»Einmal hat mir die Tante aus alten Stoffresten einen rosa Mantel genäht. ROSA! Ich habe den Mantel ausgezogen und versteckt und bin mitten in einem Schneesturm ohne Mantel in die Schule gegangen. Besser frieren, als sich zum Gespött machen. Und jetzt bist du dran mit deiner Geschichte!«

Charlotte liebte es, Ereignisse auszuschmücken und ins Anekdotische zu ziehen, so geriet ihre Geschichte wesentlich länger.

»Krach im Hause Berend! ›Was tust du dem Kind nur an?‹ Mein Vater war so wütend, wie ihn meine Mutter lange nicht erlebt hatte. ›Jetzt schau dir diese Vogelscheuche von Tochter an, wie kannst du sie so auf die Straße lassen – und dann noch so zur Schule schicken? Alle Mitschülerinnen machen sich doch lustig über sie. Was mutest du dem Mädchen zu?‹

Meine Mutter wandte ein, dass ihre alte Kostümjacke doch noch gut gewesen sei, nur ein bisschen kurz, dass sie darum die Schneiderin angewiesen habe … dann verstummte sie. Es hatte keinen Sinn, ihrem Mann klarzumachen, dass Sparsamkeit eine Tugend sei, zu der man die Töchter tunlichst früh erziehe. Wenn ihr Mann in Fahrt war, wartete man besser ab, bis sich seine Empörung gelegt hatte.

Aber dieses Mal legte sie sich nicht. Mein Vater war am Mittag von seinem Büro nach Hause gekommen und hatte zwei Mädchen entdeckt, die die Burggrafenstraße in Richtung ihres Hauses gingen, beide mit Ranzen auf dem Rücken. Die eine brav gekleidet, grau in grau in einem Wintermantel, der deutlich auf Zuwachs geschnitten war, damit er eine weitere Saison aushielte, die andere in einem zu kurzen blauen Mantel, an den eine schwere schwarze Borte aus Vorhangstoff genäht war. Das werden doch wohl hoffentlich nicht meine Töchter sein, hatte Ernst Berend gedacht. Mein Vater hielt nämlich sehr auf Kleidung, trug Anzüge aus feinsten englischen Stoffen, die jede Woche gereinigt wurden, trug jeden Tag ein frisches Hemd aus weißem Linnen. Dass er seiner Frau überhaupt kein Gefühl für modisches Aussehen vermitteln konnte, stand auf einem Blatt, dass diese aber ihre Töchter wie armselige Proletenkinder herumlaufen ließ, auf einem anderen.

Mein Mantel sah einfach absurd aus: als schlabberte mir eine schwere Portiere um die Waden. Kinder waren grausam, und die Töchter aus bestem Hause, die die Charlotten-Schule besuchten, hatten in mir eine ideale Zielscheibe ihres Spottes entdeckt. Das ahnte mein Vater.

Kurz entschlossen fuhr er mit Alice und mir in eins der Konfektionshäuser in der Tauentzienstraße, brachte drei Verkäuferinnen auf Trab, die aufgescheucht durch die Damenabteilung liefen, weil sie nicht gewohnt waren, einen Herrn zu bedienen. Der kaufte feine Stoffe, Seiden und Spitzen, englischen Tweed und Georgette, blaue Musseline. In der Konfektionsabteilung probierten wir Strickjacken aus feinster Wolle in allen Pastellfarben an. Der Herr Berend ließ sich eine Schneiderin empfehlen, die modische Kleidung nähen konnte. Die Schneiderin, die zu uns ins Haus kam, war ja von der Dame des Hauses so aufs Verwerten programmiert, dass sie nur altbackene Säcke zustande brachte. Dann lieferte er seine Töchter zu Hause ab und nahm eine Droschke ins Büro, noch immer wütend, aber auch erleichtert.«

»Jetzt verstehe ich endlich, woher du deinen Sinn für schöne Kleider hast«, lachte Corinth. »Hätten wir nicht ein tolles Pärchen abgegeben, ich in meinem rosa Janker, du als wandelnde Schabracke!«

»Als ich ins erste Schuljahr ging, hast du schon einen Anzug getragen«, sagte Charlotte. Es klang nicht spitz.

»Ja, dann passt es ja, wenn ich dir die Kunstakademie zeige, an der ich studiert habe. Und heute Abend gehen wir in die

Kneipen, in denen wir Studenten gezecht haben. Falls die noch existieren. Mein Vater selig hatte Verständnis dafür, dass ich mir als junger Mann die Hörner abstoßen musste. Nur als ich einmal wegen einer Wirtshausschlägerei einen Tag ins Gefängnis geworfen wurde, hat er mir die rote Karte gezeigt.«

Charlotte wunderte sich, wie viel Corinth, der sonst im Alltag ungemein maulfaul sein konnte und oft Sätze durch Brummen ersetzte, redete, aus seiner Kindheit und Jugend erzählte. Sie war keine Psychologin, aber sie hatte ein Gespür dafür, wie die harte Kindheit Corinth geprägt hatte, wie nur die Liebe des Vaters ihn vor Verrohung bewahrt hatte, wie aber das Schroffe, Abweisende, Harte immer wieder aus ihm hervorbrach.

Sie glaubte, dass sie ihn nach dieser Reise besser verstünde. Was sie aber nicht daran hinderte, wenn sie der ostpreußische Dickschädel zu sehr tyrannisierte, ihren Berliner Dickschädel in Gefechtsstellung zu setzen – und kräftig loszuballern. Oft gewann sie die Scharmützel.

Der Schlag

Nach der Geburt Wilhelmines mietete die Familie Corinth noch die beiden unteren Stockwerke in der Klopstockstraße hinzu, nutzte eine Etage zu Repräsentationszwecken, eine als Wohntrakt und im dritten Stock eine als Atelierflucht, wahrlich eine großzügige Wohnung. Kostspielig im Stil der Zeit eingerichtet, mit Goldbrokattapeten, auf denen eigene Bilder, aber auch die von Malern der Secession hingen, mit kostbaren, ausladenden Schränken und Polstermöbeln. Kein Vergleich natürlich mit den Verhältnissen der Malerfürsten in München wie Stuck, Lenbach und Kaulbach, die sich üppige Villen bauen ließen, aber doch ein Ambiente, das sich sehen ließ: hier war einer in der Künstlerelite Berlins angekommen. Corinth arbeitete von morgens bis abends, nur unterbrochen durch ein kurzes Mittagessen, bei dem meistens schwieg, weil er in Gedanken entweder bei einem gegenwärtigen oder zukünftigen Projekt weilte. Die Kinder beklagten sich bald bei der Mutter: »Wenn du nicht da bist, ist es schrecklich. Wir dürfen keinen Mucks tun, sofort ist Lovis (sie nannten ihren Vater Lovis) auf hundert.« Abends ging er gemeinsam mit Charlotte aus, oder er traf sich mit Maler-Freunden, oder er hatte den wöchentlichen Jour fixe in der Secession, bei dem heftig gegessen und getrunken wurde.

Der übermäßige Alkoholgenuss richtete vermutlich Schäden an, aber sie zeigten sich nicht. Während Charlotte immer wieder krank war, Influenza, Bronchitis bis hin zur Lungenentzündung, hatte Corinth augenscheinlich die Natur eines Bären. Nichts focht ihn an. Wenn alle fiebrig im Bett lagen, weil in Berlin die Grippe grassierte, stand er vor der Staffelei und wankte nicht.

Und wankte doch. Wenige Tage vor dem Weihnachtsfest des Jahres 1911 erleidet Corinth einen Zusammenbruch. Die Ärzte konstatieren einen Schlaganfall und geben Morphium. Tagelang sieht es schlecht um ihn aus. Er ist verwirrt, leidet unter Krämpfen und Lähmungen. Charlotte ist Tag und Nacht an seinem Bett. Wenn er aufwacht, steigert er sich in Delirien hinein. *Plötzlich fing Lovis zu toben an: Mit beiden Fäusten schlug er sich hämmernd auf die gewaltige Brust, die offen lag, und wütete gegen sich und die Welt. »Ich war unglücklich, immer, immer, immer, zu jeder Zeit meines Lebens, immer unglücklich.« Mir liefen die Tränen übers Gesicht, er sah mich an: »Jawohl«, schrie er, »auch bei dir – überall!«*

Dieser Zustand dauerte etwa zehn Tage, dann erklärten die Ärzte, Corinth sei über den Berg. Dabei befand er sich immer noch im freien Fall abwärts. Das Morphium, das ihn beruhigen sollte, löste gegensätzliche Reaktionen aus: Charlotte berichtete: *Entsetzliche Ängste befielen ihn darauf. Er stöhnte und bat mich flehentlich, an seiner Seite zu bleiben und ihn keinen Augenblick allein zu lassen. Es graute ihm vor den Schatten, die ihm der Schein der Nachtlampe brachte. Es war gräßlich. Ich war immer bei ihm. Als er endlich aufstehen konnte, sah ich einen Lovis Corinth, wie ich ihn bisher nicht gekannt hatte vorher. Hohlwangig, mit weit aufgerissenen Augen brütete er in seinem Sessel vor sich hin.* Einem Freund schreibt er auf die Weihnachtskarte: *Adieu-Adieu-Adieu. Es tut recht weh. Frohe Feiertage.* Auch andere Freunde erhalten Nachricht von seinem Elend: *Lieber Herr Keitel: Die üble Nachricht, daß es mir hundsmiserabel geht. Schmerzen. Scheußlich. Schmerzen habe ich auszuhalten, daß es zuviel wäre. Dazu kommt der Jahrestag vom Vater mit Grab mir sehr erinnerlich, Gruß Ihr Lovis Corinth.*

Er hatte auch mental große Schwierigkeiten damit fertigzuwerden, dass es mit ihm auf Messers Schneide stand. Noch in seiner *Selbstbiographie* schreibt er: *Im Dezember 1911 hatte ich einen Krankheitsfall auszuhalten, der mich dem Tode nahebrachte.*

Oft in der Nacht erschienen meine Verstorbenen und schienen mir zuzuwinken, während von oben herab eine Gewalt auf mich niederdrückte, immer tiefer …!

⤻

So musste Charlotte nicht nur mit den physischen Folgen des Schlaganfalls fertigwerden, sondern vor allem mit den psychischen, mit Corinths Depressionen, dem Selbstmitleid, der Verzweiflung über seinen Zustand, der Frage, ob er je wieder wird malen können. Selten entwickelte er – wie in einem Brief an einen Freund – eine Art Galgenhumor: *Es war bei mir grade um die Wurscht, ob es auch ohne zuging, sonst hätte ich wohl die Wurscht einbüßen müssen.*

Der Schlaganfall war rechtsseitig, die rechte Körperhälfte war von keiner Lähmung betroffen, blieb voll funktionstüchtig. An der linken Hand blieb ein leichtes Zittern übrig, das sich aber verlor, sobald er die Palette in die Hand nahm.

Aber bis dahin haben er und Charlotte noch einen weiten Weg zurückzulegen. Erst sechs Wochen nach dem Schlaganfall darf er sein Krankenzimmer verlassen, aber er ist noch lange nicht wieder er selbst. Die Ärzte raten zu einem Rehabilitationsaufenthalt am Mittelmeer. Ob sie ahnten, was sie Charlotte zumuteten? Mitte Februar 1912 reist sie mit Corinth an die Riviera, nach Bordhigera in der Nähe von Genua. Es gibt ein Foto, dass das Paar auf einer Gartenbank in dem Badeort an der italienischen Riviera zeigt, Charlotte in schönster Jugendlichkeit, sie ist gerade einunddreißig Jahre alt, angetan mit einem eleganten weißen Spitzenkleid und einem schräg aufgesetzten üppig dekorierten Wagenrad-Hut. Sie sähe aus wie eine verwöhnte Urlauberin, wäre da nicht der ernste, resignierte Gesichtsausdruck, der vom Elend dieser Tage kündet. Neben ihr – eher weit abgerückt – sitzt Corinth, angetan mit Anzug und Krawatte und einem weißen Sonnenhut, in den Händen einen Spazierstock, den er braucht, um beim Gehen Halt zu finden. Erschreckend ist sein Aussehen: Er sieht in die Linse, als wisse er gar nicht, was hier geschehe, als habe er nicht den geringsten Halt im Leben, als sei er völlig ratlos, wie es mit ihm weitergehen solle. Das Bild ist das Zeugnis einer desolaten Lebensphase – für beide. Charlotte schreibt in ihr Tagebuch: *Kinder, meine Kinder. Noch wißt Ihr garnicht was Tränen sind. Ich habe bis jetzt auch nicht gewußt was Herzeleid ist. Ich bin so voll Gram und Kummer. Noch finde ich den Boden unter mir nicht, habe mich doch ganz, ganz, ganz und gar aufgegeben und ausgegeben.*

Im Nachhinein machte Charlotte den Ärzten Vorwürfe, dass sie ihr in leichtfertiger Weise die Verantwortung für einen Patienten aufgehalst haben, der völlig hilflos sei, der sich nicht einmal anziehen, der noch keinen Schritt auf der Straße allein gehen könne. Aber mit unerschütterlicher Energie – und Liebe – stellte sich Charlotte ihrer Aufgabe, kämpfte in Bordighera um das schönste Zimmer im *Grandhotel Angst* (es hieß tatsächlich so), den Balkon mit dem besten Ausblick, übte mit ihm die ersten Schritte, schnitt ihm das Essen zurecht wie einem Kleinkind, war vierundzwanzig Stunden lang seine Krankenschwester, seine Physiotherapeutin, seine Psychotherapeutin, die Ehefrau, die nicht am Altar, aber in ihrem Herzen geschworen hatte, dem Manne anzuhangen in guten und schlechten Tagen. Jetzt sind die Tage schlecht, manche sehr schlecht, aber sie gibt nicht auf. Von Corinth hört sie nicht viel mehr als ein »Dank dir, Kerlchen« oder »Ach, mein Petermannchen«. Das muss genug sein. Um acht Uhr abends legt er sich schlafen. Dann gönnt sie sich eine ruhige Stunde auf dem Balkon und möchte sich entspannen, aber die Angst vor der Zukunft ist stärker als der Blick in den Garten, in dem sich bezaubernd Frühlingsflora ausbreitet. Die Kamelien stehen im rosa Blust, die Mimosenbäume zerstäuben sich in leuchtendem Gelb. Nur hinter den abgedunkelten Fenstern des Zimmers im ersten Stock Meerseite liegt eine Welt in tiefem Umbrabraun.

Ab und zu ging Charlotte abends den Hügel hinab, um für eine halbe Stunde auf dem Lungomare Argentina, der Promenade am Meer, zu spazieren. Eines Tages sprach sie ein junger Mann an, ein romantisch aussehender Pole, der im Sommer als Hauslehrer bei einer reichen Familie zwei Kinder unterrichtete. Damit verdiente er sich sein Studium. »Und was studieren Sie?«, fragte Charlotte abwesend. »Musik, Komposition.« Charlotte sah ihn an. »Jetzt müssen Sie eigentlich ›Chopin‹ ausrufen«, lachte der junge Mann, »weil alle das tun. Pole und Komponist gleich Chopin«. Charlotte lächelte. »Ich sehe, wie Sie jeden Tag mit Ihrem kranken Vater auf der Parkbank sitzen, das ist nicht recht, dass so ein junges Mädchen sich nur der Krankenpflege widmet. Sie müssen doch auch einmal ausgehen, das Leben genießen, hier an der schönen Riviera, statt immer nur den Vater zu begleiten.«

Charlotte starrte den jungen Mann an, als habe dieser polnisch mit ihr geredet, sie verstand gar nicht, was der ihr eigentlich sagen wollte. Sie schaute nur in seine dunklen lebhaften Augen und hörte die Stimme, die ein slawisch gefärbtes Deutsch sprach. Und plötzlich packte sie die Sehnsucht wie ein heftiger Windstoß, der einem das Gleichgewicht zu rauben droht. Die Sehnsucht, in den Arm genommen, geliebt zu werden. Ich bin verrückt, dachte sie, ich werde mich diesem jungen Apoll an den Hals werfen und ihn bitten, mir eine Nacht zu schenken. So weit ist es mit mir gekommen, so ausgehungert bin ich.

»Es war schön, mit Ihnen zu sprechen. Das hat mir gutgetan. Danke für Ihren Ratschlag.« Sie reichte ihm die Hand. Der junge Mann hielt sie, schaute ihr in die Augen. Sie drehte sich um und ging rasch die Promenade zurück zum Hotel *Angst*. Ich hätte es tun sollen, ich hätte eine Nacht mit ihm verbringen sollen, denkt sie. Es wäre schön gewesen. Und Corinth hätte nicht das Geringste bemerkt. Als sie im Bett lag, kamen ihr zum ersten Mal seit vielen Wochen die Tränen. Jetzt konnte sie weinen, wenigstens diese Erleichterung gönnte sie sich.

Den »leidenden Vater« habe ich nicht korrigiert, fiel ihr vor dem Einschlafen ein. War das eine Art Verrat?
Am nächsten Tag kam der Arzt und begutachtete den Patienten. Anschließend schrieb Charlotte ihrer Mutter, die mit Thomas und Wilhelmine in der Klopstockstraße die Stellung hielt: *Lovis ist sehr still und nachdenklich, unendlich gut und dankbar für alles, für jedes kleinste Bißchen Aufheiterung oder Hilfe ... ich mag Lovis garnicht alleinlassen und – der Arzt gab mir Recht. Anfangs war ich heimlich verzweifelt, in dieser schönen Natur so gleichsam wie mit gebundenen Armen zu leben, aber seit ich den Arzt gesprochen – bin ich wie umgewandelt. Ich bin froh, neben Lovis sitzen zu können, und das geliebte ernste Gesicht anzuschauen. Ja, ja langsam lernt man alle Arten der Liebe.*

Die Tage in Bordighera gingen dahin, die Fortschritte in Corinths Verfassung waren minimal. Eines Tages sagte Charlotte: »Luke, ich habe deine Malsachen mitgebracht. Sogar deine alte, ekelhafte Staffelei. Sollen wir die mal aufstellen?«

Corinth zögerte, wehrte ab. Aber Charlotte war unbeirrbar. Corinth betrachtete seine linke Hand, die er noch nicht richtig bewegen konnte, aber Charlotte wusste Rat. Sie legte ihm alles auf dem Balkon zurecht, drückte Farben auf die Palette, gab ihm die Pinsel in die rechte, die gute Hand, rückte seinen Stuhl auf dem Balkon so lange hin und her, bis das Licht optimal war und bot sich als Modell an. »Willst du mich malen? Vielleicht mit dem kleinen Fächer?« Als er antwortete: »Ja, und mit dem schwarzen Samthut«, hätte Charlotte am liebsten geschrien: *Freude schöner Götterfunken!* Ein Funke war übergesprungen. Der Samthut ist Corinths erstes selbstgewähltes Wort seit fast drei Monaten! Der schwarze Samthut! Er will mich im schwarzen Samthut malen, jubelt sie. *Langsam aber stetig richtete der gefällte Riese sich wieder auf.*

Einen Tag später verlangte er, dass sie ihr blaues Kleid anzieht, sich auf den Balkon stellt und den kleinen schwarzen Spitzenschirm aufspannt. Dieses Bild (*Balkonszene in Bordighera*), ganz in Weiß- und Blautönen gehalten, nur mit einigen roten Hausdächern akzentuiert, ist ein geradezu hymnischer Lobgesang auf das Leben, auf Licht und weibliche Schönheit, auf Sonne und mediterranen Glanz, dass man kaum glauben mag, dass ein schwerkranker, mental schwer verschatteter Mann solch ein beispielhaftes Werk impressionistischer Kunst gemalt haben soll.

Corinth fährt fort zu malen, und das Malen schenkte ihm die Energie zurück, die er vollständig eingebüßt hatte – oder mit den Worten seiner Frau: *Der »heilige Ernst der Arbeit«, das Leitmotiv seines Lebens, gab ihm die regenerative Kraft.*

⚜

Eines Tages hatte Charlotte Corinths Mittagsschlaf genutzt, um sich mit einem Buch in den Park zu setzen, die Beine auszustrecken, die vom langen Modellstehen ganz taub waren. Aber was war das für eine geringe Beeinträchtigung im Vergleich zu dem Glück, Lovis wieder malen zu sehen.

Als sie in ihr Zimmer zurückging, erschrak sie und geriet in Panik. »Luke, was ist los, um Gotteswillen, was ist denn passiert?« Ein Rückfall, ein zweiter Schlaganfall, dachte sie bestürzt. Da saß ihr Mann in seinem Sessel, den Kopf nach hinten über die Rückenlehne gestreckt, sodass dieser von vorn gar nicht zu sehen war, was den grotesken Anblick eines Geköpften erweckte. In der linken Hand, die stark zitterte, hielt er zwei Briefe. Man musste ihm in ihrer Abwesenheit die Post gebracht gaben. O Gott, es ist etwas mit den Kindern, Charlotte erstarrte, sie konnte sich nicht rühren, fror fest, wie immer, wenn Angst sie überwältigte. »Lovis, sprich es aus. Sprich in Gottes Namen aus, was passiert ist!« Er aber hob nur die Hand, damit sie die Briefe nahm und sie selbst las.

Zunächst tat Charlotte vor Erleichterung einen tiefen Seufzer. Da war kein Brief von ihrer Mutter, keine Nachrichten waren gute Nachrichten: ihre Kinder lebten, sie waren heil und gesund. Sie setzte sich auf einen Stuhl und versuchte die Briefe zu lesen und zu verstehen, was ihr erst nach einer Weile gelang, weil sie immer wieder zu Lovis schauen musste, der seine verzerrte Haltung nicht aufgab, immer noch wie ein Vernichteter im Sessel lag.

Als eine Art Vernichtung musste er den Inhalt der Briefe wohl empfunden haben. Berliner Freunde berichteten ihm unabhängig voneinander, dass Paul Cassirer in Berlin verbreite, Corinth sei unzurechnungsfähig, als Folge des Schlaganfalls geistig umnachtet, als Präsident der Secession nicht länger tragbar. Das war mehr als ein Affront, das war von einem Freund wie Cassirer eine bodenlose Verleumdung, die nur dadurch zu erklären war, dass Cassirer selbst nach dem Amt des Vorsitzenden der Secession strebte.

»Luke, du weißt, dass das Unfug ist, Berlin ist immer eine Gerüchteküche, in der es manchmal harmlos brodelt und manchmal richtig giftig kocht. Das lässt sich doch alles ganz schnell widerlegen. Du redest mit den Freunden in der Secession, dann ist die Sache geklärt. Sie werden sehen, dass dein Geist aber auch kein bisschen gelitten hat.«

Aber Corinth verfiel in eine schwere Depression – und Charlotte hatte noch mehr Arbeit mit ihm. Tagelang sprach er kein Wort. Sie vermutete, dass tief in seinem Inneren die Angst herrschte, er könne eines Tages tatsächlich den Verstand verlieren. In Künstlerkreisen war das nicht gerade unüblich. Diese Angst war plötzlich in ihm aufgestanden und lastete wie ein Alp auf ihm. Charlotte machte die Erfahrung, die alle Menschen machen, die mit Depressiven zu tun haben: Gutes Zureden hilft gar nichts. Sie versuchte es auf ihre resolute Art, sie wagte in Anlehnung an das Schicksal van Goghs einen Spruch wie: »Das Ohr bleibt dran, Luke!« Schließlich packte sie Koffer und Malsachen und fuhr mit ihm nach Berlin. Er musste vor Ort die Möglichkeit haben, die Intrigen und Mauscheleien zu klären.

Corinth hatte eine Reihe von Bildern im Gepäck, die den veränderten Stil andeuten, den später seine Walchenseebilder zur Vollendung bringen: Licht und Farbe werden autonomer, die Pinselstriche kürzer und schneller gesetzt, die Farbe pastos aufgetragen, die Spachtelzüge breit. Ein neues Verhältnis zur Wirklichkeit entsteht, die materielle Welt dient dazu, Immaterielles sichtbar zu machen.

Charlotte hatte nichts im Gepäck als die Genugtuung, entscheidend die Genesung ihres Mannes befördert zu haben. Sie selbst hatte keinen Strich gezeichnet oder gemalt.

⁂

Zunächst schien sich tatsächlich der Himmel über Berlin zu klären. Es kam zu Gesprächen zwischen Cassirer und Corinth, in denen sich die Männer gegenseitig bemitleideten, dass ihnen die Ärzte das Rauchen und den Rotwein verboten hätten. Aber als Lovis und Charlotte im August nach Bernried abreisten, um dort die Rehabilitation fortzusetzen, reisten die Spannungen, die in der Secession schwelten, mit.

Lovis und Charlotte wohnten in einem Häuschen, welches zu einem Gut mit Pferde- und Kuhställen gehörte. Sie blieben vier Monate am Starnberger See, festgenagelt im einsamen Landleben. Charlotte sehnte sich nach Berlin und den Kindern. Als sie schließlich zurückkehrten (Lovis fuhr zuerst noch für einige Wochen nach Niendorf zu seinem Freund Herrn von Glantz), war Charlotte so erschöpft, dass sie eine Kur nötig gehabt hätte.

Die Kraft war aufgebraucht, die Liebe nicht.

Auch im Frühling 1913 stand das Reisen unter dem Gebot der Rehabilitation. Dieses Mal gehörte auch Charlotte zu den Patienten. Sie laborierte an einem hartnäckigen Stirnhöhlenkatarrh. Und wieder war es die Riviera, wo Lovis und Charlotte Genesung und Kräftigung suchen. Sie fuhren am 1. März nach Mentone, logierten im *Hotel des Anglais*, wechselten dann nach Beaulieu ins *Panorama Palace Hotel*. Sie bewohnten eine wundervolle Suite, zwei Zimmer, Balkon mit Meerblick. Der Geschäftsführer hatte einen Narren an ihnen gefressen. Immer gab er ihnen den schönsten Platz auf der Terrasse, immer legte ihnen der Kellner das beste Stück Schwertfisch auf den Teller. Und das nur, weil der Hotelier sie einmal mit Staffeleien am Strand gesehen hatte. In Frankreich schätzte man eben die Malerei – und die Maler.

Charlotte und Lovis saßen auf dem Balkon des Hotels und genossen den Abend. Charlotte musste immer alles benennen, was schön war, weil es dadurch noch schöner wurde. Lovis grummelte zustimmend. Das Meer natürlich, das Meer war blau, die Côte d'Azur trug ja nicht umsonst die Farbe des Meeres im Namen, die wunderbare Flora, Rosen und Lavendel, der immerwährende Duft nach englischem Alt-Damen-Parfüm in der Luft. Ein Tropfen Chateau Neuf du Pape oder ein St. Émilion – rubinrot, natürlich. Das köstliche Geschnatter eines jungen italienischen Paares. Sprache wie Musik. Verliebte Wortfetzen: Carissima, Adorata, Ti amo. Charlotte beneidete ein Volk, in dem sich Menschen so freimütig und so öffentlich die Liebe erklären konnten. Zwischendurch verstummte das Zwitschern. Als es wieder anhob, hatte es eine andere Färbung, war lauter, aufgeregter, ging unversehens ins Unverständliche über, in Schreien. Charlotte wollte sich über die Brüstung des Balkons lehnen, nachsehen, was sich eine Etage tiefer tat, aber Lovis hielt sie am Arm fest: »Geht uns nichts an.« Das Schreien verstärkte sich, schrille Wortfetzen drangen herauf. »Canaglia ... doppiogiochista ... adultero.« Dann die männlichen Responsorien im Bass: »La solita impiccione ... non è vero ... Lasciami in pace!«

»Ich glaube, er hat sie betrogen«, flüsterte Charlotte.

Im Hotel entstand Unruhe. Türen wurden geschlagen, Rufe in den Gängen, Poltern, anschwellendes Kreischen, Hämmern an einer Türe. Schließlich: Ruhe!

Am nächsten Morgen erschien das temperamentvolle Paar beschwingt, Händchen in Hand zum Frühstück auf der Terrasse. Die junge Frau trug einen dunkelblauen Bluterguss unter dem linken Auge. Trug ihn wie eine Auszeichnung für sportliche Leistungen. »So geht es also auch«, flüsterte Charlotte. Lovis interessierte sich mehr für die Pomeranzen-Marmelade. Da die Schrippen hier nach nichts schmeckten, musste wenigstens die Marmelade schmecken. Aber die war auch nur bitter.

Zwölf Jahre später, ein Jahr nach Corinths Tod, fährt Charlotte wieder nach Beaulieu. Im *Palace-Hotel* denkt niemand daran, sie zu verwöhnen. Sie ist eine allein reisende Frau, die kann man vernachlässigen.

Rien ne va plus

»Ich hasse es wirklich.« Corinth fuhr manchmal aus der Haut, aber selten so heftig wie an diesem Frühlingsmorgen in Monte Carlo. Dabei sah alles nach einem friedvollen Tag an der Riviera aus. Das Paar saß auf dem Balkon des Hotels, genoss die Aussicht aufs Meer, das grau und träge da lag, aber bald unter der Sonne erblauen würde. Die Promenade am Meer war gesäumt mit weißen und roten Oleanderbüschen, Touristen liefen auf und ab, die Saison hatte begonnen. »Ich verabscheue es, hörst du!«

Charlotte hörte es und hörte es nicht. Seit sie vor einigen Tagen mit Corinth, das erste Mal in ihrem Leben, ein Spielkasino betreten hatte, war sie von einer Spielleidenschaft gepackt, die alle Anzeichen von Sucht aufwies. Corinth konnte es gar nicht fassen, dass sein vernünftiges Petermannchen sich mit Haut und Haaren, aber ohne Sinn und Verstand den Verführungen des Roulettes hingab.

Charlotte war schon wieder mit ihren Gedanken beim Spiel. Sie sah nicht aufs Meer, trank mechanisch den Kaffee, ohne ihn zu schmecken. Die Croissants mochte sie ohnehin nicht: was für ein krümeliges nichtssagendes Gebäck im Vergleich zu einer deftigen Berliner Graubrotstulle!

Das weiße, giebel- und türmchenverzierte Kasino in Monte Carlo, prachtvoll im Stil der Belle Époque erbaut, lockte vor allem in den Sommermonaten Zehntausende von Besuchern an. Die elegante Welt gab sich ein Stelldichein auf dem Rasen vor dem Gebäude, auf den weitläufigen Terrassen und in den Spielsälen, die im opulenten neobarocken Stil ausstaffiert waren. Gewaltige Kronleuchter ließen die weißen Jabots der Herren unter den Frackjacken und die Seidenroben der Damen schimmern. Die Teppiche schluckten jedes Geräusch, es wurde ohnehin mehr geflüstert als gesprochen. Und geschrien wurde nie, auch wenn sich die schlimmsten Katastrophen ereigneten und ein Spieler innerhalb weniger Stunden sein Vermögen verlor: als reicher Mann ins Kasino gekommen, als Bettler hinausgegangen. Die Damen waren zumeist nur dekorativ herausgeputzte Begleiterinnen, ein Ausweis der männlichen Prosperität. Selten griffen sie selbst zu den Jetons, wenn, dann nur, um sich ein wenig zu zerstreuen.

Lovis hatte Charlotte »ein wenig Zerstreuung« bieten wollen. Hätte er jedoch geahnt, welche Leidenschaft er in seiner Frau freisetzte, wäre er niemals mit ihr in die Spielbank gegangen. Das Schlimme war, dass Charlotte unaufhörlich gewann, keine großen Summen, ihre Einsätze waren stets moderat, aber sie verlor nie. Abends gewann sie, morgens kaufte sie von den gewonnenen Geld Seiden und Spitzen, ein Kleid aus Crêpe de Chine, einen Mantel des berühmten Modeschöpfers Paul Poiret – und am frühen Abend ging sie wieder ins Casino. »Du kannst doch malen«, sagte sie zu Lovis, warf ihm eine Kusshand zu und verschwand in großer Garderobe. Die Hotelboys schauten ihr mit anerkennenden Blick nach: Seht her, eine Lady!

Corinth hasste Charlottes Sucht, erinnerte sie ihn doch an seine eigene Sucht – den Alkohol –, dem er nach seinem Schlaganfall hatte abschwören müssen, was schwer genug gewesen war. Aber was sollte er machen? Vielleicht brauchte sie nach den Jahren, in denen sie sich mit einem depressiven und kranken Mann herumgeschlagen hatte, den Glanz der mondänen Welt.

᧞

Am nächsten Abend hoffte er, sie vom Kasino abzuhalten, indem er sie ins feinste Restaurant am Meer einlud. Er ließ Champagner und Austern auffahren, Entenpastete und gegrillten Thunfisch. Charlotte aß mit Vergnügen, lobte das Essen, lobte seine Großzügigkeit, aber nach dem Mocca stand sie auf und sagte: »Ich geh' dann, du findest ja den Weg zum Hotel allein zurück.« Sie musste in die »süße Hölle«, wie sie das Kasino nannte.

Wären sie doch nur wie im Jahr zuvor im stillen Beaulieu abgestiegen, wo sie im *Palace-Hotel* verwöhnt worden waren, wo auch Charlotte gemalt hatte, bezaubert von der südlichen Vegetation. Jetzt bezauberte sie nur noch der Klang der Kugel im rotierenden Kessel.

Das Kasino öffnete schon morgens um neun Uhr. Um diese Zeit gingen nur Kellner, Kutscher und Kokotten in den Spielpalast, die feine Welt traf erst am frühen Abend ein. Aber Charlotte war den Fängen ihrer Leidenschaft so ausgeliefert, dass sie bereits in der Herde dieser trüben Gestalten vor neun Uhr auf den Einlass wartete. Vor ihr stand ein Mann, zwar trug er einen Frack, aber unter seiner Frackweste trug er nichts; nackte Haut blitzte hervor. Es überkam sie ein Ekel, wie tief wollte sie denn noch sinken? Sie kehrte um. Corinth lag noch im Schlaf, er hatte ihren Aufbruch nicht bemerkt. Am Abend blieb sie zu Hause. Lovis zog erstaunt die Augenbrauen hoch, sagte aber nichts. Sie holte ihren Zeichenblock hervor und versuchte, einen Brunnen im Garten zu skizzieren. Das Ergebnis war dürftig.

1926 ist Charlotte wieder in Monte Carlo, dieses Mal allein, als Witwe. Sie erinnert sich ihrer vormaligen Spielwut: *Ach, damals mit Lovis in Monte Carlo! Da war er ernstlich böse, auch besorgt um mich. Wie verrückt war ich nach dem Spiel. Er verabscheute es. Ich weiß wohl, was er dachte. Dieses Geld, auf anständige Art*

verdient, hier so frivol zu riskieren wie Abenteurer. Aber ich war einfach besessen.

Jetzt geht sie ins Kasino, um sich zu betäuben, um sich zu vergessen, um den Schmerz über Corinths Tod zu verdrängen. Aber das Spiel hat seinen Reiz eingebüßt. Es scheint, als hätte damals Corinths Ablehnung ihre Leidenschaft befeuert.

Jetzt fehlt ihr sogar sein Zorn.

Die Olympier in Rom

In Berlin eskalierte die Situation in der Secession. Corinth trat im Dezember 1912 von seinem Amt als Präsident zurück. Nachfolger wurde Paul Cassirer. Er wollte vor allem die moderne Kunst fördern, damit die Secession nicht zu einem konservativen Interessenklüngel verkomme, er versprach sich aber auch geschäftliche Vorteile von seiner Präsidentschaft, indem er vor allem Künstler zeigte, die er geschäftlich vertrat. Dagegen regte sich Widerstand: ein Kunsthändler an der Spitze der Genossenschaft und nicht ein Künstler? *Eine eigentümliche Brühe kam aus dieser Unnatürlichkeit heraus*, beurteilte Corinth den Interessenskonflikt. Er goss in seiner *Selbstbiographie* Hohn und Spott über Cassirer aus, nannte ihn eine Laus im Pelz. In der Jahresausstellung 1913 wurden viele ausländische Wegbereiter der Moderne gezeigt: Cézanne, Bonnard, Renoir, Toulouse-Lautrec, van Gogh, Matisse. Dagegen wurden dreizehn deutsche Künstler von der Secession zurückgewiesen. Es kam zu einer außerordentlichen Generalversammlung, die in eine dramatische Palastrevolution mündete: Liebermann, Slevogt, Cassirer und neununddreißig andere Künstler, die sich dem Geist der Erneuerung verpflichtet fühlten, traten aus der Secession aus, gründeten eine alternative Genossenschaft, die *Freie Vereinigung*. Corinth blieb – erstaunlicherweise – in der »Rumpf-Secession« der alten Malergeneration. Er übernahm die Führung. Die Gräben zwischen den Lagern blieben tief, das Verhältnis der Parteien war unversöhnlich, auch wenn Jahre später Liebermann und Corinth sich bei einem Empfang des Reichspräsidenten Ebert wieder die Hand reichten.

Die Auseinandersetzungen kündeten aber nicht nur von einem Machtkampf, sie signalisierten den Aufbruch der jungen Künstler, die sich in der alten Secession nicht mehr zu Hause fühlten. Maler wie Ernst Kirchner und Max Pechstein, Mitbegründer und Mitglied der Künstlervereinigung »Brücke«, gaben die Richtung vor, in die die deutsche Malerei gehen sollte: in den expressionistischen Schrei nach neuen Werten, in die Auseinandersetzung mit der Gewalt, die kurze Zeit später mit dem Ersten Weltkrieg über Europa hereinbrach.

Die Corinther, wie sie sich selbst gerne nannten, waren 1914 aber wieder auf Reisen. Italien blieb Charlottes Sehnsuchtsland. Der Spielhölle von Monte Carlo entflohen, ging es nach Rom. Lovis gefiel es nicht in der Heiligen Stadt, er nörgelte herum. Es sei ihm zu heiß, die Mücken stachen, das Essen wäre schlecht. Dass ausgerechnet ihm, dem passionierten Lateiner, die Stadt nichts zu bieten vermochte, erstaunte Charlotte. Sie, die das Talent hatte, jeder Miesepetrigkeit eine positive Einstellung entgegenzusetzen und die Stimmung aufzuhellen, ließ sich Rom nicht verdrießen. Dem Freund Hermann Struck schreibt sie *aus dem zauberhaften Frühling:*

> *Nun steigen wieder*
> *die Musen nieder*
> *der ganze Olympe*
> *Ist hier auf die Strümpe*
> *Dazwischen ergetzen*
> *die Christen hetzen*
> *Und kukt man so rum*
> *Sieht man das Forum*
> *Und dann wieder wo rum*
> *Steht's Kolosseum*
> *Fröhlich wie Kinder*
>
> *Sind hier die Corinther.*

Das Metrum klappert, der Olymp wird flugs von Griechenland nach Rom versetzt, und nur ein Corinther ist fröhlich, während der andere Corinther aus dem *Grand Hotel Flora* an Else Cassirer schreibt, dass er sich freue, *wenn ich wieder die Berliner Gasanstalten sehe anstatt hier das Colosseum, oder das Asphalt trete anstatt hier auf dem Forum herumlungere.*

⁓

»Der Mann ist abgereist?« fragte der Arzt die Krankenpflegerin und setzte nach: »Wirklich abgereist?« Der Italiener schüttelte sich. So etwas Barbarisches konnte auch nur einem Deutschen einfallen. Da lag vor ihm im Zimmer des Krankenhauses in Rom eine schwerkranke junge Frau mit Lungenentzündung, sie schwebte zwischen Leben und Tod, sie delirierte, sie tobte, sie war zeitweilig ohne Bewusstsein, die Medikamente schlugen nicht an. Und was macht der Ehemann? Er fährt nach Hause. Der Arzt konnte es nicht fassen. »Er ist ein Künstler«, sagte die Krankenschwester. »Was ist denn das für eine Entschuldigung! Umso schlimmer. Da kann er doch über seine Zeit verfügen, da hängt er doch nicht in den Sielen einer geregelten Arbeit.«

Charlotte, die so fröhlich in Rom war, sollte nicht, wie geplant, bis Neapel kommen, um herauszufinden, ob Neapel so schön ist, dass man in Ruhe sterben kann, wenn man es gesehen hat. Ihr drohte der Tod schon in Rom. Ob ihr Organismus noch so geschwächt war von der langen Pflege ihres Ehemannes, dass die bakteriellen Erreger leichtes Spiel hatten, mochte niemand entscheiden. Es gab noch kein Penicillin, da hing viel von der Konstitution des Patienten ab, ob und wie er mit dieser Krankheit fertig wurde.

»Ihre Schwester ist benachrichtigt. Sie wohnt in Ligurien am Meer. Sie wird sie abholen.«

»Sofern die Patientin so weit hergestellt ist, dass sie reisen kann«, sagte der Arzt. Er schüttelte noch immer den Kopf, als er das Zimmer verließ: Wie kann man eine junge Frau so ihrem Elend überlassen. Was ist denn das für ein Mann. Ein Künstler, pah!

☙

Alice holte ihre Schwester nach Forte dei Marmi an die Riviera. Aber von einer Erholung im milden Klima des Mittelmeeres konnte noch lange keine Rede sein. Charlotte lag im abgedunkelten Zimmer. Medikamente hielten sie in einem permanenten Dämmerschlaf. Corinth schrieb Briefe, berichtete von der Suche nach einem neuen Ausstellungshaus für die Secession, Alice las ihrer Schwester die Briefe nicht vor. Erst Mitte Juni, fast zwei Monate nach Ausbruch der Lungenentzündung, traf Corinth mit der Belle-Mère und den Kindern in Forte dei Marmi ein. Alice hatte für die Corinth-Familie eine prachtvolle Villa gemietet. Corinth stürzte sich in einem rotgeringelten Badeanzug ins Mittelmeer und versuchte, den Kindern das Schwimmen beizubringen. Charlotte hatte das Schlimmste überstanden, sie war so abgemagert, dass ihr alle Kleider wie Säcke am Leib hingen. Corinth hielt ihr einen Vortrag darüber, wie dieser Teil der italienischen Erde geheiligt sei durch einen der besten Namen der deutschen Literatur. »Heines *Bäder von Lucca* spielen in unmittelbarer Nachbarschaft. Und bald wird Forte dei Marmi berühmt werden durch die deutsche Schriftstellerin Alice Berend, die hier ihre schönsten Romane schreibt.«

Charlotte drehte sich auf ihrem Liegestuhl zur Seite und zog einen Schal über ihr Gesicht.

Kriegs-Theater

In der *Villa Ernesta* in Forte dei Marmi gab es auf der Terrasse ein großes Abendessen, Mutter Hedwig hatte gekocht. Kalbsbraten (sie behauptete, nirgendwo bekäme man so feines Kalbfleisch wie in Italien) mit Blumenkohl und jungen Kartoffeln. An Nudeln konnte sie sich nicht recht gewöhnen, nur für die Enkelkinder machte sie eine Ausnahme, die bekamen täglich das gleiche. Spaghetti mit Tomatensoße. Es gab einen leichten Weißwein zum Essen, Corinth durfte seit seinem Schlaganfall keinen Alkohol mehr trinken, und Charlotte, die früher äußerst tolerant seinen Alkoholkonsum gebilligt hatte, achtete jetzt penibel auf die Art seiner Getränke. »Einen Fingerhut voll«, sagte sie zu John Hertz, der das Ausschenken übernommen hatte. »Auch für mich nicht mehr.« Es war Anfang Juli, die Tage waren sehr heiß und nur am Meer zu ertragen, aber die Abende waren köstlich, warm bis weit nach Mitternacht, erfüllt von Musik, die überall im Freien gespielt wurde, erfüllt von den Geräuschen südlicher Lebenslust: dem Flanieren auf der nahegelegenen Piazza, dem Lachen der jungen Mädchen, dem ausgelassenen Schreien der Kinder.

Aber seit die Nachricht vom Attentat in Sarajewo in Forte dei Marmi eingetroffen war, lag auch etwas anderes in der Luft – die Gefahr eines Krieges.

»Es hängt ganz von eurem Kaiser ab, ob es Krieg gibt oder nicht«, sagte John Hertz. Er hielt sich als Schwede, der in eine deutsche Familie eingeheiratet hatte, mit seinen politischen Einschätzungen zurück, wusste er doch, dass sein Schwager Corinth ein kaisertreuer Patriot war. »Aber ich fürchte, nachdem Kaiser Wilhelm Österreich seine bedingungslose Unterstützung zugesagt hat, wird der Krieg kommen. Die Unterstützung ist doch ein Blankoscheck.«

Corinth fühlte sich prompt provoziert. »Es kann ja immer noch Verhandlungen geben. Aber Österreich verhandelt jetzt aus einer Position der Stärke heraus. Es muss Serbien zur Rechenschaft ziehen. Man kann doch nicht zur Tagesordnung übergehen, wenn der Thronfolger ermordet wird. Wo kommen wir denn da hin?«

»Serbien ist doch nicht der Gegner. Dahinter steckt Russland. Eine Kriegserklärung an Serbien bedeutet zwangsläufig eine Kriegserklärung an Russland. Und Frankreich wird sich auf die Seite Russlands stellen. Entschuldige Corinth, aber ich finde die Politik Ihres Kaisers nicht sehr klug.«

Corinth wurde langsam wütend. Was maßte sich Hertz an, der doch von außen kam und keine Ahnung von den Kräfteverhältnissen in Europa hatte, auch nicht verstehen konnte, was es hieß, an Deutschlands zentrale Stellung und Verantwortung zu glauben. Er, Corinth war zu alt, wäre er 25 Jahre jünger, würde er sich sofort als Kriegsfreiwilliger melden. Die Verhältnisse auf dem Balkan mussten ein für allemal neu geordnet werden.

»Hertz, besser Sie halten jetzt den Mund, sonst gibt es heute Abend noch eine Schlägerei. Dann fliegt der Kalbsbraten, den uns Belle-Mère gekocht hat, durch die Luft, die Kinder brüllen, und die Frauen knatschen eine Woche lang.«

Die Frauen sahen sich an. Es war nicht üblich für Frauen, sich an politischen Diskussionen zu beteiligen, obwohl zumindest Alice immer gut informiert war, das war ihrer Vergangenheit als Journalistin geschuldet. Hedwig, Alice und Charlotte hatten Angst: Ein Krieg würde die schöne Sicherheit, in der sie lebten, zunichtemachen.

Thomas, zehnjährig, blickte von seinen Spaghetti auf: »Papa, jetzt sag mir doch mal, was ist denn wirklich schlimm an einem Krieg?« Corinth schaute seinen Sohn an und sagte eine Minute lang nichts. »Das Schlimme ist, dass die Leute im Krieg keine Bilder kaufen.« Niemand lachte, alle wussten, dass Corinth das genauso meinte.

⁂

Ende Juli fuhren die Corinths nach Sankt Moritz in die Schweiz, wo Charlotte in der berühmten Luft der Schweizer Berge ihre strapazierten Lungen stärken sollte.

Am 28. Juli erklärte Österreich-Ungarn Serbien den Krieg, am 1. August erklärte Deutschland Russland den Krieg, am 3. August erfolgte die deutsche Kriegserklärung an Frankreich.

Die Rückreise von Sankt Moritz nach Berlin wurde zum Alptraum. Der Dampfer, der von der Schweiz aus den Bodensee überquerte, war überfüllt. Auf deutscher Seite gab es keine freien Hotelzimmer, Charlotte, am meisten von allen geschwächt, flehte Hotelbesitzer an, wenigstens ihrem Mann und ihren Kindern eine Schlafgelegenheit zu geben.

Völlig erschöpft kamen sie einige Tage später in Berlin an.

Thomas erkannte sofort die Veränderung. »Überall Fahnen, und so viele Soldaten. Haste gesehen, dass die Soldaten Blumen in ihren Gewehren haben, da, in dem Lauf stecken Blumen. Und die Menschen auf den Straßen, die freuen sich ja! Werfen den Soldaten Blumen hinterher. Ich glaube nicht, dass Krieg was Schlimmes ist.«

Charlotte sagte nichts. Sie hoffte, dass sich das Mietauto endlich durch die überfüllten Straßen einen Weg zur Klopstockstraße bahnen würde. Immer wieder klopften Menschen an die Scheiben des Autos, reckten die Arme in die Luft, zogen jubelnde Fratzen. »Serbien muss sterbien«, grölten einige. Andere sangen: »Deutschland, Deutschland über alles.«

Corinth betrachtete diesen Kriegstaumel mit Zustimmung. Er war wie die meisten davon überzeugt, dass dieser Krieg nur von kurzer Dauer sein würde, dass er aber eine reinigende und heilsame Wirkung haben werde. Die frechen Völker würden in ihre Schranken gewiesen, das Gleichgewicht in Europa wiederhergestellt. Später schrieb er in einem Aufsatz von *unseren Kameraden, denen das Glück zuteil wurde, gegen den Feind zu gehen* und sah die ersten Erfolge des Krieges: *Der Furor teutonicus bewies den Gegnern, daß sie nicht ungestraft unser friedliches Leben stören sollten.*

❦

Mit dem friedlichen Leben war es schnell vorbei, die anfängliche Begeisterung verwandelte sich erst in Ernüchterung und bald in Entsetzen über die Brutalität dieses Krieges. Auch im Hause Corinth, in dem niemand das »Glück« hatte, gegen den Feind ins Feld marschieren zu dürfen, traten große Veränderungen ein. Corinth zeichnete als treuer Patriot Kriegsanleihen und malte Bilder, die den Kampf verherrlichen. Bei einem Kostümverleiher lieh er sich eine ganze Batterie von Rüstungen, Lanzen und Helmen aus, um Bilder wie *Götz von Berlichingen* malen zu können.

Zur gleichen Zeit setzte Charlotte einen Kontrapunkt gegen das Martialische. Sie illustrierte Andersens Märchen *Die kleine Seejungfrau* und widmete es ihrer kleinen Tochter: *für mein geliebtes Minchen*. Die zwanzig Illustrationen sind im Stil von naiven Märchenbildern gehalten, sehr detailliert, vollkommen naturalistisch und schon auf dem Titelbild reich an Details: da schwimmt und kraucht eine Fülle von Fischen, Seepferdchen, Schildkröten Krebsen, Schnecken und anderem Getier im Meer und auf dem Meeresboden herum. Charlotte hat hier das Prinzip der modernen Wimmelbücher vorweggenommen, die Kindern durch ihren Überreichtum an Gegenständen das

Glück des Entdeckens eröffnen. Nur ein Bild hebt sich in der Darstellung von den anderen ab: die Seejungfrau blickt durch ein Kajütenfenster von außen in das Schiff hinein. Auf diesem Bild ist kein kleinteiliges Gewusel mehr in lichten Farben, sondern ein fast abstraktes Bild, ganz in den reinen Farben Blau und Gelb gehalten, mit Gold akzentuiert, die malerische Umsetzung eines besonderen Augenblicks.

Charlottes Interessen gingen aber über Märchenillustrationen hinaus, in eine andere Richtung. Sie wollte endlich – nach der langen Zwangspause durch Lovis' und der eigenen Erkrankung – wieder leben, das Leben in Berlin genießen – und sie wollte malen.

Sie ging ins Theater, am liebsten ins *Metropol*, eine Art Revuetheater. Der neue Star war Fritzi Massary. Max Reinhardt hatte sie 1911 für die Rolle der Schönen Helena in der Operette von Jacques Offenbach verpflichtet. Den Menelaos spielte Max Pallenberg. Das Bühnenpaar, das auch im Leben bald ein Paar wurde, eroberte erst München, dann Berlin. Der Österreicher Pallenberg wurde zum beliebtesten Schauspieler am *Deutschen Theater* unter Max Reinhardt. Während Fritzi im *Metropol* sang und tanzte, spielte Max Rollen wie den Rappelkopf in Raimunds *Der Alpenkönig und der Menschenfeind*, den Schluck in Gerhart Hauptmanns *Schluck und Jau*, den Bauern in Schönherrs *Der Weibsteufel*, den Rentier Krüger in Hauptmanns *Biberpelz*, schließlich Molières *Eingebildeten Kranken*. Charlotte war hingerissen von Pallenbergs Kunst, in so unterschiedlichen Rollen unverwechselbare Charaktere zu entwerfen, komische, fanatische, gebrochene, verschlagene, tölpelhafte und berechnende. Sie ließ sich keine Produktion mit ihm entgehen, liebte seinen sanften österreichischen Akzent, der immer wieder sein Bühnendeutsch durchbrach. Sein besonderes Geheimnis war, dass sich sein Spiel als Improvisation ausgab, als im Augenblick spontan entwickelt und nicht in vielen Stunden geprobt. Er war ein Volksschauspieler, einer, der in seine Figuren hineinkroch, um ihnen so viele Facetten wie möglich zu entlocken. Seine komischen Figuren umwehte immer die Aura des Tragischen, und seine klassischen Helden trugen immer auch eine Anmutung des Grotesken oder Lächerlichen.

Charlotte nahm, nachdem sie ihn viele Male auf der Bühne gesehen hatte, Kontakt mit ihm und auf und bot ihm an, ihn in seinen Rollen zu porträtieren.

So entdeckte sie nach einer langen Durststrecke, in der sie nicht malen konnte, weil sie nicht malen durfte, ein ureigenes Feld, ein Feld, das nicht von Corinth besetzt war: sie wurde »Theatermalerin«. An vielen Abenden in der Woche stand sie in den Kulissen des *Deutschen Theaters*. Während um sie herum die Requisiteure hektisch das nächste Bühnenbild ausstatteten, hier einen Leuchter, da einen Spiegel, eine Schale mit Obst, und ja nicht das Gewehr für den Jäger vergessen, während die Kostümbildner noch einmal die Kleidung der Spieler zurecht zupften, die Maskenbildner vor dem nächsten Auftritt den Schweiß von den Gesichtern der Akteure puderten, der Inspizient wie ein Dirigent die Einsätze für den Auftritt der Schauspieler gab, stand oder saß Charlotte unbewegt mit ihrem Zeichenblock an der Seite. »Nur nicht im Weg stehen, Gnädigste«, raunzt ein Bühnenarbeiter, der mit einem überdimensionalem Sessel jonglierte, den er kaum durch die Kulissen bugsieren konnte.

Charlotte liebte diese Abende im Theater, das Halbdunkel, aus dem heraus sie auf die beleuchtete Bühne schaute, den Geruch nach Staub und Schweiß und Mottenpulver, der den

Kostümen entströmte, die Stimmen der Schauspieler, die von der Bühne in ihr Kulissenversteck drangen, mal laut und exzentrisch, mal geflüstert, so gekonnt geflüstert, dass sie noch in der letzten Zuschauerreihe zu hören waren. Sie beobachtete die Schauspieler, wenn sie abtraten, alle erregt, konzentriert, gespannt bis in jeden Muskel. Manche wie Max Pallenberg traten sofort aus ihrer Rolle heraus, ließen sie fallen wie ein Kostüm, waren nicht mehr Prinz oder Strolch oder Ritter oder Taugenichts, sondern hinter der Bühne übergangslos Privatmenschen. Max zwinkerte ihr zu, schäkerte mit der Maskenbildnerin, lief zum Bühnenausgang, um drei Züge aus der Zigarette zu inhalieren. Andere Schauspieler blieben in ihrer Rolle, hinkten oder schritten gravitätisch in den Gängen, schnitten Grimassen oder verlängerten wortlos das Heulen und Zähneknirschen, das sie gerade hochpathetisch auf der Bühne zelebriert hatten. »Immer im Gefühl bleiben, das ist das Geheimnis«, hatte ihr ein Schauspieler zugeflüstert, als sie sich wunderte, dass dieser zwanzig Minuten lang zwischen zwei Szenen in den Kulissen weiterschluchzte und sich noch beim Applaus mit tränenüberströmtem Gesicht produzierte. Da wand sich Pallenberg, dem solch ein Getue widerwärtig war, mit Grausen.

Max Pallenberg war für Charlotte eine Offenbarung. Sie skizzierte seine Kostüme, vor allem aber den wechselnden Ausdruck seines Gesichts, seiner Gestik in den verschiedenen Rollen. Und in der Tat sieht man in der Mappe mit den neun Lithografien neun Männer, die zwar einige Charakteristika gemeinsam haben, ein breites, flächiges Gesicht, große, tief in den Höhlen liegende Augen, einen festen Mund – die aber ansonsten unterschiedlicher nicht sein könnten. Da ist der Rentier Krüger aus dem *Biberpelz* als düpierter Tropf, eine dicke Pelzmütze auf dem Kopf, das Gesicht rund mit Neigung zum Feisten, der dicke Mund steht offen, was den Eindruck des Dümmlichen verstärkt, die Augen glupschen aufgerissen nach links, mit einem Finger dreht er sein Ohr nach außen: schwerhörig ist er also auch noch.

Pallenberg als Herr von Rappelkopf in Raimunds Zauberspiel *Der Alpenkönig und der Menschenfeind* erscheint als unbeugsamer Charakter, ein Misanthrop, der sich von allen verraten fühlt. Unter extrem hochgebürsteten schwarzen Brauen stechen die Augen aus tief dunkel gefärbten Höhlen hervor. Eigentlich besteht die Figur nur aus dem abgrundtief bösen Blick, mit dem Rappelkopf die Menschen als eine Horde von Verschwörern wahrnimmt, die ihn vernichten wollen. Auch der Mund, leicht geöffnet, mit schief herabgezogenen Winkeln, verstärkt den Eindruck des desillusionierten Zweiflers. Das Äußere verrät ihn als Gutsherr: das lockige Haar reicht weit über die Ohren, der weiße Hemdkragen, das schwarze kostbare Oberteil seines Gewands verleihen ihm ein distinguiertes Aussehen. Aber in seiner Seele herrscht pechschwarze Nacht.

In Rappelkopf hat Charlotte Berend den Akt festgehalten, in dem ein Schauspieler eine dramatische Figur entwirft – mit Empathie und Distanz – und diese Figur im Bild ein zweifach gespiegeltes Eigenleben gewinnt.

Das einzige Ölgemälde der Pallenberg-Bilder zeigt den Schauspieler als Figaro. Der Ausdruck des Gesichtes widerspricht allen Vorstellungen eines lebensklug-raffinierten Tausendsassas, der durch seine Intrigen eine unordentliche Welt in Ordnung bringt, wie man ihn aus Mozarts Oper kennt. Hier ist Figaro die Hauptfigur aus Beaumarchais' *Der tolle Tag*: kein jugendlicher Held, sondern ein Mann, der schon in die Jahre gekommen ist. Die Falte auf der Stirn zwischen den hochgezogenen buschigen Augenbrauen unterstreicht seinen kritisch-insistierenden, ja, erschrockenen Blick. Aus dem leicht geöffneten schiefen Mund kommt wohl eher ein Fragen als die devote Rede eines Bediensteten. Auch das Tuch, das ihm auf einer Seite vom Kopfe fällt und der große Ring im Ohr, geben der Figur nichts Leichtes oder Bohemienhaftes. Dieser Figaro ist ein Denker, der die Welt in Frage stellt, die Welt, in der es Herren und Knechte gibt. Er empört sich über die Zumutung, dass allein die Geburt über Rang und Wert eines Menschen entscheiden soll, dass einem Grafen Vorrechte zukommen sollen wie das des jus primae noctis, mit dem er seine Untertanen zutiefst demütigen kann. In seinem großen Monolog zu Beginn des fünften Aktes geht Figaro im Dunkeln auf und ab und rechnet in Gedanken *finster* mit seinem Herrn ab: »*Weil Sie ein großer Herr sind, halten Sie sich für einen großen Geist. Adel, Reichtum, ein hoher Rang, Würden, das macht so stolz! Was haben Sie denn getan, um so viele Vorzüge zu verdienen? Sie machten sich die Mühe, auf die Welt zu kommen, weiter nichts; im übrigen sind Sie ein ganz gewöhnlicher Mensch; während ich, zum Teufel, ein Kind aus der obskuren Menge, nur um zu leben, mehr Witz und Verstand aufbringen mußte, als man seit hundert Jahren auf das Regieren ganz Spaniens und seiner Länder verwandt hat. Und Sie wollen sich mit mir messen!*«

Aber Pallenbergs Figaro bezieht aus dieser Empörung keinen kämpferischen Elan, gegen die adelige Privilegien anzutreten, er ist ja auch Nutznießer des alten Klassensystems – und ist sich dessen bewusst. So erscheint er nicht als optimistischer Aufklärer, schon gar nicht als aufsässiger Revolutionär, sondern als Melancholiker, der die gesellschaftlichen Abhängigkeiten durchschaut, sie aber nicht ändern wird. Damit hat Charlotte dem von Pallenberg verkörperten Figaro einen vielschichtigen neuen Sinn gegeben.

Bald war Charlotte im *Deutschen Theater* so vertraut, als gehörte sie zum Personal. Wie sie da Abend für Abend auf ihrem dreibeinigen Hocker saß, den Zeichenblock in der linken, die Stifte in der rechten Hand, manchmal auch im Mund oder festgesteckt in den Haaren wie einen dekorativen Kamm, spielte sie ihre eigene Rolle, die einer Hofporträtistin.

Ach, und der wunderbare Klatsch am Theater! Alle wussten, dass Max ein leidenschaftliches Verhältnis mit Fritzi Massary hatte. Aber würde er sich von seiner Ehefrau scheiden lassen? Einmal war Pallenbergs Frau mitten in einer Vorstellung ins Theater gekommen. Dem Pförtner war es nicht gelungen, sie am Bühneneingang abzuwimmeln. Sie hatte darauf bestanden, in der Garderobe auf ihren Mann zu warten. In der Pause hatte man erregte Wortwechsel aus dem Zimmer gehört. Der Inspizient war wütend gewesen. »Die schmeißt uns noch die ganze Vorstellung«. Mit dem ersten Läuten hatte Pallenberg wieder auf seinem Platz auf der Bühne gestanden. Als der Vorhang aufging, löste sich die allgemeine Spannung. Max spielte souverän und kühl bis ans Herz hinan seine Rolle. Er konnte in Sekundenschnelle seine emotionalen Kleider wechseln.

Corinth beschwerte sich nicht, dass Charlotte jetzt so aushäusig war. Vielleicht ahnte er, dass ein Paar nach langer erzwungener Intimität, wie sie ein Pflegerin-Patienten-Verhältnis mit sich bringt, erst einmal auseinanderrücken muss, um sich neu zu finden. Vielleicht ahnte er es auch nicht, weil er zu sehr mit sich selbst beschäftigt war. Jedenfalls ließ er Charlotte ihre neue Freizeitgestaltung – als mehr sah er sie wohl nicht an.

Nur die Kinder maulten: »Jeden Abend bist du weg. Und wir sitzen hier mit Vater, der nichts redet. Die Kindermädchen sind blöd. Keiner kann so schöne Gute-Nacht-Geschichten erzählen wie du, außer vielleicht noch die Oma. Bestell dir doch deine Schauspieler ins Atelier, so wie Lovis das macht, dann musst du nicht jeden Abend weggehen.«

»Ich erzähle euch eine Geschichte, aber ihr dürft sie nicht der Oma verraten. Ich war zwölf Jahre alt, Alice war siebzehn. In den Sommerferien mussten wir jedes Jahr mit unserer Mutter in die Kur fahren. Eure Oma Hedwig war noch eine junge Frau, aber sie hatte es mit den Nerven, wie man damals sagte. Sie schlief schlecht, war leicht reizbar. Wenn ihr heute eure Oma erlebt, so ausgeglichen, ruhig und freundlich, könnt ihr das bestimmt nicht glauben. Ihr wurden Kuren verordnet, in Bad Pyrmont, in Franzensbad. Alice und ich langweilten uns zu Tode. Jeden Tag mussten wir mit ins Kurhaus wackeln und dort auf einer Bank warten, bis Mama mit den Trinkkuren fertig war. Dann hieß es, im Park spazieren gehen und nachmittags ins Kurkonzert, wo Kurorchester Märsche und Walzer zum Besten gaben. In Franzensbad fanden Alice und ich endlich einen Ausweg aus der Misere. Wir schwindelten der Mutter vor, dass wir in der Pension nicht sattwürden, und Geld bräuchten, um uns am Nachmittag etwas zum Essen kaufen zu können, sonst würden wir verhungern. Die Mutter war viel zu sehr mit sich selbst beschäftigt, als dass sie uns überwacht hätte. Natürlich investierten Alice und ich das Geld nicht in Konditoreien. Wir gingen ins Theater! Denn Franzensbad wartete mit einem Sommertheater auf, das den Kurgästen, zumeist jüngere Frauen, die nicht schwanger wurden oder sich von einer Schwangerschaft erholen sollten, heitere Unterhaltung bot. Man spielte Operetten wie *Der Obersteiger* und *Der Vogelhändler*. Leichte Muse also – aber immerhin.

Ich konnte jedes Couplet, das ich einmal gehört hatte, nachsingen und schmetterte die schlüpfrigsten Lieder im Kurpark vor mich hin, ohne den Sinn zu verstehen. Ich hatte mich ins Theater verliebt! Schlimmer noch, ich verliebte mich in einen der Operettensänger, einen Tenor, der auf der Bühne immer in der Rolle des Herzensbrechers auftrat. Jeden Nachmittag sah ich ihn mit anderen Mitgliedern des Operettenensembles im Kurpark promenieren. Offensichtlich genoss er die geballte Anbetung der weiblichen Kurgäste. ›Kannst du nicht irgendetwas tun, dass ich ihn sprechen kann?‹ bestürmte ich Alice. Sie riet mir zu einem anonymen Brief und übernahm die Schreibarbeit, da meine Schrift ziemlich krakelig war. Ich wollte, dass sie dem glühend Verehrten frank und frei eine Liebeserklärung schrieb. Doch Alice riet mir davon ab und formulierte diplomatischer: *Als große Bewunderin Ihrer Kunst sitze ich mehrmals in der Woche in der ersten Reihe des Theaters, in der Mitte. Aber ich darf wohl kaum annehmen, dass Sie mich bemerkt haben? Eine Antwort würde mich sehr erfreuen. Postlagernd, C.B.20.*

In der Tat traf nach einigen Tagen ein Brief auf dem Postamt ein. Ich war so aufgeregt, dass ich Alice bat, ihn mir vorzulesen, doch die sagte: ›Lies selbst!‹ Und was schrieb der Herzensbrecher: *Mit Ihrem Briefe, hochverehrtes Fräulein, oder muß ich schon gnädige Frau sagen, haben Sie mir eine große Freude bereitet. Ich glaube, Sie wohl bemerkt zu haben. Sind Sie nicht jene fesch gebaut Dame, die ich täglich auf der Kurpromenade sehe in Begleitung Ihrer kleinen Schwester?*

Das war das Ende meiner Schwärmerei für den Herzensbrecher, der mich einfach als dummes kleines Gör wahrgenommen hatte, aber die Leidenschaft fürs Theater, die hier anfing, die ist einfach geblieben.«

»Du meinst wohl eher die Leidenschaft für gutaussehende

Schauspieler oder Sänger, Mutti«, sagte Thomas vorlaut. »Was soll denn das nun wieder heißen, Sohnemann?«, lachte Charlotte.

»Aber du könntest diese Theaterleute doch ins Atelier einladen und sie dort malen, dann wärst du nicht ständig weg«, maulte Minchen. Charlotte versuchte, ihren Kindern den Unterschied zu erklären, Lovis male große Porträts von bedeutenden Menschen in Öl, auch von großen Schauspielern, wie Gertrude Eysoldt im Kostüm der Salome, sie aber male oder zeichne immer zwei Personen im Spiel, in Aktion. Den Schauspieler und die Figur, die er verkörpere, also Max Pallenberg und den König Menelaos. Pallenberg *als* Menelaos. Mine interessierten diese Feinheiten nicht besonders. Aber Thomas wollte Pallenberg, der seiner Mutter so viel Zeit raubte, auf der Bühne sehen. So ging Charlotte mit ihrem Sohn in eine Aufführung des *Biberpelz* – nicht in die Kulissen, sondern in die dritte Reihe des Zuschauerraums. Thomas war wenig beeindruckt, das Milieu der Mutter Wolffen war ihm fremd, ihre Betrügereien fand er nicht witzig, ihre ordinäre Sprache war ihm nicht geheuerlich.

Entweder der Zauber der Bühne verfängt und springt über, oder er springt eben nicht, dachte Charlotte. Aber Thomas war ja noch jung, da konnte noch viel passieren.

Wenn Charlotte nicht ins *Deutsche Theater* ging, weil Pallenberg spielfrei hatte, verschwand sie im *Metropol*, wo Fritzi Massary fulminante Erfolge als Operettendiva feierte. Hier zeichnete Charlotte Fritzi nicht nur auf der Bühne, sondern auch in den Kulissen, hielt den spannenden Augenblick fest, in dem die Schauspielerin schon ganz in der Rolle, aber noch nicht auf der

Bühne ist, auf das erlösende »Jetzt« des Inspizienten wartet oder den kleinen Stups ins Kreuz, der sie von einem realen Raum in einen magischen befördert.

Eine intime Szene *In der Garderobe* zeigt die Schauspielerin sitzend vor ihrem Garderobentisch, wo seitlich des runden Spiegels Fläschchen und Tuben in dekorativer Unordnung herumliegen, in einer Vase lassen die Blumen eines Verehrers die Köpfe hängen. Fritzi, ganz im Profil, hat einen Fuß auf den Garderobentisch gestellt und zieht mit beiden Händen einen Strumpf an, ist ganz auf diese Bewegung konzentriert, zieht mit dem Strumpf sich selbst in ihre Rolle hinein.

Die Massary spielte und sang die *Lustige Witwe*, die Adele in der *Fledermaus*, Leo Falls *Kaiserin* und Kálmáns *Csárdásfürstin* und mehr als fünfhundertmal verkörperte sie die Kondja in Leo Falls Operette *Rose von Stambul*. Mehr als fünfhundertmal ließen sich die Berliner in einen üppig ausstaffierten türkischen Harem entführen, in eine orientalische Welt im Walzertakt, mitten in den Kriegsjahren, während an der Marne und Somme und an der Ostfront Soldaten zu Hunderttausenden fielen – und wohl aus eben diesem Grunde.

Im März 1917 konnte Charlotte ihre Mappen mit den Lithografien von Pallenberg und Massary in einer Schwarz-Weiß-Ausstellung der Secession präsentieren. Corinth bezeichnete in einem Brief an den Freund Hermann Struck den Verkaufserfolg seiner Frau als »kolossal«. Jedenfalls übertraf er dieses Mal seinen eigenen, denn er verkaufte nichts und kommentiert dieses *Deficit* auf seine Weise: *Das wirft auf meine moralischen Erfolge ein recht schwaches Licht.* Damit meint er wohl, dass seine kriegsbejahenden und rüstungsscheppernden Bilder keine Aufmerksamkeit gewinnen konnten.

Charlottes Ausflüge ins Theater hielten an. Es schien, als habe sie endlich die Welt gefunden, in der sie sich wohl fühlte – und die Menschen, mit denen sie mehr verband als mit Corinths Freunden. Sie knüpfte enge Kontakte – sehr enge, wie gemunkelt wurde – zu einigen Schauspielerinnen, vor allem zu Lucie Höflich und Ilka Grüning, die beide am *Deutschen Theater* engagiert waren. Im Sommer 1917, den Charlotte mit Wilhelmine in Heiligendamm an der Ostsee verbrachte, während Corinth mit Thomas im nahegelegenen Nienburg weilte, traf sie die beiden Schauspielerinnen und porträtierte sie.

1919 ist sie in Dresden und malt am Sächsischen Landestheater Sänger und Schauspieler in ihren Rollen, berühmte wie Richard Tauber als Torido in *Cavalleria Rusticana* oder Erich Ponto als Wagner in *Faust,* weniger berühmte wie Ottilie Metzger-Lattermann als Carmen. Die Mappe mit vierundzwanzig Lithografien erscheint anlässlich der Herbstfestspiele des Theaters, die Malerin *dieser künstlerischen Blitzlichtaufnahmen* aus dem Theater wird gefeiert als eine *männliche Künstlerin*, die den zahmen Beschauer gerne vor den Kopf stößt. *Sie trumpft gerne auf und hat etwas Lärmendes, Burschikoses. In diesem Theater kommt ihr diese kräftige Art zustatten. Sie nimmt es, wie es sich ihren Augen darbietet: als eine bunte Torheit, einen fröhlichen Rausch. In ihren Blättern atmet die schönheitsselige Sorglosigkeit einer Zeit, die noch Muße und Kraft hatte zum Spiel,* heißt es in der Einleitung zu dieser Mappe.

Auch wenn die Zeit des Mangels angebrochen war, der Krieg und die unmittelbare Nachkriegszeit alle Lebensmittel reduzierte, eines reduzierte er nicht: Charlottes neu erwachte Lebensfreude, ihre Selbstständigkeit und ihr neues Selbstvertrauen als Künstlerin. Sie lebte nach der Devise: Ich habe Corinth meine Jugend geopfert. Mit dem Opfern soll jetzt erst einmal Schluss sein.

Sie war siebenunddreißig Jahre alt.

Die Bauherrin

»Im Sommer kann ich Berlin nicht ertragen«, wiederholte Lovis jedes Jahr, wenn die erste Frühlingssonne durchs Atelierfenster drang und Mine im Tiergarten Marienblümchen essen wollte. Charlotte wusste, was das bedeutete. Sie musste ein Ferienquartier finden, eine Wohnung oder besser noch ein Haus in schöner Umgebung, in absoluter Ruhe. Das bürdete ihr eine nicht geringe Last auf, da viele Interessen unter einen Hut, besser, unter ein Dach zu bringen waren. Lovis brauchte ein Atelier, denn natürlich wollte er auch in der Sommerfrische malen. Sie selbst begnügte sich mit einer Ecke in ihrem Schlafzimmer oder der Küche, um zu zeichnen oder zu aquarellieren. Mit dem Nachteil, dass sie immer wieder die zweckentfremdeten Zimmer räumen musste. Die Kinder durften sich nicht langweilen, was eine immer größere Herausforderung darstellte, je älter sie wurden. Da reichte nicht mehr ein nahegelegener Bauernhof, auf dem sie mit Katzen und Hunden spielen und Gänse jagen konnten. Für Charlottes Mutter Hedwig musste es Wandermöglichkeiten geben oder einen Garten, in dem sie sich beschäftigen konnte. War Hedwig zu viel im Haus, lebte sie ihren preußischen Ordnungs- und Sauberkeitstrieb aus und tyrannisierte die Familie und das Personal. Die Köchin brauchte Möglichkeiten, einkaufen zu können, je idyllischer ein Ferienhaus in der Einsamkeit lag, desto schwieriger war es, Lebensmittel für die aufwendigen Mahlzeiten zu beschaffen. Lovis aß gerne gut, in den Ferien erst recht.

Und so fuhr Charlotte im April jeden Jahres in Ferienregionen, sah sich um, verhandelte mit Besitzern von Ferienhäusern und machte Quartier. Viele Sommer verbrachte die Familie Corinth in Mecklenburg und an der Ostsee. Die Entfernungen von Berlin aus waren überschaubar, ländliche Stille und rurales

Leben im Preis eingeschlossen. Wenn es an die See ging, waren die Kinder den ganzen Tag am Strand beschäftigt. Die Erwachsenen waren sie los, wie sich die Oma ausdrückte. Es ging nach Timmendorf und Travemünde, kleine verschlafene, noch kaum vom Tourismus heimgesuchte Badeorte. Die Ostsee und Mecklenburg waren zwar nahe gelegen, aber Corinth, der immer viel reiste, liebte seit seinen Studienjahren in München auch Bayern. Schon in den neunziger Jahren war er zweimal in Bernried am Starnberger See gewesen, er war nicht der einzige Künstler, den die idyllische Landschaft verzauberte. Der entscheidende Hinweis auf den Ort Urfeld am Walchensee kam schließlich von Charlottes Freundin Ilka Grüning. Charlotte fuhr im Frühjahr 1918, noch während des Krieges, allein an den Walchensee, um das Terrain zu sondieren. Es war eine mühselige Reise. Erst mit dem Schnellzug von Berlin nach München, was über vierzehn Stunden dauerte, immer wieder unterbrochen von langen Halten an Bahnhöfen, in denen es von Soldaten wimmelte, die auf eine Weiterverschickung warteten. Dann stieg sie in einen Bummelzug nach Kochel am See, der so langsam fuhr, dass man in dieser Zeit auch von München nach Italien hätte fahren können. Vom Hauptbahnhof ging es über Pasing, Starnberg, Tutzing, Bernried, Seeshaupt, Iffeldorf, Penzberg, Bichl, Benediktbeuern zum Ziel. Wenn Charlotte nicht so erschöpft gewesen wäre, hätte sie die Fahrt entlang des Starnberger Sees genießen können. In Kochel musste sie ein Fuhrwerk mieten, was sich schwierig gestaltete. »Gnä' Frau, wir haben Krieg, die Mannsbilder sind alle eingezogen. Die Pferde auch.« Den Satz »Wir haben Krieg« würde sie in den nächsten Monaten noch häufiger hören. Schließlich wurde sie mitsamt ihren Koffern und Hutschachteln auf einen Karren verfrachtet, mit dem ein Bauer gewöhnlich geschlagenes Holz aus dem Wald transportierte. Der Boden der Karre war voll von modernden Holzspänen. Sie musste sich auf einen Koffer setzen, eine Bank gab es nicht. Ein sehr altes Pferd zog das Gefährt den Kesselberg hoch, Serpentine um Serpentine. Manchmal blieb das Pferd stehen, dann stand Charlotte auf, um zu sehen, was los war, erblickte durch die dichte Bewaldung des Berges den tiefblau unter ihr liegenden Kochelsee.

Als die Passhöhe erreicht war, schnaufte der Bauer, der neben dem Pferd zu Fuß ging, laut auf. Der Abstieg ging leichter. »Da hi' geht's gach zum Jochberg«, hörte sie den Bauern erklären. »Und da zum Herzogstand.« Im Augenblick waren Charlotte die Berge herzlich gleichgültig. Vor dem *Hotel Fischer am See* in Urfeld hielt das Fuhrwerk an. Charlotte wankte in das Foyer, das einer bayerischen Bauernstube glich. »Grüß Gott am schönen Walchensee«, sagte ein junges Mädchen im Dirndl, die blonden Haare an den Ohren zu Schnecken geflochten.

In ihrem Zimmer trat Charlotte auf den Balkon. Es war schon später Nachmittag, die blaue Stunde, in der sich das scheidende Licht und die beginnende Dämmerung zu einer einzigartigen Beleuchtung des Himmels verbinden und Farben hervorzaubern, die an die Seele rühren. Es war der richtige Zeitpunkt, alle Strapazen der Reise abzustreifen und vor Glück aufzuseufzen, ein Seufzer, den man ausstößt, wenn man in einem Augenblick des Lebens vollkommene Schönheit erfährt. Der von Gletscherwasser gespeiste See lag in tiefem Türkisgrün vor ihr. Im Hintergrund standen die Berge des Karwendelgebirges, bis in die tieferen Lagen noch von Schnee bedeckt. Mitten im See lag ein verwunschenes Inselchen. Sie konnte die sanft geschwungenen Linien des Sees bis zum Süden, bis zur Jachenau, verfolgen.

Mein Gott, was für eine Fülle von Motiven für Lovis, dachte Charlotte spontan. Sie dachte immer zuerst mit seinen Augen. Und welch ein Ort, um seinen sechzigsten Geburtstag zu feiern, der ein besonderes Fest werden sollte, auch wenn Corinth eher abwehrend reagiert hatte, er feiere gerne, sei aber nicht gerne der Mittelpunkt einer Festivität.

Charlotte bereitete in den nächsten Tagen das Fest vor, besprach mit dem Wirt, was man in dieser Zeit, in der man nicht einmal mehr an Wein heranka, den Gästen anbieten könne. »Dann gibt es eben eine Erdbeerbowle. Wir haben in Berlin noch zwei Flaschen Champagner, die bringe ich mit«, sagte Charlotte resolut. »Der Rest wird mir viel Selters gestreckt.« Bei Erdbeerbowle würde sich Corinth der Magen herumdrehen, das wusste Charlotte. Aber was sollte man machen. Geburtstage ließen sich nicht in bessere Zeiten verschieben. Und wer wusste schon, wie die besseren Zeiten aussehen würden, wenn Deutschland den Krieg verlöre, was inzwischen alle hinter vorgehaltener Hand munkelten.

Am 21. Juli 1918 entlud sich über dem Walchensee ein mächtiges Gewitter. Vom Hotel aus konnte die Festgesellschaft sehen, wie sich über den Gipfeln des Karwendels der Himmel schwarz mit grünen Ausfransungen verfärbte. »Schönes Bild«, murmelte der Jubilar, »aber heute darf ich ja nicht malen, sondern muss mir Laudatien anhören und essen«. Es gab Renken und Saiblinge aus dem See und Rinderbraten mit Preißelbeeren – der Wirt hatte wirklich gezaubert! Da nur die Familie und die engsten Freunde die beschwerliche Reise auf sich genommen hatten, feierte man im kleinen Kreis. Die Secession in Berlin hatte ihrem Präsidenten bereits im März eine Ausstellung mit einhundertvierzig Gemälden und im Hotel *Eden am Zoo* ein großes offizielles Bankett ausgerichtet. Corinth hatte zu diesem Anlass eine Speisekarte gestaltet und lithografiert. Er stellt sich

selbst als *Jubelgreis* dar, breit lachend, mit der linken Hand einen gefüllten Pokal hochreißend. Hinter ihm aber steht der Tod und beugt sich zu ihm herab, als wolle er ihm etwas zuflüstern – Corinths Humor konnte sarkastisch sein. Während der vielen Reden, die Corinths Verdienste um die Secession und die Entwicklung der Malerei überhaupt würdigten, paffte der Jubilar eine dicke Zigarre. Hatte man ihm den exzessiven Alkoholgenuss auch untersagt, das Rauchverbot war nicht so streng ausgesprochen gewesen. Aber plötzlich wurde er leichenblass und fing an zu zittern. Charlotte begriff sofort, was los war; griff ihm geistesgegenwärtig unter den Arm und bugsierte ihn mit Hilfe eines Freundes von der Tafel ins Zimmer und directement ins Bett. Schnell ging es ihm besser und er schlief ein. Charlotte aber ging zurück zur Gesellschaft, ersetzte den Mittelpunkt des Festes auf ihre charmante Weise, bedankte sich artig bei allen Rednern und sah erst weit nach Mitternacht nach ihrem Gatten. Der schlief weiterhin den Schlaf der Gerechten. Am Morgen fragte er: »Was war denn eigentlich?«

»Dir ist schlecht geworden, wahrscheinlich von der schweren Havanna.«

»Na, bestens, dann hatte ich ja einen anständigen Grund, mir den Rest der Lobhudeleien zu schenken.«

※

In Urfeld ließ er das Rauchen sein und alle Freundlichkeiten großzügig über sich ergehen, hier war sein Geburtstag ein familiäres Fest. Thomas, dreizehnjährig, und Mine, neunjährig, boten ein musikalisches Ständchen dar, sie konnten perfekt Ziehharmonika spielen, was gut ins bayerische Idyll passte. Die Schwiegermutter Hedwig Berend, die Corinth immer noch siezte und *Belle-Mère* nannte, versuchte sich an einem Geburtstagsgedicht auf Französisch, ein Freund aus München sang das Hohelied der Freundschaft und würdigte Corinth als künstlerisches Urgestein, das nun in ein Ur-Feld heimgefunden habe. Auch Alice Berend war gekommen. Die Zeit brächte es mit sich, dass man einander eigentlich nur auf Beerdigungen wiedersähe, da wollte sie doch lieber einen fröhlichen Anlass nutzen, um dem geliebten Schwager die Ehre zu erweisen. Der Wiener Sänger Erhard und seine Frau, die das Landhaus Seehof in Urfeld besaßen, waren als Nachbarn eingeladen. Der Beamte der Königlich Bayerischen Telegraphenanstalt kam schnaufend aus dem Dorf und überbrachte Kartons mit Telegrammen: »Ich hab' das Telegraphenamt schließen müssen, bin mit dem Transkribieren nicht mehr nachgekommen«, beschwerte er sich stolz. Max Liebermann, Bruno Cassirer, Max Reinhardt, Peter Behrens, Max Slevogt, Fritzi Massary, Tilla Durieux und viele andere hatten telegrafiert.

Und Charlotte? Sie sitzt schön und jung neben dem erfolgreichen und gerühmten Gatten, die perfekte Ehefrau, die perfekte Gastgeberin. Ob sie mit dieser dienenden Rolle hadert? In ihren autobiografischen Schriften widerspricht sie heftig einem solchen Verdacht, versteigt sich gar in das Lob der Unterordnung unter den bedeutenden Gatten:

Manche Frauen sind immer beleidigt, daß ihr Mann bedeutender, interessanter, und ganz im Vordergrund stehend, sie nicht zur Geltung kommen läßt. Sie geben ihm stichelnde Antworten, sie maulen, sie versuchen sich durch alle möglichen Waffen zu behaupten... Diesen Frauen fehlt der Genuß an dem Wert, den ein bedeutender Mann hat. Ich behaupte sogar, daß große Leistungen von einem Mann nur ausgeführt werden, wenn eine Frau neben ihm steht, ohne sich vordrängen zu wollen, nicht einen Schritt – eher noch hinter ihm mag sie verbleiben.

Das ist Charlottes Rhetorik; in der Realität aber geht sie selten hinter ihrem Mann – und oft genug einige Schritte voraus.

Am nächsten Morgen – die Gewitterfront hatte sich verzogen, die Luft war von belebender Frische – bummelten Charlotte und Lovis auf dem Uferweg des Sees im Schatten des Jochbergs.

»Das hast du wieder hingekriegt, Petermannchen. Mir solch ein Fest zu bescheren.«

»War ja nicht besonders schwer.«

»Das ist ein so herrliches Stück Gegend. Ich möchte gar nicht mehr fort.«

»Da hätten einige Leute etwas dagegen.«

»Ach, mich würde schon keiner vermissen.«

»Nur keine Depressionen, Luke. Schon gar nicht nach solch einem Tag. Sonst muss ich ein Donnerwetter bestellen.«

Er hakte sich bei ihr unter. Schweigend gingen sie am See, der nach dem heftigen Aufruhr am vergangenen Tag jetzt müde gegen die grasbewachsene Böschung platschte, entlang.

»Ich habe vor ein paar Tagen in Berlin ein Bild für stolze 30.000 Reichsmark verkauft. Was fangen wir damit an, Petermannchen? Sparen hat ja wohl keinen Sinn. Wenn der Krieg zu Ende ist, ist nichts mehr etwas wert, sagen die Leute.«

Charlotte dachte nach. Sie lebten und arbeiteten in der Klopstockstraße inzwischen auf drei Stockwerken, sie führten ein großes Haus, beschäftigten reichlich Dienstpersonal – was in Berlin immer ein Ausweis von Wohlhabenheit war. Was konnten sie sich noch wünschen, was sie nicht bereits hatten? Eine Ferienwohnung an der Riviera?

»Lass mich dir ein Haus in Urfeld bauen«, sagte sie und erschrak ein bisschen über ihren Mut, der ja der reine Übermut war, dem seligen Augenblick geschuldet.

Corinth schwieg. Sie kannte dieses Schweigen. Es war kein Grübeln, kein heftiges Nachdenken, eher ein Versuch, etwas ganz anderes in den Blick zu nehmen und die ursprüngliche

Frage einfach eine Weile in sich wirken zu lassen, dann würde sie sich von selbst beantworten – und meistens waren die Antworten richtig.

»Unter einer Bedingung«, erwiderte er schließlich »du musst das ganz alleine schaffen. Ich will mit keinem Wort, hörst du, mit keiner Erwähnung jemals an den Hausbau erinnert werden. Ich habe einfach Besseres zu tun.«

Einen Augenblick lang war Charlotte dann doch verblüfft. So kategorisch auf sich selbst verwiesen zu werden, schmerzte. Schon wollte sie zurückbelfern – belfern konnte sie gut –: Was er sich denn dabei dachte, ihr nicht nur nicht helfen zu wollen, sondern auch noch Redeverbot zu erteilen! Das ginge dann doch zu weit!

»Ein Häuschen, auch ein bescheidenes, wird mehr als 30.000 Mark kosten«, sagte sie ruhig.

»Ich kann ja noch ein paar Bilder verkaufen. Im Augenblick reißen mir ja die Leute die Sachen aus der Hand, bevor sie getrocknet sind.«

»Es tut mir leid, Frau Corinth, aber Ihr Nachbar hat Einspruch eingelegt, Ihr Antrag auf Baugenehmigung wird wohl nicht bewilligt werden. Ich fürchte, da haben Sie keine Chance.« In Charlotte stieg heiße Wut auf. Einen Satz wie »Da haben Sie keine Chance« konnte sie partout nicht leiden. Man hatte immer eine Chance, wenn man an das glaubte, was man vollbringen wollte. Bei ihr war es nun einmal das Häuschen in Urfeld. Das Baugrundstück, das sie vom Direktor des *Hotels Fischer am See*, Herrn Geiger, hatte erwerben können, war einfach ideal. Halbhöhenlage mit fantastischem Blick durch Bäume auf Wiesen und den See. Groß genug, um nicht von

Nachbarn gestört zu werden, unverbaubare Aussicht, wenn man noch ein paar Wiesen von den Nachbarn dazu kaufte. Billig war es nicht gewesen. Die Bayern waren keine Hinterwäldler, sie wussten, was ihre Heimat wert war, das hatten ihnen die preußischen Touristen, die bevorzugt in die Voralpen kamen, schon hinreichend versichert. Jetzt kam ein Gesuch um Baugenehmigung nach dem anderen mit negativem Bescheid zurück. Keine Erklärung, nur ein Stempel auf einem Formular der Landeshauptstadt München: nicht genehmigt. Charlotte hatte sich mit einem Architekten aus Murnau beraten, der ihr einen Entwurf angefertigt hatte. Auch dieser war ratlos. Es könne nicht am Konzept liegen, das Haus passe sich vollkommen der Umgebung an, es sei eher bescheidener als andere Häuser am Hang des Kesselberges. Auch die Bauausführung entspreche den Vorschriften. Da half nur eins, selbst nach München zu fahren und auf dem Baurechtsamt, das für die Genehmigungen in Urfeld zuständig war, vorzusprechen. Und da sagte ihr jetzt der Angestellte der königlichen Behörde: »Sie haben keine Chance.«

Charlotte konnte wie eine Löwin kämpfen. Ein Freund aus der Secession hatte ihr erzählt, was Max Liebermann über sie gesagt haben sollte: *Die Frau, das ist ein Aas, und die is' für Corinth großartig, aber n' Aas.* Charlotte hatte herzhaft gelacht, als sie das hörte. Der Liebermann war natürlich auch ein Aas, wahrscheinlich hatte er den Satz als Kompliment gemeint. Die Leute hatten eben Respekt vor ihr. Außer sie waren Beamte der königlichen bayerischen Regierung und ihrer ausführenden Organe.

Und was war denn nun wirklich die Begründung für das Bauverbot? Der Nachbar mache die geringe Abstandsfläche zu seinem Haus geltend. Dadurch fühle er sich in seinen Persönlichkeitsrechten beeinträchtigt. Charlotte schnaubte. »Nun lesen Sie bitte schön einmal den Entwurf!« Sie hielt dem Beamten die Architektenzeichnung unter die Nase.« »Und was ist hier eingetragen? Welcher Abstand soll bis zum Nachbargrundstück eingehalten werden? 111,5 Meter. Einhundertelfkommafünf Meter. Und jetzt mein Herr, gehen Sie einfach mal mit mir auf die Straße und schreiten mit mir einhundertelf Schritte ab, die natürlich keine Meterschritte sind. Einhundertelf Schritte – und dann sagen Sie mir, wie es um Ihre Persönlichkeit bestellt ist!« Der Beamte wurde nervös. Natürlich würde er solch ein Spielchen nicht mitmachen, mit einer gnädigen Frau, vielleicht gar Arm in Arm, über die Straße zu staksen und zu riskieren, dass hinter den Fenstern seine Kollegen stehen und auf dumme Gedanken kämen!

»Ja, wissen Sie denn nicht, bei wem es sich um den Nachbarn handelt«, platzte es aus dem Beamten heraus. »Es ist der Herr Professor Kellermann, einer der berühmtesten Musiker Münchens, Direktor an der Königlichen Akademie für Tonkunst.« Und als ob das an Reputation nicht reichen würde, wurden weitere Lorbeeren gewunden: »Sechs Jahre lang Schüler Franz Liszts, jahrelang die rechte Hand Wagners in Bayreuth, Klavierlehrer der Wagnerzöglinge, Pianist, Dirigent. Der Herr Professor Kellermann braucht einfach seine Ruhe.« Charlotte schnitt dem Beamten das Wort ab: »Professor sind wir selbst. Und jetzt sagen Sie mir einmal, wer mehr Lärm verursacht, sodass der Hang über Urfeld ins Beben gerät. Der Professor Kellermann, wenn er Liszt in die Tasten haut, oder der Professor Corinth, wenn er seinen Pinsel in Farbe taucht?«

»Ich kann das wirklich nicht entscheiden«, murmelte der Beamte. »Dann führen Sie mich zu jemandem, der das entscheiden kann.« Charlotte war in Fahrt. Der Beamte, der seinen Hemdkragen unterhalb des Adamsapfels ein Stück geweitet hatte, erhob sich und verschwand durch die hintere Tür seiner Schreibstube.

Charlotte setzte sich auf das Arme-Sünder-Bänkchen, das an der Wand vor der Theke stand, die das Publikum von den ausführenden Organen trennte.

Sie brauchte den Kragen ihrer Seidenbluse nicht zu weiten. Sie wartete eine halbe Stunde. Das Schlimmste war, dass sie Lovis nichts von all diesen Kämpfen erzählen durfte, nicht ein Wort. Sie sollte das Projekt aufgeben. Nicht weil die Durchführung sie vor schier unüberwindliche Schwierigkeiten stellte, sondern weil Luke ein Tyrann war, der sie mit diesen Problemen allein ließ; ihr nicht einmal die Erleichterung einer Aussprache gewährte.

Ihre Mutter hatte ihr gepredigt: »Man muss als Frau auch einmal den unteren Weg gehen.« Genau das aber wollte Charlotte Berend absolut nicht. Jetzt war sie aber auf dem besten Wege das zu tun, oder?

Sie schrak aus ihren Gedanken auf, als die Hintertür geöffnet wurde. »Gnädige Frau, Sie haben gesiegt. Gratuliere und wünsche ein gutes Einverständnis mit ihrer Nachbarschaft«. Auf dem Formular prangte ein neuer Stempel und eine neue Unterschrift: genehmigt.

Sie konnte sich nicht auf ihrem Triumph ausruhen. Jetzt fingen ja die Schwierigkeiten erst richtig an. Wie sollte sie im Sommer an Arbeitsmaterial und an Arbeitskräfte kommen? Viele junge Männer waren im Krieg gefallen oder in Gefangenschaft; Baustoffe waren Mangelware. Die Umstellung von Kriegs- auf Friedenswirtschaft brauchte Zeit. Aber Frau Corinth wusste sich zu helfen, und wenn sie es einmal nicht wusste, wurde ihr geholfen. Sie fuhr in der Gegend umher, kaufte Holz in Sägewerken, suchte unter den älteren Männern in Kochel und Urfeld nach Maurern und Schreinern, die sich auskannten mit dem Bau eines Blockhauses mit umlaufenden Balkonen und einer großen Terrasse. Versprach nicht nur Geld als Lohn, sondern auch Zigaretten und Schnaps, die sie auf dem Schwarzmarkt in München zu astronomischen Preisen erwarb. Mit dem Architekten hatte sie sich beraten, dass das Haus vom äußeren Erscheinungsbild sehr einfach sein, mehr einer Blockhütte als einem Bauernhaus gleichen, dass es aber nach den modernsten technischen Prinzipien gebaut sein sollte: Doppelwände mit isolierenden Einlagen, richtige Wasserklosetts und ein Badezimmer mit fließendem kalten und warmen Wasser. Die elektrischen Drähte wurden aus richtigem Kupfer bestellt – was in der Nachkriegszeit schwer zu bekommen war und das Vielfache von Zink kostete.

In Bauernhäusern der Umgebung suchte Charlotte nach alten Möbeln, fand einen liebevoll bemalten Schrank aus dem Jahr 1834 aus Weichholz, Kommoden und Bettgestelle aus massiver Kiefer, gedrechselte Stühle, eine altmodische Ofenbank. Am schwierigsten war es, einen Hafner, einen Kachelofenbauer, zu finden. Als sie schließlich in Seeshaupt einen gefunden hatte, einen alten Mann, der eher aussah, als würde er nur noch hinterm warmen Ofen sitzen als einen solchen zu bauen, sagte ihr dieser: »Kacheln hätt' ich noch, einen Ofen mauern kann ich noch, aber Schamottsteine können sie im Augenblick nirgends finden. Warten Sie, bis die Zeiten wieder besser sind, irgendwann gibt es wieder welche.«

Charlotte wusste nicht einmal, was ein Schamottstein war. Aber Geduld war ihr nun wirklich nicht in die Wiege gelegt. Der Zufall half ihr weiter. Eine Kellnerin im *Fischer am See* erzählte ihr unter Tränen, dass das Haus ihres Vetters in Bichl abgebrannt sei. »Hatte er einen Kachelofen?«

»Ich weiß nicht, kann schon sein, in jedem Haus stehen Kachelöfen. Aber es ist alles zerstört.«

Charlotte fuhr nach Bichl. Die Schamottsteine hatten dem Feuer widerstanden und konnten im Hause Berend-Corinth zum Einsatz kommen.

Die ersten Fotografien des Hausbaus stammen vom August 1919. Das Haus wird in den Berg hineingebaut. Zunächst werden Wasserleitung und elektrische Leitungen verlegt. Jede einzelne Holzwand des Baus muss mit einem Lastauto nach Urfeld gefahren, von sechs Männern auf den Hügel getragen und dort aufgestellt werden. Besonders schwierig ist es, die Wände zur ersten Etage hinaufzuwuchten. Umlaufend um die erste Etage werden Balkone gezimmert. Beim Richtfest wird auf das Dach ein Baum gesetzt, an dem Wilhelmines Haarschleifen wehen. Wie bei einem denkwürdigen Gebäude üblich, lässt Charlotte eine Urkunde anfertigen und in das Haus einmauern: *Dies Gebäude ist 1919 vollendet worden. Es wurde in schönem Ebenmaß entworfen und nach Friedensschluß des Weltkrieges begonnen. Das Haus soll der Harmonie dienen. Obwohl es fern von der Großstadt liegt, ist dieser Platz nicht von Langeweile gequält, sondern geweiht der fleißigen Arbeit, der Selbstkritik, dem höchsten Respekt vor der Natur, und der wahren Kunst. Obgleich es wegen der sinnlosen Eifersucht eines meiner Nachbarn schwer war für mich zu bauen, ist das Haus trotz dessen Mißgunst fertig geworden, allerdings erst nach der Spartakuszeit, welche hier wütete und welche es sonst leicht zerstört haben möchte. Ich war diejenige, die begierig war, hier zu bauen, als uns der Weltkrieg noch bedrückte. Ich hoffe, daß dies Haus uns Glück für die Zukunft bringen wird. Thomas hat dies Schriftstück ins Lateinische übersetzt, Lovis hat das Geld für den Hausbau gegeben, und Wilhelmine hat mir bei der Einrichtung geholfen. Charlotte Berend-Corinth.*

※

Es ist *ihr* Haus, Lovis hat zwar das Geld gegeben, aber sie hat es gebaut. Sie rastet nicht, bis alles so gerichtet und eingerichtet ist, wie es ihren Vorstellungen entspricht. Sie selbst streicht das

Haus mit verdünnter chinesischer Tusche, was dem Haus einen silbergrauen Anstrich von Alter und Würde verleiht, und bemalt die Fensterläden mit Rosenbildern. Mine hilft ihr bei der Arbeit. Der Glasermeister setzt Fenster ein. Die ersten Möbel treffen ein und werden im neugebauten Schuppen untergestellt.

Ende September 1919 regt sich am Walchensee corinthisches Leben. Im Stall steht ein Pferd (Strupp), die Ziege (Mucki) grast auf der Wiese, der Hund (Lord) schaut gebieterisch von der Terrasse ins Tal, die Katze (Strolch) döst hingegossen auf der Sessellehne mit dem arroganten Gesichtsausdruck, wie ihn nur Katzen – sogar im Schlaf – aufsetzen können. Zwar sind noch nicht alle Innenarbeiten erledigt, der Hafner muss noch die Kachelöfen setzen, aber die Familie zieht ein.

Lovis und Thomas schweben zur Einweihung des Hauses mit dem Zeppelin »Bodensee« nach München ein, eine wahrhaft spektakuläre Reise zwischen zwei Großstädten des Reiches, mit einer Zwischenlandung in Friedrichshafen. Thomas hat die Tickets aufgehoben: 175 Reichsmark hat der Flug pro Person gekostet, viel Geld.

Der Krieg ist zu Ende, die Novemberrevolution hat Könige und Fürsten von ihrem Thron gestürzt, in Bayern wird eine Räterepublik ausgerufen und mit der Ermordung Kurt Eisners wieder begraben. Der Frieden fühlt sich kalt und rau an, die Menschen hungern, frieren und darben. Aber in dem Häuschen in Urfeld, das die Familie liebevoll »Klitsche« nennt, ist die harsche Außenwelt ausgesperrt. Hier gibt es nichts als Ruhe, Stille, viel Landschaft, gute Luft und friedliche Nachbarn, einschließlich eines Münchner Musikprofessors.

»Ich wusste, dass du dazu imstande bist«, sagt Lovis anerkennend, nachdem ihn Charlotte in alle Räume geführt hat, er sein Atelier mit Blick auf den See in Augenschein genommen hat.

Die Köchin Vroni Fischer hat zum Empfang Saures Lüngerl gekocht, das bei warmer Septembersonne auf der Terrasse gegessen wird. Es gibt frische Ziegenmilch. Charlotte hatte eine enthusiastischere Reaktion von Corinth erwartet. Sie hatte sich so lange ausgemalt, wie es sein würde, wenn Luke mit den Kindern ankäme und zum ersten Mal das von ihr geschaffene Paradies sähe. Sie ist enttäuscht.

Schlimmer aber trifft sie, dass er ihr am nächsten Morgen klarmacht, dass er den See und die ihn umgebende Landschaft ausschließlich als das Objekt seiner künstlerischen Ausbeutung betrachte, sie könne durchaus Bücher illustrieren, zeichnen und malen – aber nicht den See. Dieser gehöre jetzt ihm. »Das Haus schenke ich dir. Es soll dir in alle Ewigkeit gehören. Aber den See und die umgebende Landschaft, die brauche ich für mich alleine. Die kann ich nicht teilen.«

In einem späteren Leben schwärmt Charlotte von den Sommern in Urfeld als der glücklichsten Zeit ihres Lebens. *Ich habe in Deutschland, in der Schweiz, in Frankreich, in Spanien, in Italien, in Griechenland und in der Türkei, in Afrika und in beiden Amerika gezeichnet und aquarelliert, und ich habe manchen der schönen Orte wirklich geliebt. Aber keiner ist mir so lieb und teuer gewesen wie Urfeld am Walchensee. Urfeld war und ist mir der liebste Platz auf dieser Welt. Lovis war sogleich von der Schönheit der Landschaft – vom Zauber des Walchensees, der Bergkulisse, des Lichts und der Luft – gepackt.*

Doch für die Malerin Charlotte Berend bleibt dieser schönste aller Orte verriegelt und versiegelt. In der Nacht – der ersten Nacht nach langer Trennung – liegt sie schlaflos und grübelt über dieses merkwürdige Verbot nach, das sie zutiefst verstört. Steckt vielleicht eine Geringschätzung dahinter, die Lovis offen niemals zugeben würde, dass sie, Charlotte, doch eine zu mittelmäßige Malerin für dieses exzeptionelle Motiv ist? Dass er ihren begrenzten Fähigkeiten einfach nicht zutraut, die Schönheit der Landschaft angemessen auf die Leinwand zu bannen, dass nur er dazu in der Lage ist? Oder ist er im Laufe der Jahre dazu übergegangen, Kunst und Leben zu trennen – sich selbst die Kunst zuzusprechen, die ästhetische Wirklichkeit; ihr das Leben, die empirische Wirklichkeit. Jedem das, was er am besten beherrscht?

Oder will er den Walchensee einfach »besetzen«, am liebsten auch jeden anderen Maler ausschalten? Ist das nicht eine Form manischer Besessenheit?

Charlotte findet keine Erklärung. Sie weiß nur, dass sie eigene künstlerische Motive und Wege finden muss, wenn Urfeld, in das sie so viel Kraft gesteckt hat, nicht zur künstlerischen Sackgasse für sie werden soll.

Kurz vor dem Einschlafen erinnert sie sich an eine Begegnung mit dem Freund Rudolf Sieger, der in Bernried im Sommer 1912 Corinth Modell gestanden hatte. Er hatte gefragt, ob denn nicht auch Charlotte die lange Erholungszeit nach Corinths Erkrankung nutze, um zu malen. Was hatte Lovis geantwortet: *Es tut mir leid. Aber ich wäre ohne sie nicht durchgekommen. Und auch jetzt komme ich ohne sie nicht aus. Sie ist noch jung. Sie kann das nachholen. Aber mit mir ist's was anderes.* Damals hatte sie, so bitter ihr das Malverbot aufgestoßen war, noch Verständnis für ihn gehabt. Er stand unter dem Eindruck, dem Tode nur knapp entronnen zu sein, die gestundete Zeit nutzen zu müssen. Aber jetzt, sechs Jahre später, konnte doch keine Rede davon sein, dass ihm die Zeit entglitt. Er stand doch wieder in der Fülle seiner Kraft. Aber offensichtlich hatte sich in sein Bewusstsein das Memento Mori eingeprägt: *Mitten in dem Leben sind / wir vom Tod umfangen.*

Sie sah sein *Selbstporträt mit Skelett* vor sich, das er bereits 1896 gemalt hatte. Da war er noch nicht einmal vierzig Jahre

alt gewesen. Und vor ein paar Jahren hatte sie in seinem Atelier eine Radierung entdeckt, auf der der Tod in Gestalt eines Skeletts nicht mehr neben dem Maler, sondern beherrschend vor ihm steht. »Er wetzt immer das Messer, der Sensenmann«, sagte er manchmal in den unpassendsten, weil ausgelassensten Augenblicken. Ob er darum die ewigen Berge und die Unergründlichkeit des Sees für sich alleine haben wollte? Um dem Tod etwas entgegensetzen zu können, das in ständigem Wandel doch nicht vergänglich war? Dass er im ganz und gar einmaligen Werk der Kunst der Zeit entrücken würde?
Ferdinand Hodler malte 1918, in seinem letzten Lebensjahr, als er wegen seiner Lungenkrankheit die Wohnung nicht mehr verlassen konnte, vom Balkon aus in immer neuen Variationen den Blick über den Genfer See auf das Mont-Blanc-Massiv. Die Landschaft löst sich in lichtdurchwirkte Räume auf, Wasser, Berge und Himmel verschmelzen zu einer fließenden Einheit, Hodler nähert sich der abstrakten Farbfeldmalerei. In einem Gespräch mit dem Schriftsteller Johannes Widmer, der eines der ersten Bücher über ihn geschrieben hat, sagte Hodler: *Auch andere Landschaften als bisher werde ich malen, oder doch die bisherigen anders. Sehen Sie, wie da drüben alles in Linien und Raum aufgeht? Ist Ihnen nicht, als ob Sie am Rand der Erde stünden und frei mit dem All verkehrten? Solches werde ich fortan malen.* Corinth kannte vermutlich diese letzten Bilder Hodlers nicht. Aber eine ähnliche Entwicklung, wie Hodler sie für sich beschreibt, kann man auch bei einigen der in Urfeld gemalten Bilder Corinths ausmachen.

☙

Im Oktober bricht ein bayerischer Winter aus, es schneit heftig. Corinth malt sein erstes Bild im Haus Petermann: *Oktoberschnee am Walchensee*.

Im Sündenbabel

The Roaring Twenties – Berlins Goldene Zwanziger! Die wenigen Jahre nach der Inflation und vor der Weltwirtschaftskrise haben sich im Gedächtnis der Stadt als die Zeit einer intensiven kulturellen Blüte, einer jugendlichen Aufbruchsstimmung, eines überschäumend genussgierigen Lebensgefühls eingeschrieben. Natürlich wurde auch da nur mit Wasser gekocht, wie die Berliner mit ihrem lakonischen Zungenschlag sagen, aber dieses Wasser hatte eine permanente Siedetemperatur, und oft genug verwandelte es sich in Wein oder Sekt. Aber, so sagen die Historiker, aber, aber: Natürlich waren die Jahre von 1924 bis 1929 nur dem Anschein nach stabil, das demokratische Bewusstsein der Menschen war keineswegs gefestigt, die Wirtschaft lebte von Krediten, stand also auf den tönernen Füßen des Dawes-Plans, und die großartigen kulturellen Leistungen wurden von einer zahlenmäßig kleinen Elite erbracht und rezipiert.

Aber an den gesellschaftlichen Aufbrüchen hatten auch andere Schichten Anteil: auch die Schuhverkäuferin und der Schaffner in der Elektrischen gingen am Abend in die großen Kinosäle, in den *Marmorpalast* oder in den *UFA-Palast*, um die neuesten Filme zu sehen – oder in die großen Ballhäuser wie dem *Ambassadeur*, in denen sich der Charleston die Beine der Berliner eroberte. Die Frauen, die nach dem Krieg in der Überzahl waren, nahmen sich Rechte heraus, die bislang den Männern vorbehalten waren. Sie wurden berufstätig, rauchten in der Öffentlichkeit, konnten ausgehen, ohne in den Ruch moralischer Verderbtheit zu kommen.

In der Darstellung der Goldenen Jahre wird gerne vergessen, dass sie schon viel früher anfingen, im und unmittelbar nach dem 1. Weltkrieg, in einer Zeit größter wirtschaftlicher Not und labilster politischer Lage. Die psychische und soziale Aufarbeitung des Krieges bestand in einem Ausbruch heftiger Lebensgier – besonders bei den Frauen. Sie hatten Not gelitten, viele Männer waren gefallen oder als Krüppel zurückgekommen, jetzt wollten vor allem die jungen Frauen das Elend vergessen, das Versäumte nachholen. Moralische Hemmungen, die im Wilhelminischen Preußen den Frauen sehr enge Grenzen gezogen hatten, wurden gesprengt, Fesseln der Konvention über Bord geworfen. Nur eine Minderheit von Künstlerinnen und gebildeten und vermögenden Frauen konnten sich einen lustvollen Ausbruch in die Libertinage leisten – sie leistete sich ihn.

⁓

Charlotte war viel zu konservativ erzogen, lebte in einer viel zu bürgerlichen Ehe, um sich Hals über Kopf in Abenteuer zu stürzen, aber das Theater hatte auch in ihr Lust freigesetzt, sich neuen Erfahrungen zu öffnen. Und die neue Freiheit war wie ein Sog.

Sie verliebte sich – in eine Frau. Die Frau war Valeska Gert, eine Schauspielerin, die mit kleinen Rollen im *Deutschen Theater* bei Max Reinhardt ihre Karriere begonnen hatte und dann zu einer der bekanntesten Tänzerinnen ihrer Zeit wurde, den Tanz revolutionierte. Weit entfernt vom klassischen Ballett verband sie Schauspiel, Pantomime und exzentrischen Ausdruckstanz. Von knabenhafter Gestalt mit Bubikopf, androgyn, bis in jede Faser des Körpers erotisch, durchbrach sie künstlerische und physische Grenzen, reizte das Sexuelle und Obszöne aus, Leidenschaft und Todesnähe. Sie war radikal. Sie tanzte nicht mehr anmutige Schwäne und Prinzessinnen, sondern Huren und Kupplerinnen, die Lasterhaften und Ausgestoßenen der Gesellschaft. Wenn im klassischen Tanz das Gesicht nur eine ausdruckslose Folie bleibt, setzte Valeska Gert ihre Mimik heftig und hemmungslos ein, schnitt Fratzen, Grimassen, stöhnte, röhrte, blies die Backen auf, rollte die Augen bis zum Aus-dem-Kopf-Fallen, kreiste die Lippen, bleckte die Zähne. Ein Kunstkritiker beschrieb sie so: *Valeska Gert ist eine Persönlichkeit. Tanzt nicht, um Sinne zu erregen oder Musik zu interpretieren oder Kostüme zu enthüllen, sondern einer körperlichen Sprache willen, die ihr eigen ist. Ohne daß sie die Technik, die sie kennt, verliert, spielt sie doch souverän mit einer ganz kleinen süßen Verachtung.*

Sie war für Charlotte eine Offenbarung. Ein Spiegel, in dem sie ihre eigene Sinnlichkeit entdeckte, den unterdrückten Wunsch, sich der anständigen Fesseln zu entledigen und schamlos zu entäußern, zu begehren.

Prüde war Charlotte nie gewesen, aber es war doch ein riesiger Unterschied, einem Maler wie Corinth als Aktmodell zu dienen, oder einer Frau von dieser explosiven erotischen Ausstrahlung nahezukommen.

1919/1920 entwarf sie eine Mappe mit farbigen Lithografien von Valeska Gert, die wohl den Umfang der Pallenberg-Mappe hatte. Auch von diesem Werk ist nahezu alles verschollen. Wo die Lithografien geblieben sind, bleibt rätselhaft, man weiß nicht, ob Charlotte die Bilder überhaupt öffentlich angeboten hat. Erhalten sind Reproduktionen. Ein Blatt trägt den Titel *Ballett*. Die Tänzerin wächst wie eine Blume aus der Erde, die Beine so eng aneinandergestellt, dass sie zu einem Stängel werden. Das Modell steht wie ein Statue im kurzen, weitausgestellten Tutu und dekolletierten Oberteil. Der Kopf ist seitlich in die Höhe gereckt, die Arme abgewinkelt, die Hände graziös gespreizt. Der einzige Farbfleck der Steinzeichnung ist eine orangefarbene Binde um die Taille wie ein überbreiter Gürtel und leicht lilafarbene Abschattierungen. Ein Bild absoluter

Grazie, aber in der Künstlichkeit auch ironisch, mit einem Gran *süßer Verachtung*: »Seht, so klassisch könnte ich auch tanzen, wenn ich es nur wollte. Will ich aber nicht.«

Valeska Gert auf dem Sofa liegend, zeigt die Tänzerin nicht in Aktion, sondern als Ruhende, den Kopf auf den verschränkten Armen liegend, mit nackten Oberkörper und verhülltem Unterleib, ein intimes Bild, das nach einer Vorstellung gemalt worden sein kann. Valeska Gert ist auf dem Sofa hingegossen, erschöpft, dem Traum anheimgegeben, in einer Welt jenseits aller Maskerade. Die Liebe der Malerin zu ihrem Objekt springt in die Augen.

Noch mehr als in die Welt modernen Ausdruckstanzes verstrickt sich Charlotte Berend in die ihr fremde Welt des Kabaretts, der Revuen, der Demi-Monde, als sie Anita Berber begegnet. Wahrscheinlich hat Valeska ihr Anita Berber vorgestellt, die sie von ihrer Ausbildung in der Tanzschule Rita Sacchettos her kannte. Anita Berber war schon mit sechzehn Jahren am *Apollo-Theater* in Berlin engagiert und trat bald in allen großen Vergnügungspalästen wie im legendären *Wintergarten*, in Kleintheatern und Kabaretts als Nackttänzerin auf. Sie war schlank, herb im Aussehen, verzichtete bewusst auf hergebrachte weibliche Attribute, verachtete alles Süßliche. In einer Zeit, in der die Menschen im Krieg und durch den Krieg alle Illusionen verloren hatten, hätte man erwarten können, dass sie sich zum Ausgleich an unschuldiger Schönheit erbauen wollten. Diesem Bedürfnis kam vor allem der Stummfilm entgegen. Das Berliner Nachtleben aber bot ein Sündenbabel an, in dem der Zynismus, der durch den Krieg reichlich genährt worden war, regierte. *Edel sei der Mensch, hilfreich und gut*, diese humanistischen Werte waren durch das Gemetzel auf den Schlachtfeldern verhöhnt worden. Der Mensch war dem Menschen ein Wolf – oder eine Wölfin –, ein enthemmtes Wesen, das Liebe als sexuelle Gier, Güte als Schwäche buchstabierte. Das verkörperte Anita Berber in den von ihr so annoncierten *Tänzen des Lasters, des Grauens, der Ekstase*, leidenschaftlich, provokativ, aggressiv. Sie wurde in Berlin die »Göttin der Nacht«.

༄

Anita hatte sich mit Charlotte nach einem Auftritt im Kabarett *Weiße Maus* im Nachtlokal *Club Pyramide* in der Schwerinstraße in Berlin verabredet. Charlotte wartet lange. Sie zündet sich eine Zigarette an und versucht, sich an das Halbdunkel zu gewöhnen. Der Weißwein ist zu warm, aber die Stimmung aufgekratzt. Überall sitzen und stehen weibliche Paare, alle Frauen elegant in langen Kleidern, die Rücken bis unter die Taille ausgeschnitten. Charlotte hat diesen Stil noch nie zuvor gesehen: ein Dekolleté das nicht die Brüste hervorhebt, sondern den Rücken als erotische Attraktion betont. Viele Frauen tanzen miteinander, manche ausgelassen, manche zärtlich ineinander versunken. Dies ist ein Berlin, wie es Charlotte nicht kennt.

Die Zeit des Wartens wird ihr lang. Vielleicht würde Anita ja gar nicht kommen. Ihre Unpünktlichkeit ist legendär. Wie oft müssen Revuen, in denen sie angekündigt ist, verschoben werden oder verspätet beginnen. »Ich lebe an den Rändern«, hat sie Charlotte gesagt, als sie sich zum ersten Mal begegnet sind. Charlotte gibt ihr noch eine halbe Stunde, dann wird sie gehen. Es ist nicht angenehm, allein an einem Tisch zu sitzen, immer wieder von Frauen angesprochen oder zum Tanz aufgefordert zu werden. Sie ist es gewöhnt, dass sich Männer um sie bemühen, da kann sie ihren Charme entfalten, weibliches Werben irritiert sie. Und mit ihrem Seidenkleid, das eher in die Oper als ins Kabarett passt, ist sie völlig falsch angezogen.

Der Aschenbecher füllt sich. Da geht eine Bewegung durch den Saal, wie ein Luftzug durch einen stickigen Raum: Die Diva erscheint mit großem Gefolge. Sie trägt einen schwarzen Smoking, der ihre schmale Gestalt noch zerbrechlicher erscheinen lässt, ins Auge ein Monokel geklemmt – ihr Markenzeichen. Es erhebt sich ein beifälliges Geklatsche, Anita-Rufe von allen Seiten. Sie legt ihr Monokel ab, blickt sich um. »Charlie«, ruft sie und steuert direkt auf Charlottes Tisch zu. Sie küsst Charlotte auf den Mund. Wie sehe ich denn jetzt nur aus, mit diesem kirschroten Abdruck auf meinen Lippen, denkt Charlotte irritiert, aber dann vergisst sie ihr Aussehen. Anita setzt sich zu ihr und bestellte eine Flasche französischen Kognak, eine ganze Flasche. »Du bist eine richtige Malerin? Ich frage, weil es hier im Saal mindestens zwanzig Möchtegern-Malerinnen gibt. Und zweihundert Tänzerinnen.« Sie lacht laut, steckt sich eine Zigarette an und trinkt das erste Glas Kognak in einem Zug. »Lass uns tanzen, Lotte.« Sie zieht Charlotte in die Saalmitte, wo es noch dunkler ist als an den Tischen. Charlotte spürt, wie Anita Berber ihren knochigen Körper an sie drückt, ihre Brust ist so klein, kaum spürbar, den Kopf presst sie an Charlottes Wange, der Atem geht heftig, die Hände streichen über ihre Hüften, wandern tiefer und tiefer. Charlotte fühlt, wie sie von Anita verschlungen wird, sie empfindet ein letztes Sträuben wie ein Kerzenlicht, das erlischt und die Welt dem Dunkel überantwortet. Dann gibt sie nach.

Anita stand, saß und lag Charlotte Modell. Charlotte ging mit ihren Solnhofer Kalksteinplatten, auf die sie mit Fetttusche die Zeichnungen auftrug, in Anitas Wohnung, in der es die intime Atmosphäre gab, die sich Charlotte für ihre Arbeit wünschte. Es entstanden acht Lithografien von Anita Berber, eine neue Mappe, von der einige Exemplare erhalten geblieben sind.

In diesen Bildern gelingt Charlotte Berend etwas Außerordentliches, eine Darstellung weiblicher Sexualität aus dem Blickwinkel einer Frau. So lasziv und halbnackt sich das Modell Anita Berber produziert, nur bekleidet mit einem Strumpfband, einem Schultertuch, einem Hut, Strümpfen oder einer Kette, so wenig wird sie als Prostituierte vorgeführt. Auch wenn sie ihre Beine weit spreizt, ihre Hand auf die Scham legt, die Augen schließt und masturbiert, ist die Frau bei sich – und nicht auf die Lüsternheit eines Mannes gepolt. Die Bilder sind obszön, schockierend in ihrer Zeit, aber sie haben auch die Unschuld der kindlichen Entdeckung des eigenen Körpers. Und der Blick der Malerin ist nicht der einer Voyeurin, die schonungslos ausstellt, sondern der einer Frau, die im Modell ihre eigenen dunklen Seiten offenbart: Sie ist Anitas gefährdete Schwester.

Die Mappe wurde durch den Berliner Kunsthändler Gurlitt vertrieben, der Wert auf schöne Ausstattung und limitierte Editionen legte. So wurde Charlotte Berends Werk trotz der Themen aus der populären Welt des Theaters und der Revuen auch für die gehobenen Kreise interessant – Anita Berber fand reißenden Absatz.

1922 wird George Grosz in seiner Mappe *Ecce Homo* das Leben und Nachtleben Berlins in vierundachtzig Lithografien und sechzehn Aquarellen zu fassen suchen, so böse und bissig, das Obszöne nicht scheuend, dass sein Werk sogleich als unsittlich verboten wird.

Wenige Tage nach Vollendung der letzten Lithografie reiste Charlotte mit ihrer Familie nach Urfeld. Es gibt Fotos von ihr und den Kindern, die in dieser Zeit aufgenommen wurden: sie und Wilhelmine im Dirndl, Thomas in der Lederhose bei der Wanderung auf den Herzogstand. Charlotte sieht wie eine bayerische Bäuerin aus, die Haare streng aus dem Gesicht gekämmt und in einem Dutt gehalten, das Kleid, ein Arbeitsdirndl, nicht aufgeputzt mit weißer Bluse, die Figur füllig geworden, der Busen üppig. Wie konnte sie die parallelen Erfahrungen unter einen Hut, in eine Seele bringen? Hier die Ausflüge mit Anita Berber und Valeska Gert in die Welt der lesbischen Liebe und in die Abgründe des Berliner Nachtlebens, dort die idyllisch anmutenden Ausflüge mit der Familie in die Reinheit der bayerischen Berge?

Sie konnte es.

Und die Erfahrung mit diesen Tänzerinnen und der Erfahrung mit sich selbst machte sie mutiger und selbstgewisser.

Sie verlor die Freundschaft zu Anita Berber, weil diese die Veröffentlichung der Mappen verhindern wollte, in der Hoffnung, Geld von Charlotte zu erpressen. Anita Berber litt chronisch unter Geldmangel, Geld, das sie für ihre Alkoholsucht, für Drogen und Glücksspiel brauchte. Nach einem exzessiven Leben starb sie mit neunundzwanzig Jahren. Otto Dix hat ihr mit einem hinreißenden Porträt ganz in Rot ein Denkmal gesetzt.

Bald blitzt der See wie ein Smaragd

Corinth und der Walchensee sind zu einem festen kunsthistorischen Terminus geworden. Ein Maler besetzt eine Landschaft so ausschließlich, dass sie wie für die Ewigkeit mit ihm verbunden scheint. Gauguin ist das mit Tahiti gelungen, Cézanne mit der Montagne Sainte-Victoire, Monet mit Giverny, van Gogh mit der provençalischen Landschaft um Arles. Wenn jemand wenig von Corinth kennt, keines seiner großen Bilder: *Salome* oder *Ecce Homo*, *Kain*, *Simson* oder *Der rote Christus*, die Porträts und Selbstporträts, so mag er doch die Walchenseebilder kennen und immer neu von ihnen fasziniert sein. Schon zu seiner Lebzeit waren sie außerordentlich beliebt. Ihr künstlerisches Ansehen wie ihre Anziehungskraft sind bis heute ungebrochen, ihr Preis bei Auktionen ist gigantisch. Corinth hat betont, das größte Verdienst Charlottes habe darin bestanden, das Haus in Urfeld zu bauen, womit sie ihm den See und die umgebende Berglandschaft als Objekt seines malerischen Wollens und Könnens erschlossen habe.

Das Besondere dieser Gemälde liegt aber nicht im Motiv. Gebirgslandschaften in Öl waren als Zierobjekte in deutschen Wohnzimmern des 19. und 20. Jahrhunderts so beliebt wie Seestücke. Corinths Walchenseebilder sind als *verrissene* Landschaften charakterisiert worden, ähnlich verrissener Fotoaufnahmen oder verzerrter optischer Eindrücke bei schneller Bewegung. *Es ist, als ob man in rasender Eile an einer Landschaft vorüberfährt, nur schemenhafte Teile der Landschaft wahrnimmt.* Das Gegenständliche wird nicht aufgelöst, aber *entmaterialisiert*. Am besten kann man diesen Prozess bei den Nebel- und Mondbildern beobachten. Finden sich bei Tagesbildern immer noch, hingetupft und angedeutet, aber noch erkennbar, eine im Vordergrund stehende Lärche, die Häuser von Urfeld und im

Hintergrund die Berge des Karwendel, so nähern sich die Nebel- und Nachtstimmungen der reinen Abstraktion. Farben sind bis zum Verschwinden der Konturen verwischt. Der See zerfließt in flächigen Schwaden.

Im Bild *Mondnacht* von 1920 sieht man einen übereinandergeschichteten Strom von Farben. Land, See und Himmel gehen ununterscheidbar ineinander über, die Farben, heftig aufgetragen und schnell fixiert, variieren zwischen Weiß, Gelb, Grün und Rot und allen Lilatönen, nur der Mond ist als sonnenhafte Scheibe angeschnitten am oberen Bildrand erkennbar *Dem Juli-Mond habe ich aufgelauert, er hielt auch ziemlich still*, schreibt Corinth in einem Brief aus Urfeld, über die Abende und Nächte, in denen er wie ein Jäger auf die Mondstimmung wartete, um sie ins Bild zu bannen. Immer wieder beschreibt er in Briefen und Tagebüchern die Faszination, die der See auf ihn ausübt: *Bald blitzt er wie ein Smaragd, bald wird er blau wie ein Saphir und dann glitzern Amethyste im Ring mit der gewaltigen Einfassung von alten, schwarzen Tannen, die sich noch schwärzer in dem klaren Wasser spiegeln. Wunderschön ist der Walchensee, wenn der Himmel schön ist, aber unheimlich, wenn die Naturgewalten toben. Die schwarzen Spiegelungen auf dem Wasser verhelfen nur das Unheimliche noch grauenhafter zu machen.*

Den Nazis waren die späten Bilder Corinths, also auch die Walchenseebilder, typische Beispiele der entarteten Kunst, weil sie die Vorstellung von deutscher Malerei, die naturgetreu sein musste, weit hinter sich ließen, weil die Auflösung der Formen als krankhaft angesehen wurde. Während die frühen Bilder, vor allem die Porträts nach wie vor geschätzt wurden, diente den selbsternannten Kunstwächtern der Schlaganfall von 1911 dazu, die Malerei Corinths ab diesem Zeitpunkt als Erzeugnis eines kranken Gehirns zu diffamieren. Der Leiter der Ausstellung *Entartete Kunst*, Adolf Ziegler, etikettierte dreihundert

Werke als *kranke obskure Schmierereien*. Alfred Rosenberg schrieb im *Mythus des 20. Jahrhunderts*: *Eine gewisse Robustheit zeigte Lovis Corinth, doch zerging auch dieser Schlächtermeister des Pinsels in lehmig-leichenfarbigem Bastardtum des syrisch gewordenen Berlins.*

Charlotte preist die Jahre in Urfeld als die glücklichsten *ihres* Lebens; für Lovis waren sie es, trotz der idealen Bedingungen und trotz seiner ungebrochener Arbeitskraft, nicht. Der Haudegen der frühen Jahre, der für jede Ausschweifung und jeden Lebensgenuss zu haben gewesen war, hatte sich zu einem grüblerischen Menschen gewandelt, nachdenklich, zweifelnd, depressiv, einem, dem die Welt brüchig geworden war. Die Niederlage im Ersten Weltkrieg und das Ende der Monarchie waren für den kaisertreuen Patrioten schwer zu verkraften gewesen. Nach der Kapitulation hatte er einem Freund geschrieben: *Wie gesagt, es war mir sehr mieß. Als wenn ich den Todeskampf eines geliebten Wesens mitmachte, nun ist das alte – geliebte – Deutschland tot, und man muß umlernen, da man nicht ewig trauern muß. Seien wir am Begräbnistag wie lachende Erben und wenden wir uns dem Leben zu.* Gerade das bereitete ihm Schwierigkeiten, sich wieder dem Leben zuzuwenden. Er war ungebrochen produktiv, malte und zeichnete ohne Unterlass, aber seine Stimmung wechselte wie die Farbe des Sees. Oft drückte ein Alp auf seine Brust wie Füsslis *Nachtmahr* auf die Brust einer Frau. 1920 schrieb er an Charlotte: *Allmählich wird man greisenbrandig, und so komisch es klingt, wie ich Dir schon einmal sagte: Das Leben scheint vergeblich gelebt.* Er versuchte sein Lamentieren abzumildern, was ihm aber nur schlecht gelang. *Na, nimm' Dir das nicht weiter zu Herzen; es wird wohl so eine Laune sein.* Und im Jahr 1925 schrieb er: *Es ist mir zum Heulen. Ein Ekel vor jeder Malerei erfaßt mich. Warum soll ich noch weiter arbeiten, alles ist Dreck. Dieses greuliche Weiterarbeiten ist mir zum Kotzen. Dabei bin ich 67 Jahre alt und nähere mich in diesem Sommer dem 68sten. Was soll noch daraus erblühen? Das kommende Greisenalter erfaßt mich immer mehr, die körperliche Kraft läßt immer mehr nach.*

Leicht hatte es Charlotte nicht mit ihm. Seine Seele war müde, bevor sein Körper es wurde. Und Selbstmitleid, das ihm von Natur aus widerwärtig war, packte ihn an manchen Tagen wie die Zähne eines Hundes. Da konnte er dann ausrufen: *In meinem ganzen Leben habe ich nie einen Menschen geliebt, nie.* Und auf Charlottes erschrockenen Blick, setzte er noch nach: *Auch dich nicht!*

Charlotte schluckte den bitteren Satz herunter. Sie wusste ja, dass er nicht stimmte. Sie kümmerte sich darum, dass Corinth ungestört malen konnte. Sie sorgte dafür, dass die Familie, zu der auch Mutter Hedwig gehörte, versorgt war und der Alltag reibungslos funktionierte. Sie wusste, dass Lovis Mitleidsbekundungen hasste – und verweigerte sie. Wenn er sich einmal wieder beklagte, dass ihm nichts mehr gelinge, sagte sie: »Luke, da hast du recht, das letzte Bild gefällt mir überhaupt nicht, das ist richtig schlecht.« Natürlich durchschaute Corinth ihren schlichten psychologischen Trick, ihn herauszufordern. Trotzdem ging er darauf ein, verteidigte sein Bild – und die dunkle Stimmung war für kurze Zeit vertrieben. Es gab auch einen dramatischen Zwischenfall am Anfang der Urfelder Zeit, der Charlottes ganzes Geschick erforderte, damit er nicht zu einer familiären Katastrophe führte.

Eines Tages arbeitete Charlotte im Gemüsegarten, jätete Unkraut, als der Diener aufgeregt zu ihr gelaufen kam: »Die Frau Mutter schickt mich, sie ist ganz außer sich, weil der Herr Professor mir befohlen hat, alle Äste von den schönen Ahornbäumen abzuschlagen.« Charlotte lief zum Haus, sah, wie sich Zweige und Äste auf der Wiese stapelten und einige Ahornbäume wie nackte Maibäume in den Himmel ragten. Sie gebot dem Schlagen Einhalt und ließ den Diener das Schnittgut wegschaffen. Als Lovis zum Abendessen gerufen wurde, brüllte er Charlotte an: *Nein!! Nein!! Ich komme nicht essen – und ich werde auch nie wieder malen, verstehst du mich? Nie – nie, nie wieder werde ich malen!* und später brüllte er noch einmal: *Nie – nie, nie mehr werde ich malen!*

Charlotte ist wütend, aber sie weiß, dass sie bei Corinth in diesem Zustand des Außer-sich-Seins nichts ausrichten kann. Sie setzt sich mit der Familie zum Abendbrot, die Kinder schweigen erschrocken. So haben sie ihren Vater noch nicht erlebt. Nach dem Essen geht sie auf sein Zimmer, wo er auf dem Bett liegt, das Gesicht zur Wand gedreht. »Luke, lass uns noch eine Weile auf der Terrasse sitzen, du glaubst nicht, wie schön der Abend ist, wie mild die Luft.« Er lässt sich herab, ins Freie zu kommen. Charlotte gelingt es, ihn zum Sprechen zu bewegen und ihre eigene Aggression im Zaum zu halten. »*Ich habe das Zeug abhauen lassen, weil es mich störte. Ich kann die Ferne nicht darstellen, wenn die Zweige mir den Blick versperren, so habe ich eben befohlen, sie abzuschlagen. Ich brauchte eben den freien Ausblick an der Stelle*«, sagt er schließlich.

»Wir gehen jetzt einmal über unser großes Grundstück und schauen, von wo aus du den ungehinderten Blick hast. Vielleicht lassen wir da eine Aussichtskanzel errichten. Jedenfalls sorge ich dafür, dass dir morgen früh deine Staffelei an einen Platz mit bester Sicht hingestellt wird.«

Corinth fasst ihre Hand und sagt nur: »Petermannchen, ich bin ein Ekel, ich weiß es.« Sie drückt sie und lacht: »Der Weise tut Wahrheit kund, da darf man nicht widersprechen.«

In seiner *Selbstbiographie* erwähnt Corinth seine Ehefrau nur ein einziges Mal mit einem Eintrag an seinem Geburtstag vom 21. Juli 1923: *Außer, daß sie ein großes Talent besitzt und meine Schülerin vor der Ehe wurde, besitzt sie einen großen Verstand und einen weiten voraussehenden Blick. Sie war es hauptsächlich, die mich stützte und mir half in allen schwierigen Lagen des heutigen Lebens. So arbeitete ich weiter und ihr zu danken hätten die Menschen, wenn ich noch in meinem späten Alter einiges Gute geleistet habe.* Diese Danksagung verrät viel: nicht Corinth hat seiner Ehefrau zu danken, sondern die Menschen, die seine späten Bilder kaufen und sich daran erfreuen.

Carmencita in Andalusien

Wenn Charlotte ihrem Ehemann Modell stand, verfiel sie oft ins Singen. Das heiterte ihn auf, das heiterte sie auf, ließ sie die Monotonie und körperliche Strapaze des unbeweglichen Stehens oder Sitzens leichter ertragen. Besonders gerne hatte sie die Arien aus *Carmen* gesungen, als Lovis *Carmencita* malte. Natürlich war die Oper prall gefüllt mit spanischen Klischees: Flamenco-Wildheit, blutroter Leidenschaft der Gitanos, Liebe im Rhythmus der Kastagnetten, glutäugigem Stolz der Frauen. Das Opern-Spanien war nur die Projektion eines französischen Komponisten, und die Habanera kam aus Kuba. Charlotte sehnte sich nach dem richtigen Spanien. In ihrer Vorstellung war es sonnig und mediterran wie Italien – aber viel dunkler und geheimnisvoller. Da gab es das Spanien des tief im Mittelalter wurzelnden Katholizismus, das maurische und jüdische Spanien, die mit der Reconquista zu Ende gegangen waren, aber seine Spuren hinterlassen hatten, das Spanien der Inquisition, das Spanien des harten Lichts und der von der Sonne versengten Erde, das Spanien Velasquez', Goyas und El Grecos und das Spanien Don Quichotes.

»Ich muss nach Spanien reisen, ich will dort malen.«

»Ganz alleine?« fragte Corinth

»Ich könnte mit Paeschkes fahren. Paul hat erzählt, dass er im März von Paris aus mit seiner Frau nach Spanien fahren will.« Paul Paeschke war ein Maler, den die Corinths von der Secession her kannten.

»Und was heißt: Ich muss?«

»Ich will. Ich will unbedingt Landschaftsbilder malen. Aber nicht in der Uckermark – und nicht in Oberbayern.« Charlotte vermied das Wort Walchensee. »Ich brauche ein anderes Licht, andere …«, sie kam ins Stottern, »andere Gerüche, Stimmungen, andere Schatten.«

Corinth zuckte mit den Schultern. Die Kinder waren groß, Thomas schon im Studium, Wilhelmine sechzehn. Sie würde zu ihrer Großmutter gehen. Auf ihn warteten einsame Abende. »Dann musst du eben gehen«, sagte er.

Ob Charlotte auf eine gemeinsame Reise gehofft hatte? Sie hatte sich in ihrer Arbeit von Corinth emanzipiert, aber die eheliche Nähe war in den letzten Jahren stärker geworden.

⁓

Sie fährt Anfang April 1925 allein nach Paris, wo sie das Ehepaar Paeschke trifft. Gemeinsam reisen sie nach Madrid, wo die Freunde länger bleiben wollen. So nimmt Charlotte Abschied und reist mit Staffelei und Malutensilien und vielen Hüten als Schutz gegen die Sonne alleine weiter. Die Reise ist extrem beschwerlich in einem Land, in dem Straßen und Verkehrsmittel mittelalterlich anmuten. Sie ist beschwerlich in einem Land, in dem Frauen ins Haus verbannt sind und nie alleine ausgehen dürfen. Charlotte schützt sich durch hoheitsvolles Auftreten und generöse Trinkgelder. Trotzdem muss sie erleben, dass ihr in manchen Gasthäusern der Zutritt verwehrt wird und ihr in Hotels stickige Zimmermädchen-Kammern angeboten werden. Sie fährt über Toledo in den Süden, wo sie das wahre Spanien sucht: in Sevilla, Granada und Cordoba. Sie ist überwältigt von der maurischen Kunst in Andalusien, malt die Alhambra und die Mezquita Catedral in Cordoba, diese einzigartige Moschee, in die im 13. Jahrhundert eine katholische Kathedrale eingebaut worden war. Aber sie liebt es auch, Straßenszenen zu zeichnen und zu malen, fühlt sich da Murillo verwandt, dem Meister der Genreszenen des spanischen Alltags, der Bettlerjungen und spielenden Kinder auf der Straße. Schließlich fährt sie weiter an die Küste, die sie mit spektakulären Sonnenuntergängen am Meer verwöhnt.

Die Landschaftsbilder von Granada und Malaga, die in Reproduktionen erhalten sind, vermitteln nicht die gleißende Helle Spaniens, sondern eine ganz in den Schattierungen von Gold, Grün und Umbra gehaltene melancholische Welt. Einige zeigen nur einen Ausschnitt wie eine Postkarte: den Blick auf Häuser, gruppiert vor einer Hafenmole, dahinter das verschwimmende Meer. Auf einem Bild, *Landschaft bei Granada,* entwirft sie eine Kunstlandschaft: eine Hügelkette mit grünfließenden Abbrüchen, eingerahmt von Bäumen zur Linken und einer Kirche zur Rechten. Auf dem Kirchplatz bewegen sich distanziert und beziehungslos Menschen wie Figuren in einem Spiel: ein Bauer zieht einen Esel, ein Kind scheint Tiere am Boden zu beobachten, im Hintergrund hocken, nur noch angedeutet, dunkel gekleidete Menschen, die dem Betrachter den Rücken zukehren. Im Vordergrund steht schräg zur Seite geneigt, als müsse er gegen den Wind gehen, ein Mann mit einem Korb am Arm. Herausgehoben ist nur die Gestalt eines Geistlichen in schwarzem Talar und großem Hut, der die rechte Bildhälfte einnimmt. Das Bild widerspricht allen Assoziationen, die sich zu einer spanischen Plaza entfalten: kein lebendiges Treiben, keine farbenfrohe Lebensfreude, keine sonnendurchglühte Erotik. Es komponiert vielmehr eine Studie in Vereinzelung, Einsamkeit, Stille. Charlotte Berend wollte nicht Klischees bedienen, sondern Impressionen aus einem Land festhalten, das ihr ein Geheimnis blieb.

Es gibt wenig Korrespondenz zwischen dem Ehepaar Corinth während dieser Reise. In einem Brief beneidet Corinth seine Frau, dass sie den Prado besuchen kann. Er habe sich immer gewünscht, in diesem Museum die Tizians und Rubens zu sehen, *aber der Mensch muß sich auch beherrschen können.*

Was auch das nur wieder heißen soll, dachte Charlotte. Wahrscheinlich hatte Lovis erneut eine depressive Phase, da seine Nerven verheddert waren, wie seine Frau das nennt. Dann geriet ihm jeder zweite Satz zum Vorwurf. Dabei müsste er wissen, dass sie nicht zum Vergnügen reist, sondern dass es sich um einen Studienaufenthalt handelt.

⁂

Erst Anfang Juni, nach zwei Monaten kehrt sie nach Berlin zurück, erschöpft, braungebrannt, selbstbewusst. Eine große Kiste mit Ölgemälden ist ihr vorangereist.

»Sehr fleißig, Petermannchen«, sagt Corinth. Mehr sagt er nicht.

»Du bist so fleißig«, sagt ihre Mutter und schiebt ein weiteres Kompliment nach, »und auch so begabt.« Begabt? Sagt man das nicht von einem Kind, das zum ersten Mal etwas ausprobiert, denkt Charlotte. Ich bin fünfundvierzig Jahre alt und zeichne und male seit dreißig Jahren. Begabt!

Charlotte stellt ihre Bilder im *UFA-Palast* aus und verbucht einen sensationellen Erfolg. Alle Objekte werden verkauft. Leider sind bis auf ein Bild – eine Ansicht von Toledo in warmen Brauntönen – alle Bilder verschollen. So kann man nur mit Hilfe einiger Reproduktionen ahnen, was den Reiz dieser Bilder ausmachte, sodass sie Käufer begeisterte.

Vielleicht verströmten sie einen eigenartigen Zauber, der neu war in der Darstellung südlichen Lebens: spirituell aufgeladene Natur, Schatten der Melancholie, nach innen gekehrtes Leben.

Corinth gratulierte zu dem Erfolg mit seinen Worten: »Landschaft geht eben immer.«

Denk es, o Seele

Corinth, der Ostpreuße, liebte den schwäbischen Dichter Eduard Mörike. Seine Gedichte gehörten für ihn zum Schönsten, was die deutsche Sprache hervorgebracht habe. Wenn er gut gelaunt war, konnte er in stürmischem Tempo, das *Lied vom Winde* aufsagen, die Anfangsverse *Sausewind, Brausewind! / Dort und hier! / Deine Heimat sage mir!* bewegt beginnen, um dann bei den Zeilen *Lieb ist wie Wind, / Rasch und lebendig, / Ruhet nie, / Ewig ist sie, / Aber nicht immer beständig,* den Tonfall zu dehnen und ein Augenzwinkern in die Stimme zu legen: was dieser schwäbische Pastor doch nicht alles über die Liebe wusste! Wenn die Schwermut Corinth wieder am Wickel hatte, zitierte er *Denk es, o Seele!* und brachte damit Mine zum Weinen: zu traurig aber auch, dass man bei jedem Tännlein, jedem Röslein, jedem Rösslein, das man sah, an den Tod denken sollte.

Für Corinth war nach der Erfahrung des Schlaganfalls, bei dem er sich dem Tode nahegefühlt hatte, das Bewusstsein der Endlichkeit des Lebens gewachsen. »*Media vita in morte sumus – Mitten in dem Leben sind wir vom Tod umfangen*«, sagte er nicht nur, wenn er über einen Freund wie Walter Leistikow sprach, der früh gestorben war. Er sagte es auch, als in Urfeld die geliebte Katze Strolch verendete. Charlotte konnte das bald nicht mehr hören. Eines Tages gab sie eine Replik in tadellosem Latein: »*Media vita in vita sumus*«, um auf Deutsch, das eine leichte bayerische Färbung annahm, wenn es ihr darauf ankam, frank und frei zu reden, hinzuzufügen: »Luke, du spinnst! Seit über zehn Jahren, erfreust du dich bester Gesundheit. Wer laboriert denn ständig an allen möglichen Infekten und Katharren herum? Deine Frau, vielleicht noch die Kinder. Dich ficht nichts an, man könnte neidisch werden. In den vergangenen zehn Jahren hast du Hunderte von Bildern gemalt und noch einmal Hunderte von Zeichnungen aufs Papier gebracht. Du bist auf der Höhe deiner Kraft, du strotzt vor Energie. Du solltest dir einfach verbieten, an den Tod zu denken und die Kinder mit deinem Gerede einzuschüchtern. Dann predige ihnen lieber, dass die Liebe unbeständig ist. Aber hör auf, ständig vom Tod zu schwadronieren!«

Corinth war beleidigt. Wenn man Mörike zitierte, schwadronierte man nicht. Natürlich hatte Charlotte Recht. Er war gesund, und wenn er nicht gerade an einer Depression litt, konnte er zehn Stunden am Tag malen. Und mit Depression acht, wenngleich mit Gefühlen von Abscheu und Ekel, die aber auf den Bildern nicht zum Ausdruck kamen.

Nachdem Charlotte aus Spanien zurückgekommen war, hatte Corinth sich entschlossen zu reisen. Schon lange hatte er geplant, nach Holland zu fahren, um seine verehrten Olympier zu besuchen: Rembrandt und Frans Hals und Rubens. Seit seinen Studienjahren in Antwerpen waren diese Maler seine großen Lehrmeister gewesen. Wie hatte Charlotte gelacht, als er ihr 1907 von Kassel aus eine Karte geschrieben hatte: *Frans Hals hat genauso gemalt, der Kerl, wie ich.*

Corinth freute sich auf die Studienreise, die er mit seinem Malerkollegen Leo Michelson unternehmen wollte. Er musste endlich das *Rijksmuseum* in Amsterdam besuchen, das zur Zeit seines Studiums noch nicht existiert hatte. Am 16. Juni 1925 brach er auf. Sein Sohn Thomas erinnert sich. *Am Abreisetag in Berlin war mein Vater schon früh am Morgen gestiefelt und gespornt, seine Koffer fertig gepackt, und sagte mit kräftigem Händedruck »au revoir«. Danach sah er sich etwas eigentümlich in seinem Zimmer um, als ob er das Gefühl hätte, nicht mehr von dieser Reise zurückzukehren.*

Seine Briefe nach Berlin klingen begeistert. Er empfindet

Amsterdam als doppelte Heimkehr: in die Vergangenheit, die Zeit des jungen Studenten Corinth, der die Bilder der großen Niederländer wie die Epiphanie eines neuen Zeitalters empfindet, Heimkehr in die Gegenwart einer Stadt, die ihrem kulturellen Erbe größere Aufmerksamkeit schenkt als in früheren Zeiten. Der Direktor des neuen *Rijksmuseums* führt ihn und Michelson persönlich durch die noch nicht eröffnete Rembrandt-Ausstellung. Anschließend fahren die beiden Maler nach Haarlem, um die Bilder Frans Hals' zu sehen.

Die Hiobsbotschaft kommt per Telefon: »Herr Corinth ist erkrankt, er kann nicht abreisen, es wäre gut, wenn Sie herkämen!« Charlotte ist wie betäubt, aber ihr Kampfgeist verlässt sie auch in schwierigen Situationen nicht. Es geht um die erforderlichen Visa, die nicht so schnell ausgestellt werden können. Sie telefoniert mit der Passstelle, ohne Pass gibt es kein Visum. Sie telefoniert mit dem Konsul der holländischen Gesandtschaft, das Visum gibt es nur bis vier Uhr nachmittags. Charlotte kämpft. Die Angst um Lovis setzt ungeahnte Kräfte frei. Nachts sitzen sie, Thomas und Wilhelmine im Zug nach Amsterdam, am frühen Morgen treffen sie im Krankenhaus ein *Ich stehe in seinem Zimmer. Ich stehe noch in der Tür. Da liegt er im Bett, einen Eisumschlag auf dem Kopf und die Augen geschlossen. Mir schien, er sah nicht gefährlich krank aus. Er blickte hoch, sieht mich an, streckt den rechten Arm nach mir aus, um sofort die Hand vor sein Gesicht zu schlagen: er bricht in Tränen aus und sie stürzen zwischen seinen Fingern hindurch: Petermannchen!*

Charlotte reagiert reflexartig wie alle Liebenden, sie beruhigt, besänftigt, verströmt Optimismus. »Das kriegen wir schon hin«. Corinth lässt sich anstecken von ihrer Zuversicht. *»Na ja, ich glaub ja auch, du wirst's schon machen.«* Charlotte, die Allgewaltige, die alles regeln kann, wird erfolgreich mit dem Schicksal oder mit dem lieben Gott verhandeln und ihn hier rausholen. Und weil dieses Vertrauen wächst, kann Corinth andere Gedanken denken als die an ein frühes Ende. Schon am nächsten Tag ermahnt er seine Familie: »Wart ihr noch nicht im Museum? Ihr müsst gehen, jetzt sofort. Nicht warten, bis ich wieder gesund bin. Schaut euch Rembrandt an. Er ist der Größte. Den fasst man nicht. Vergesst nicht den Fabritius. Der war ein Schüler Rembrandts. Ihr müsst die Salome sehen! Ist wie meine *Salome*. Anders, aber ähnlich. Geht, geht!« Er scheucht sie aus seinem Krankenzimmer. Sein Wille ist stark wie immer. Charlotte kann sich im *Rijksmuseum* kaum die Treppen hochschleppen, sie hat seit zwei Nächten nicht geschlafen, sie will keine Bilder sehen, sie will Corinths Hand halten. Auch die Kinder, Thomas ist zwanzig, Wilhelmine sechzehn, laufen wie Gespenster durch die Säle. »Wir müssen den Fabritius finden, sonst gibt Lovis keine Ruhe«, sagt Thomas. Der Wärter schickt sie ein Stockwerk hoch, auch dort gibt es keine Salome. Wilhelmine jammert: »Ich will jetzt keinen abgeschlagenen Kopf auf einem Silberteller sehen, ich will es nicht.« Charlotte nimmt sie in den Arm: »Wir gehen jetzt, mein Schatz, wir gehen jetzt.« Kurz vor dem Ausgang entdecken sie zufällig das Fabritius-Bild. Thomas ist nicht beeindruckt: »Es ist völlig anders als Lovis' Bild. Hier ist die Salome doch ein biederes, blondes Meisje, kein bisschen verführerisch«. Wilhelmine blickt ostentativ weg. Charlotte ist zu müde, um etwas zu dem Bild zu sagen. Ihr brennt es unter den Sohlen, sie will zu Lovis, sie will ihn sehen. Sie sind vielleicht nur eine Stunde fortgewesen, sechzig Minuten zu lang, was kann nicht alles in dieser Zeit passieren. Sie feuert den Droschkenkutscher an, schneller zu fahren. Der winkt ab: »Dann landen sie bald in einer Gracht. Und da sind schon Spatzen ertrunken!« Kaum angekommen, überlässt Charlotte die Bezahlung der Droschke ihrem Sohn. Sie stürmt ins Krankenzimmer auf das Schlimmste gefasst. »Na, was sagst du zu den Bildern Rembrandts und zu dem Fabritius?«

»Ich muss mich für einen Augenblick sammeln«, sagt Charlotte.

Die Ärzte bleiben mit ihrer Diagnose im Ungefähren. Ein Zusammenbruch, ja. Vielleicht hervorgerufen durch ein Virus. Fieber, ja, darum der Eisbeutel auf dem Kopf. Vielleicht auch ein Versagen der Leber. Sauerstoffmangel käme auch in Frage. Labiler Kreislauf. Die Therapievorschläge sind ähnlich diffus und widersprechen sich: strenge Bettruhe, baldige Mobilisierung, viel frische Luft, viel Schlaf.

Thomas, der in Berlin an der Universität Ingenieurwissenschaften studiert, hat wichtige Klausuren, er fährt ab. Charlotte und Wilhelmine bleiben, quartieren sich in Corinths Krankenzimmer ein und bewachen den Patienten Tag und Nacht. Um die quälend dahin schleichende Zeit zu beschleunigen, spielen sie, wenn Corinth schläft, Schach auf selbstgebasteltem Brett mit improvisierten Figuren: Charlotte zeichnet später ein Bild dieser Szene am Krankenbett.

Corinth aber verlangt nach dem letzten Aquarell, das er in Amsterdam gemalt hat, ein Stadtbild mit elektrischer Eisenbahn, mit schwarzen Häusern und hellen Fensterumrahmungen. Immer, wenn er aufwacht, muss man ihm das Bild bringen, sonst wird er zornig. Als habe er sich mit einer großen Anstrengung dieses letzte Bild abgetrotzt, in einem unwirklichen Reich zwischen Leben und Tod.

Die Ärzte sprechen von einer leichten Besserung. Es empfehle sich, Corinth ans Meer zu bringen, damit er wieder kräftiger werde. Wie oft in meinem Leben habe ich schon gehört, dass Seeluft gut tut, denkt Charlotte. Ihr Glaube an die alleingesundmachende Kraft des Meeres hat nachgelassen, aber sie greift den Vorschlag auf, mit Corinth in ein komfortables Hotel nach Zandvoort zu gehen.

⁂

Charlotte ist bei ihm, als Corinth in Zandvoort am 17. Juli 1925 an einer Lungenentzündung stirbt. Seine letzten Worte sind nach Charlottes Überlieferung: »*Ja, Petermannchen, es ist wahr, du warst mein bester Kamerad.*«

Die Überführung der Leiche nach Berlin, die Bahnfahrt von Zandvoort nach Hause, die Totenfeier in der Secession, die Urnenbestattung auf dem Friedhof der Gemeinde Stahnsdorf bei Berlin – das alles erlebt Charlotte wie in einer Art Delirium, in der die eingeübte Mechanik der Alltagsbewältigung noch funktioniert, Geist und Seele aber losgelöst vom wirklichen Leben sind.

Kapitel 3

Zu neuen Ufern

Trauerarbeit

Als Thomas eines Abends ins Bett ging, fand er unter seinem Kopfkissen eine Nachricht, von Mine, nachlässig auf einen Zettel gekritzelt. »Will dich morgen unbedingt sehen. Wir müssen reden. Wie wäre es um 5 Uhr nachmittags im *Romanischen Café*?«

Thomas runzelte die Stirn. Was waren denn das für Sitten, dass man sich jetzt innerhalb der Familie und unter einem Dach Mitteilungen schrieb? Aber Mines Aufforderung war in einem dringlichen Ton gehalten. Was hatte sie nur?

Thomas seufzte. Wie schwierig das Leben geworden war, seit Lovis so plötzlich gestorben war. Seine Mutter war immer zu Hause, aber sie ließ sich selten sehen. Vielleicht brauchte sie jetzt die Abgeschiedenheit.

Das *Romanische Café* entfaltete erst am Abend seinen wahren Charme und seine Lebendigkeit als Künstlertreffpunkt. Es gab ein »Bassin für Schwimmer« mit zwanzig Tischen für die Stammgäste und die Haupthalle mit siebzig Tischen für das Fußvolk, das »Bassin für Nichtschwimmer« hieß. Mine und Thomas trafen sich aber bereits am Nachmittag.

»Thomas, du bist doch Muttis Augenstern, ihr angebeteter Sohn – und du siehst im Augenblick überhaupt nicht, was zu Hause los ist.«

»Natürlich weiß ich, dass Mutti um Lovis trauert, das tun wir schließlich auch, aber für sie ist es furchtbar. Ich glaube, wir müssen sie in Ruhe lassen. Trauern braucht Zeit.«

Mine riss ihre Augen auf und blickte ihren Bruder fassungslos und empört an: »Auf welchem Stern lebst du eigentlich? Du kriegst offensichtlich gar nichts mit. Mutti stirbt beinahe vor Gram und Elend, jede Nacht weint und schreit sie nach Lovis, sie ist untröstlich. Und wenn ich am Nachmittag von der Schule nach Hause komme, heult sie noch immer oder schon wieder. Tom, die krepiert uns vor Schmerz!«

Thomas konnte emotionale Übertreibungen nicht leiden. In dieser Hinsicht war er ein Sohn seines Vaters. »Mine, ich bitte dich: Mutti krepiert nicht, sie stirbt auch nicht. Sie leidet unter dem Verlust.«

»Du schläfst ja am anderen Ende des Ganges, du hörst ja nicht, wie sie nach ihm ruft, mit ihm spricht. Ich werde nachts verrückt, wenn ich dieses pausenlose Gejammere höre.«

»Sie ruft nach ihm. Wirklich?«

»Sie schreit.«

»Und was macht sie tagsüber?«

»Da weint sie.«

»Ich werde mit ihr sprechen. Sie braucht eine Beschäftigung. In Lovis' Atelier gibt es doch einiges aufzuräumen, zu sortieren, alles in Ordnung zu bringen. Ich dachte, das würde ihre Tage ausfüllen.«

»Sie geht überhaupt nicht in sein Atelier. ›Wie soll ich jemals dazu in der Lage sein‹, sagt sie. Sie bleibt nur in ihrem Zimmer. Manchmal schreibt sie in ihr Tagebuch.«

»Ich habe das alles nicht gewusst. Wie wäre es, wenn du mit Mutti eine Weile an die Ostsee fahren würdest? Das würde ihr bestimmt gut tun. Geld ist ja genug da. Ich habe Klausuren und Übungen, aber vielleicht könnte ich an einem Wochenende kommen. Mutti tut mir so leid.«

»Glaubst du, dass es ein Zeichen von großer Liebe ist, wenn man sich nach dem Tod des Ehemanns schier umbringt?«

»Minchen, ich glaube, unsere Eltern haben eine ideale Ehe geführt. Ich wäre froh, wenn unsere Kinder in späteren Jahren das Gleiche einmal über unsere Ehen sagen könnten.«

»Sie nimmt uns die Möglichkeit, selbst zu trauern. Sie nimmt allen Schmerz für sich.«

Thomas schwieg. Gab es einen Egoismus im Trauern? Den Versuch, alles Elend für sich zu beanspruchen, nichts teilen zu wollen? Er schüttelte sich bei dem Gedanken, der ihm ungehörig vorkam. Aber vielleicht war es falsch gewesen, zu glauben, dass alles seine Zeit habe, dass die Zeit Wunden heile. Wenn man Mine glauben konnte, war es bei seiner Mutter eher so, dass sie den Gram jeden Tag nährte, bis er so tyrannisch wurde, dass er alles ausschloss, was einen Menschen am Leben hielt. Bis er auch ihre Kinder ausschloss.

※

Während sich ihre Kinder um sie sorgen, sitzt Charlotte an ihrem Schreibtisch. Mit der linken Hand stützt sie den Kopf, der sein Gewicht verdoppelt zu haben scheint. Mit der rechten schreibt sie auf braunes Papier, die Wörter rutschen am Ende der Zeile nach unten. *Mein Herz ist so krank vor Sehnsucht, ohne Corinth weiterleben zu sollen! Ich verstehe die Worte der Bibel, daß man sich die Kleider zerreißt vor Verzweiflung und seiner Sinne nicht mehr mächtig ist. Ich ertrage es gar nicht, was sind denn Tränen, was ist all der Jammer – ach, der Tag des Endes wird kommen und das Herzeleid höret auf. Aber verspielt für dieses Leben habe ich. Alles Freudvolle, alles Interessante ist dahin. Alles ist mir hohl und von allem wende ich mich ab. Nur sein Werk steht vor meinen Augen.* Sie tritt in einen inneren Dialog mit dem Geliebten: *Mein Leid ist so schwer, wieviel Tränen weine ich und ringe meine Hände in Sehnsucht nach dir und in Liebe. Gestern war es mir wieder, als sollte ich zugrunde gehen vor Herzensweh. Die Sehnsucht nach Dir ist so stark, mein Kummer wirft mich ganz zusammen. Ein Lebensekel erfaßte mich. Aller Zauber, aller Sinn des Lebens ist mit dir fortgegangen.*

Es klopft an der Tür. Thomas öffnet sie vorsichtig. Er sieht, dass Mine Recht hat, dass sich seine Mutter auflöst, wenn sie sich allein fühlt. Erschrocken nimmt er sie in den Arm, hält die Schluchzende fest, streichelt ihr über den Rücken. »Aber Mutti«, wiederholt er ein ums andere Mal. »Wenn Lovis noch lebte, würde er sagen: ›Petermannchen, was soll denn das Geflenne?‹«

Der Scherz misslingt gründlich. Seine Mutter, die in jeder Lebenslage die Starke und Tapfere war, die das Wort »Standhalten« als Motto in ihren Siegelring hätte prägen lassen können, wühlt sich weiter in den Schmerz hinein. Aber Thomas liebt seine Mutter zu sehr, um sie dem Elend zu überlassen.

»Wollen wir nicht in Lovis' Atelier gehen und anfangen, seine vielen Briefe und Notizen zu sichten. Hast du nicht gesagt, dass er viel geschrieben hat über den Streit in der Secession, über den Krieg, die schwierigen Anfangsjahre der Republik. Das alles ist doch von großem Interesse, nicht nur für uns. Vielleicht kannst du seine Schriften herausgeben. Du würdest ihn damit ehren.« Charlotte schaut durch ihren Sohn hindurch, als habe sie zwar seine Worte gehört, die Bedeutung aber nicht erfasst.

Irgendwann aber haben Thomas und Mines Anstrengungen Erfolg. Der ständige Hinweis auf Corinths Werk, für das sie Sorge tragen müsse, rettet Charlotte aus dem seelischen Abgrund, in dem sie zu versinken droht. Denn in einem Kunstwerk lebt ein Mensch weiter, es bewahrt, wie Charlotte sagt, den Atem und das Leben eines Menschen – und darin liegt *etwas Göttliches. Und mein innerer Schwur heißt, mein Leben dir so lange und so weit zu weihen, wie es nach allen Richtungen hin notwendig ist; um hier alles zu erhalten, was dein Lebenswerk ausgemacht hat ... aber ich weiß, daß es nur noch eine Richtlinie für mich im Leben gibt, dein Werk und dein Andenken.*

So geht Charlotte den Weg jeder Trauerarbeit, geht noch einmal in die Vergangenheit und in alle Erinnerungen hinein, durchlebt und durchleidet sie ein weiteres Mal mit allen Affekten, die jeweils beteiligt waren, und vermag diese vom Objekt ihrer Trauer zu lösen. Charlotte macht sich ans Werk, an sein Werk. In inniger Zwiesprache mit ihrem Verstorbenen beginnt sie, im Atelier seine Zeichnungen zu ordnen, Handzeichnungen von Lithografien zu trennen, Verzeichnisse anzulegen, eine chronologische Ordnung zu schaffen. *Meist war mir zumute, als wärst du um mich, mein Geliebter du, mir war's als täten wir's gemeinsam, nach deinem Wunsche und deinem Sinn.* Sie schließt seinen Schreibtisch auf, in dem Corinth die biografischen Notizen verwahrte, sie ordnet, redigiert. Sie arbeitet von morgens bis abends in seinem Atelier, geht nicht aus, vernachlässigt die alten Freunde. Mit jedem Werk Corinths, das sie registriert und katalogisiert, beschwört sie die Entstehung des Bildes herauf, vertieft sich bewusst oder unbewusst in dessen Geschichte. Erinnerungen werden wachgerufen, Orte, Gespräche, Stimmungen, Gerüche. Diese zuzulassen und nicht zu verdrängen, setzt den Vorgang frei, sich Schritt für Schritt von dem verlorenen Menschen zu befreien. Es spricht für die tiefe Bindung Charlottes an Corinth, dass dieser Vorgang bei ihr Jahrzehnte in Anspruch genommen hat.

Zwar beklagt sie ihr gegenwärtiges Leben, vergleicht es mit ihrem früheren. *Wie ein funkelnder Edelstein war ich, solange Corinth lebte, und konnte Farben und Strahlen um mich verbreiten. Seit seinem Tode bin ich glanzlos, farblos, ohne Schwung, eine kriechende Arbeitsbiene.*

Aber der Schwung kommt zurück, der Glanz braucht länger. Das größte Vorhaben, das sie angeht, ist, ein Werkverzeichnis des gesamten Œuvres Corinths anzulegen, einen Katalog, in dem alle Gemälde und Aquarelle aufgelistet sind nach Entstehungszeit und Besitzern. Corinth hatte mehr als tausend Gemälde gemalt, sie waren verstreut in Museen, Galerien, bei Privatsammlern. Es ist eine exorbitante Arbeit, die sich Charlotte auferlegt hat. Nicht mutlos zu werden, immer wieder Nachforschungen anzustellen, welchen Weg ein Bild genommen hat, wo es sich befindet, das erfordert eine Art Besessenheit. Zwar hat Corinth alle Rechnungen aufgehoben, aber Besitz wird vererbt und weiter veräußert. »Ich könnte eine zweite Karriere bei der Kriminalpolizei starten«, sagt sie zu Thomas, »so gut bin ich inzwischen darin, Spuren zu verfolgen.«

Die Arbeit wird für Charlotte zur Berufung. Sie kennt Corinths Werk so umfassend wie niemand sonst, sie hat erlebt, wie er diese Werke aus sich hervorgebracht hat, wie er mit seiner Malerei gerungen hat. Er hat sie an seinen künstlerischen Prozessen teilhaben lassen, weil sie selbst eine Malerin war und nicht nur eine verständnisvolle Ehefrau. Die Arbeit am Werkverzeichnis wird in der Zeit der Nazi-Herrschaft, in der Corinth zum entarteten Künstler gestempelt wird, unterbrochen, das Opus magnum erscheint erst 1958 in München und bildet bis heute die Grundlage aller Corinth-Forschung.

So lebt Charlotte auch nach dem Tode ihres Mannes mit ihm und durch ihn. Trotz aller Anstrengungen, die sie in seinem Namen unternimmt, plagt sie das schlechte Gewissen, nicht genug zu tun – und nicht genug für ihn getan zu haben, seiner nicht wert gewesen zu sein.

Als einen Verrat an die intime, übersinnliche Beziehung zu dem Toten empfindet sie es, wenn sie sich einem Mann hingibt. Sie ist ja mit fünfundvierzig Jahren eine junge Frau, eine Frau auf dem Zenit ihrer Sinnlichkeit. An Bewerbern, die die junge Witwe zu trösten suchen, mangelt es nicht. Sie glaubt, dass die Lust des Fleisches ihre geistige Nähe zu Corinth stört, rechtfertigt aber ihre Ausflüge in die Lust. *Es gibt wohl ein Sichabtöten, aber etwas in mir sträubt sich gegen dieses Verdrängen der Triebkräfte, die die Natur so heftig in mein Blut gelegt hat. Da bemerke ich mit Entsetzen: der sinnliche Genuß verscheucht meine übersinnliche Verbindung mit dir. Also muß ich mich doch bezwingen.*

Das Sich-Bezwingen gelingt nicht, die freiwillig auferlegte Askese bringt nicht die erstrebte spirituelle Nähe, und Charlotte entschuldigt ihr Schwachwerden damit, dass Corinth das mit Sicherheit gebilligt hätte. *Ich bin ein Weib, ich sage mir, die Zeit wird ja von selber kommen, wo kein Hahn mehr nach mir kräht. – Jetzt, wo die Hähne noch gerne krähen, warum jetzt schon damit ein Ende machen? Etwas verführt hat mich sogar Lovis' Auffassung, der ausdrücklich meinte, der Künstler solle sich nicht kasteien, seine Schwungkräfte steigerten sich durch die Erotik.*

Mit neu gewonnener Schwungkraft arbeitet sie an Corinths Nachlass und Nachruhm. Von dieser Arbeit vollkommen absorbiert, vergisst sie sich selbst als Malerin. Aber bald bahnt sich eine Veränderung an, ein Sich-Ablösen von der ausschließlichen Hingabe an Corinth und sein Werk. Charlotte Berend erfindet sich nicht neu – sollte so etwas überhaupt möglich sein – aber sie findet sich neu, findet die Charlotte Berend wieder, die sie auch als Frau Corinth war: eine eigenständige Person mit eigenen künstlerischen Möglichkeiten. Hat sie nicht schon vor Jahren einmal geschrieben: *Manche Menschen meinen, ich solle so malen wie er! Wie niedrig sie mich einschätzen.* Im Dezember 1925 ist schon die Erkenntnis in die eigenen Fähigkeiten da, wenngleich noch nicht die Energie. *Ich habe nur jetzt eine schwere Angst: das ist meine eigene Kunst; denn ich habe mich doch verloren und wenig Energie. Meine Tatkraft ist immer nur wach bei allen Dingen, die mit Lovis zusammenhängen, aber mir selbst gegenüber bin ich ganz schlaff.* Aber schon Anfang 1926 verspürt sie eine neue Entwicklung: *Ich bemerke an mir, daß ich an Festigkeit gewinne dem Leben gegenüber.*

Zu dieser neuen Festigkeit gehört auch eine realistische Bestandsaufnahme ihres Lebens mit Lovis, das die Glorifizierung hinter sich lässt und Erinnerungen an Schattenseiten zulässt. *Ich habe vor Glück kein Ende gesehen beim Betrachten seiner Bilder oder ich habe auch ganz forsch daran getadelt – mit mir hatte das niemals zu tun. Habe ich gelitten? Oftmals! Oft stand ich allein in meinem Schlafzimmer und knetete die Hände ineinander und biß die Zähne fest zusammen, wenn ich nicht das geringste Verständnis für mich fühlte – aber ich ging jedesmal ein Stück gestärkter aus dieser einsamen Stunde hervor; es hieß stets, allein fertig werden. Ich stand zwischen zwei Generationen, das war das Schicksal meines Lebens.«*

Es war ein klirrend kalter Januartag des Jahres 1926. Wilhelmine und Charlotte liefen aufgeregt in der Wohnung herum, Thomas verbreitete, wie das seine Art war, Gelassenheit. »Sollen wir das Mietauto nicht doch früher bestellen, denk doch nur an die Blamage, wenn wir zu spät kommen«, gab Charlotte zu bedenken. »Die größere Blamage wäre es, wenn wir zu früh kommen, schließlich sind wir Ehrengäste und werden als solche empfangen. Stellt euch vor, da steht noch niemand bereit, um uns zu begrüßen. Vielleicht können wir fünf Minuten vor dem Reichskanzler eintreffen, aber alle anderen Gäste sollten schon Spalier stehen.« Thomas bewies, dass er der neuen Rolle als Familienvorstand gewachsen war. »Ja, aber wenn das Auto eine Panne hat.« Wilhelmine ging wie immer von wahrscheinlichen Katastrophen aus.

»Diese Luxuslimousine, die wir für sündhaft teures Geld gemietet haben, damit wir standesgemäß vor der Nationalgalerie vorfahren können, hat keine Panne.«

»Trägt man eigentlich noch so große Samthüte oder ist das inzwischen völlig démodé?«, fragte Charlotte. »Ich war so lange nicht in der Öffentlichkeit.« Diese Frage allerdings konnte selbst Thomas nicht beantworten.

⚜

Die große Retrospektive, die die Berliner Nationalgalerie zu Ehren Lovis Corinths schon ein halbes Jahr nach seinem Tode ausrichtete, war ein Ereignis in der Kunstwelt und in der Berliner Gesellschaft. Charlotte hatte wesentlich dazu beigetragen, dass eine Fülle von Gemälden und Aquarellen ausgestellt und so ein repräsentativer Einblick in Corinths Schaffen gegeben werden konnte. Aber als es darum ging, dass die Familie Corinth als Ehrengäste zur Eröffnung kommen sollte, hatte sie gezögert und mit sich gerungen. Sie fühlte sich noch zu sehr als trauernde Witwe, um in der Öffentlichkeit den Witwenschleier zurückzuschlagen und in Kameras zu lächeln oder Zeitungsreportern Interviews zu geben. Thomas, immer wieder der kluge Sohn, hatte sie mit einem einzigen Satz überzeugt: »Das bist du Lovis schuldig.«

Die prächtige Limousine kam, sie hatten keine Panne und trafen fünf Minuten vor Reichskanzler Hans Luther ein, der, feierlich wie alle Herren im Frack erschienen, die Familie Corinth herzlich begrüßte und auch in seiner kurzen Rede weder mit Bewunderung für den großen Maler Berlins geizte noch mit Komplimenten für die Gattin, die so großen Anteil an Corinths Lebenswerk gehabt habe. Über die Art des Anteils ließ er sich nicht näher aus. Max Liebermann war da, ging auf Charlotte zu und begrüßte sie so emphatisch, als hätte es nie Zerwürfnisse in der Secession gegeben, als seien die Corinths und er immer die engsten Freunde gewesen. Als Zeitungsfotografen herandrängten, griff er beherzt Charlotte unter den Arm und flüsterte ihr zu: »Na, dann gönnen wir denen doch die Schau! Vergessen Sie nicht zu lächeln!« Er ist ein Aas, dachte Charlotte, ein durchtriebenes. Aber liebenswürdig ist er auch.

Die Ausstellung war ein Triumph – für Corinth und für Charlotte. In Gedanken hörte sie Lovis sagen: »*Du bist großartig, Petermannchen, oller Kerl.*«

Nach dieser Ausstellung fühlte sie sich befreit von der Ausschließlichkeit, sich dem Werk Corinths widmen zu müssen. Sie präparierte wieder Leinwände, holte ihre Malutensilien hervor, übernahm Corinths großes Atelier als ihr eigenes, fing an zu malen. Sie malte ein Porträt des Architekten Hans Poelzig.

Poelzig hatte das große Schauspielhaus und das *Capitol Theater* neu geschaffen, und man sah in ihm den Begründer eines neuen Baustils. Was sofort ins Auge fiel, wenn man ihm begegnete, waren seine Haare. Er sah aus, als trüge er eine Perücke. Dabei waren es nur verschiedene Wirbel, die seine Haare wie eine runde Kappe um den Kopf legten. Während des Malens sang Poelzig unanständige Lieder und rauchte zwischendurch Zigarren. Beides gefiel Charlotte. Dann sagte er eines Tages, er komme nicht mehr, er halte das Stillsitzen einfach nicht aus. Für einen aktiven Menschen sei das eine Strafe Gottes, sein Vorrat an obszönen Liedern neige sich dem Ende zu. Immer wieder musste Charlotte ihn umstimmen. Als Poelzig schließlich das fertige Bild sah, sagte er: »*Du, das regt mich auf. Ich bin ja in dein Bild übergegangen. Ich sehe mich darin. Ich lebe darin.*« Charlotte bedankte sich artig und rühmte seine großen Leistungen als Baumeister. »Wie schön müsste es sein, wenn man so ein richtig großes Talent hätte.«

»*Quatsch*«, unterbrach sie Poelzig. »*Talent ist Scheiße!! Charakter und Gesinnung! Darauf kommt es an!*«

Mit Talent und Charakter malte Charlotte den Kulturminister Grimme, malte den Maler Michelson, der mit Lovis die letzte Reise in die Niederlande angetreten hatte. In einer Ausstellung im Jahre 1927 (*Die schaffende Frau in der Bildenden Kunst*) stellte sie Porträts aus, die Presse bescheinigte ihr einen *rapiden Fortschritt ihrer Kunst*.

Der Boxer

»Warum wollen Se denn ein Bild von mir malen? Ick dachte, Se malen nur die höherstehenden Personen?«, Adolf Wiegert berlinerte. Er war der Publikumsliebling in Berlin, Meisterboxer Wiegert, der jeden Mittelgewichtskampf für sich entschied – fast jeden. Sein Aussehen widersprach den gängigen Erwartungen an das Erscheinungsbild eines Boxers: kein hünenhafter Mensch mit einem Gesicht, in dem die Geschichte der Kämpfe Spuren hinterlassen hat: die Nase nicht mehrfach gebrochen, die Lippen nicht vernarbt, die Zähne nicht geflickt. Wiegert hatte ein offenes, jungenhaftes Gesicht, flinke Augen, einen dicken dunklen Haarschopf, den er immer wieder mit einem ruckhaften Schlenker aus dem Gesicht warf. Er hätte auch ein Automechaniker oder ein Anzugverkäufer bei Wertheimer sein können. Erst als er seine Jacke ablegte, ahnte Charlotte Muskelschichten wie Sedimentgestein unter dem stramm sitzenden Oberhemd. Er war dreiunddreißig Jahre alt und hatte, wie er eher gleichgültig als stolz vermeldete, bisher knapp achtzig Kämpfe bestritten.

Was habe ich mir da nur angetan, dachte Charlotte, mir einen Boxer ins Atelier zu laden? Sie hatte noch nie einem Boxkampf gesehen. Wer ging schon in ihren Kreisen zu solch einem primitiven Spektakel? Zusehen, wie sich zwei Männer das Gesicht einschlagen und in die Leber des Gegners einen Haken nach dem anderen setzen?

Charlotte hatte ein Bild von ihm in der Zeitung gesehen und spontan gedacht, den will ich malen. Es war das absolute Kontrastprogramm zu den intellektuellen Männern und künstlerischen Frauen, die sie bisher porträtiert hatte. Es war auch etwas völlig anderes, als ein Blumenstillleben zu malen – nach landläufigen Erwartungen immer noch das passende Motiv für eine malende Frau – es war etwas völlig Unerhörtes, Ungesehenes, eine Provokation. Mine hatte große Bedenken geäußert: »Vielleicht vergewaltigt er dich.« Thomas runzelte nur die Stirn: »Ein Boxer?«

»Ich interessiere mich für ihn. Er hat einen ungewöhnlichen Beruf, wahrscheinlich ist er ein ungewöhnlicher Mensch. Künstler kann jeder sein, Minister auch, aber was geht in einem Boxer vor?«

»Das ist also jetzt die neue Freiheit, die sich Mutti nach Lovis Tod meint herauszunehmen zu müssen.« Mine fand den Ausflug ins Proletarische ungebührlich. Thomas gab zu bedenken, dass ihr Vater wahrscheinlich keine Einwände hätte, der war ja in einen Schlachthof gegangen und hatte Schweinehälften gemalt.

Wiegert schaute sich interessiert im Atelier um, das Ambiente schien für ihn exotisch zu sein. »Wie hätten Se mich denn gern, Gnädichste?«, fragte er.

»Bitte ziehen Sie sich im Nebenraum um. Ich möchte Sie in Kampfpose malen. Also Boxerhosen, nackter Oberkörper, passende Schuhe, Boxerhandschuhe. »Mach ick doch gleech, Gnädichste. Wat hätten Se denn gern? Angriff oder Verteidigung? Mit Fett oder ohne?«

»Mit Fett?«

»Na wir fetten uns doch vor dem Kampf das Jesicht dick mit Vaseline ein. Das schützt die Haut. Stoppt Blutungen bei Wunden. Iss auch jut gegen den Schweiß.«

»Angriff, natürlich, sagte Charlotte. Und lieber ohne Vaseline.«

»Na, dann nehme ick meenen beliebten Leberhakenschlag«, sagte Wiegert. »Auf den wartet das Publikum immer.«

Als er schließlich wieder im Atelier erschien, erschrak Charlotte für einen Augenblick. Es war ihr zu wenig Ausrüstung, zu viel Fleisch, zu viele Muskeln, zu viele Sehnen, zu viel Haut. Und der Boxanzug war einfach lächerlich: wie ein Strampler mit abgeschnittenen Beinen für Kleinkinder: zwei Träger am Leibchen, das übergangslos in die Hose überging.

»Können Sie das Oberteil einfach fallen lassen und an der Taille in die Hose einkrempeln?«

»Jeht alles, beim richtigen Kampf müsste ick aber Angst haben, dass mir die Hose runterfällt. Jäb' wohl ein Gejohle in der Arena!«

Übergangslos ging Wiegert in Angriffspose, und Charlotte erschrak ein zweites Mal. Aus dem freundlichen Herrn Wiegert war plötzlich ein aggressives Kampftier geworden. Es war nicht die Anspannung des Körpers, die fast tänzerische Stellung der Beine, die geballte Linke im Boxhandschuh, die auf die Blöße des Gegners wartet, um einen Treffer zu landen, die angewinkelte Rechte, bereit, einen unvermuteten Schlag abzuwehren. Es war der Kopf, der aus einem Lianengestrüpp von angespannten Sehnen herauswuchs und den Gegner mit einem bedrohlichen, ja vernichtenden Blick ansah. »Komm nur her, dich mach ich fertig«, sagte dieser. Die Brauen waren zu einer tiefen Kerbe über der Nasenwurzel zusammengezogen, die Haare aufgerichtet wie die Drohgebärde eines Gorillas. Ich muss mich dieser Aggression aussetzen, dachte Charlotte, auch wenn sie nur eine gespielte ist, erreicht sie mich. Um sie auszuhalten, kam sie in den Pausen, die Wiegert brauchte, um nicht in der eingenommenen Kampfhaltung zu verkrampfen, ins Gespräch mit dem Meisterboxer – und geriet ins Staunen. Wiegert war alles andere als eine Kampfmaschine, er war ein Mensch, der sich Gedanken über seinen Sport machte, über seine Zukunft, seine Gegner, der Gefühle zeigte, verletzlich wirkte. In den Gesprächen gewann sie immer mehr Sympathie für diesen Mann, der so anders war als alle Männer, die sie kannte.

Er war im ersten Weltkrieg in englische Gefangenschaft geraten und auf der Isle of Man interniert worden. Zwar hatte er vorher schon geboxt, aber richtig gelernt hatte er es erst als Gefangener. Womit vertrieben sich Gefangene die Langeweile im Camp? Mit Sport natürlich. Glücklicherweise hatten einige Internierte Boxerfahrung, da wurde bald heftig trainiert, wurden Kämpfe ausgetragen, Siegerehrungen mit Pappmaché-Medaillen veranstaltet. »Man entwickelt sich«, fasste Wiegert die unfreiwillige, aber doch nützliche Zeit seiner Meisterschule zusammen. 1919 war er aus der Gefangenschaft entlassen worden, 1920 hatte er an der ersten deutschen Meisterschaft im Boxen in den *Residenz*-Festsälen in der Landsberger Straße teilgenommen. »Ab da ging es immer weiter mit dem Boxen.«

Charlotte hörte ihm, der so gleichmütig plauderte, gerne zu. Sie hatte erwartet, dass er sich in seiner dominierenden Männlichkeit produzierte, dass er sie als Frau, zumal als emanzipierte Frau, ablehnte. Denn Boxer waren, so hörte sie immer wieder, so frauenfeindlich wie katholische Bischöfe oder Abgeordnete der deutschnationalen Volkspartei. Aber da hatte sie sich getäuscht.

Als Objekt der Malerei war er allerdings extrem schwierig. Allein die aufgeworfenen Muskeln zu malen, den voluminösen Brustkorb, die ausgreifenden Arme, die Oberschenkel, sprengte ihre Erfahrungen, hatte sie doch bisher ihre Modelle immer als Sitzende gemalt, von den Schauspieler-Lithografien abgesehen. Und als vollständig bekleidete Sitzende! Ihrer Tochter sagte sie: *Das ist das Schwerste, das ich je gemalt habe*, ließ dabei in schöner Ironie offen, ob nun das Schwerste oder der Schwerste gemeint sei.

Auf Charlottes Frage, was beim Boxen das Schlimmste sei, antwortete Adolf Wiegert: »*Der eigentliche Kampf ist es nicht. Man wird geschlagen und schlägt zurück. Soweit ist das ganz nor-*

mal. Und ich habe auch keine Angst davor. Aber das Schlimmste ist wirklich, wenn man ›knock out‹ ist, auf dem Boden liegt und ausgezählt wird. Vor 9 sich wieder aufzurappeln und weiterzukämpfen, sich da durchzuringen, nicht einfach aufzugeben, das ist höllisch.«

⸘

Im Januar 1923 hatte er im Zoo in Leipzig gegen Tom Jörgensen verloren und 1925 gegen Hein Domgörgen. Danach hatte eine Zeitung geschrieben, er sei zu schüchtern, zu mädchenhaft im Kampf gewesen. »So ein Wort wie ›mädchenhaft‹ vergisst du nie. Das tut einfach weh.« Überhaupt erinnere man sich immer an die Niederlagen. »Das ist aber falsch. Aber so isses nun mal. Zweiundsiebzig Mal habe ick jesiegt, über sechzig mal durch K.O., nur elf Mal verloren. Wo ick verloren habe, weiß ick alles, die Siege jehen mir im Kopf durcheinander. Man muss sich einfach immer wieder aufrappeln, das isses.«

»Und was ist das Schönste am Boxen?«

»Das Zuschlagen ist es nicht. Ick hab' ja nix gegen meinen Gegner. Aber spüren, dass man schneller ist, pfiffiger, ihn beherrscht, dass die Beine das tun, was ick will, das tut gut. Die Beinarbeit entscheidet nämlich den Kampf, nicht die Fäuste, weiß nur keener. Schön iss auch, wenn das Publikum brüllt. Wenn die Mädchen ihre Spitzentaschentücher in den Ring werfen. Und das Boxen ernährt seinen Mann«, sagte Wiegert stolz. »Ick hab' ja sonst nix gelernt. Und jetzt hab' ick sogar ein eigenes Häuschen. Man kann als Boxer aufsteigen.« Mit einem lauten Lachen setzte er den Höhepunkt auf seine Erfolge: »Und jetzt malt mich eine richtige Malerin!«

Die Sitzungen mit dem Boxer dauerten sehr lange. Wiegert zeigte große Geduld, kam sogar, wenn er abends einen Kampf hatte. »Dat iss hier so beruhigend«, sagte er. An sich hatte er sein aktives Sportlerleben beendet, aber »für 'nen guten Zweck« stieg er immer noch in den Ring. Er lud Charlotte ein, sich einen Kampf anzuschauen. Aber dazu konnte sie sich nicht entschließen.

Später schrieb sie: *Ich habe das lebensgroße Aktporträt* Boxer *gemalt. Um meine Kräfte für das Bild zu sammeln, hatte ich alles andere aufgegeben und bin alle Tage früh schlafen gegangen. Zwanzig Tage lang vier Stunden habe ich mit größter Frische gemalt.* Und nachdem der Boxer ausgestellt worden war: *Ich habe Erfolg mit meinem* Boxer! *Durch die Hauptpresse geht ein großes Lob. Ich werde nicht eitel, doch ein wenig glücklich macht es mich.*

Sie war auch glücklich, als sie das Bild an das Museum in Nürnberg verkaufen konnte. Es wurde in der Ausstellung *Deutsche Kunst der Gegenwart* 1928 in der *Norishalle* am Marientorgraben gezeigt. Das Gemälde trägt den Untertitel *Adolf Wiegert in der Kampfesphase.*

1930 las Charlotte in einer Zeitung, dass Adolf Wiegert im Alter von fünfunddreißig Jahren während einer Operation gestorben war.

Ins Morgenland

Wie nach einem langen Schlaf, der einer Todesstarre nahegekommen war, war Charlotte zu neuem Leben erwacht. Die wiedergewonnene Lebendigkeit fühlte sich noch fremd an, wie eine unbekannte Sprache, die sie erlernen musste. Aber sie war bereit, öffnete sich neuen Worten und neuen Erfahrungen. Sie wurde – als einzige Frau – in den Vorstand der Secession gewählt, eröffnete in dem gleichen Atelier, in dem Corinth seine Schülerinnen unterrichtet hatte, im Jahr 1927 ihre eigene Malschule, ihre Werke wurden in Saarbrücken, Berlin und München ausgestellt, sie malte, arbeitete an Corinths Werkverzeichnis, schrieb Tagebuch und fing wieder an zu reisen. Das Leben ohne Lovis war für sie immer noch ein fragmentiertes, aber sie begann die einzelnen Bruchstücke zu verbinden, so dass sich die Teile wieder zu einem Ganzen zusammenfügten – auch wenn die Schnittstellen als Narben sichtbar blieben.

⁂

Die Idee zu einer Orientreise kam ihr während eines trüben Nachmittags in Berlin, an dem man morgens das Licht anzünden musste, um es den ganzen Tag nicht mehr auszuschalten. Ex oriente lux! Der Geistesblitz war unwiderstehlich. Waren nicht viele Maler in den Orient gewallfahrtet, in das Reich des Sonnenaufgangs, um sich von Licht und Farben und Wärme und exotischen Motiven inspirieren zu lassen? Charlotte hatte keine Kontakte zu Kandinsky und Münter, auch nicht zu Marc, Macke oder Klee, die schon zu Beginn des Jahrhunderts in den Orient und nach Nordafrika gefahren waren. Aber sie kannte von der Secession her Max Slevogt, er war 1914 mit großem Gefolge nach Ägypten gereist und mit rund siebzig Gemälden nach Hause gekommen.

Charlotte wurde ganz aufgeregt, suchte im Bücherschrank nach Goethes *West-östlichem Divan*, aus dem ihr Corinth vorgelesen hatte.

Wer sich selbst und andre kennt,
Wird auch hier erkennen:
Orient und Occident
Sind nicht mehr zu trennen.

Sinnig zwischen beyden Welten
Sich zu wiegen, lass ich gelten;
Also zwischen Ost und Westen
Sich bewegen, sey zum besten!

»Sinnig zwischen beiden Welten sich zu wiegen ...« Sie sprach mit Mine. »Kühn, Mutti, kühn«, sagte diese, »aber muss ich da wirklich mit?« Mine hatte gerade die Schule beendet und studierte an der Kunstakademie in der Hardenbergstraße. Sie hätte Zeit, um mit der Mutter zu reisen, Lust allerdings weniger. Thomas steckte mitten in Abschlussprüfungen und würde nicht unbegrenzt über seine Zeit verfügen können, aber begrenzt. Dafür hatte er mehr Lust. Mine, achtzehnjährig, im pummeligen Zwischenstadium – nicht mehr Mädchen, noch nicht Frau –, gab zu bedenken: »Glaubst du nicht, Mutti, dass eine solche Reise sehr beschwerlich wird?«

»Für wen?«, schnappte Charlotte zurück und bereute es sofort. Das ruhige Minchen hatte es schon immer schwergehabt neben einer überaktiven Mutter, die dem Kind gerne etwas von ihrer Energie vermacht hätte. Würde es denn nicht herrlich sein, die Länder zu bereisen, deren Klang schon Assoziationen weckte nach Meer und Wüste, nach fremder Musik, Feigen und Datteln und weitem Horizont: Türkei, Libanon,

Syrien, Ägypten? Die Corinther würden eine fremde Welt erobern – und Lovis würde im Geiste mit ihnen reisen.

⁂

Nach dem euphorischen Startsignal kamen die Mühen der Planung. Thomas erwies sich als große Hilfe, wenn es darum ging, Routen zu entwerfen, Fahrpläne zu lesen, Schiffsplätze zu reservieren. Aber als er das Gepäck sah, das Mine und seine Mutter im Entrée der Wohnung zusammengestellt hatten, protestierte er energisch: »Das kommt überhaupt nicht in Frage. Wir haben keine drei Packesel, nicht einmal einen. Und wie wollt ihr beiden Frauen damit allein fertigwerden, wenn ich nach drei Wochen zurückfahre?«

»Staffeleien, Leinwände und Malsachen für Mine und mich sind das Wichtigste. Wir reisen doch, um zu malen. Und für drei Monate braucht man eben auch Kleidung und Hüte und Bücher.«

»Wirklich drei Monate«, fragte Wilhelmine noch einmal nach, die lange Zeit schien ihr nicht geheuer zu sein. Das Ende vom Lied war, dass Thomas nur zwei Baumwollkleider für jede der Frauen genehmigte und Charlottes Abendrobe, die sie tief im Schrankkoffer versteckt hatte, herauszog und aufs Bett warf. »Das brauchst du nicht!« Was wusste ein Sohn schon von Gelegenheiten, die sich für eine Frau in den besten Jahren ergeben konnten. In Ägypten gab es schließlich nicht nur Fellachen, die auf den Feldern Bohnen pflanzten.

Die Reise war mühsam – auch für Charlotte, die sich aber verbot, von Unbequemlichkeit auch nur zu sprechen. Die Corinther »wiegten« sich von Europa in den Orient, zunächst mit dem Zug bis Triest, dann ging es auf dem Schiff *Semiramis* an der dalmatinischen Küste entlang durch den Golf von Patras und schließlich durch den Isthmus von Korinth und durch das Marmarameer nach Istanbul, das damals noch Konstantinopel hieß. Die Corinther schipperten also durch den Golf von Korinth und fürchteten, das Schiff würde die Passage nicht schaffen. So schmal schien das Nadelöhr zwischen den steil aufgerichteten Felswänden.

Schon während der Schiffsreise wurde Wilhelmine immer sauertöpfischer. »Was hast du denn nur, Mädchen?«, fragte ihre Mutter. Dabei hätte sie ahnen können, was Mines Stimmung in den Rumpf des Schiffes drückte. Sie war eifersüchtig, eifersüchtig auf ihre Mutter. Wo immer sie saßen und standen, scharwenzelten die Herren um ihre Mutter herum, erbaten, im Speisesaal neben ihr Platz nehmen zu dürfen, rückten ihr die Liege auf Deck zurecht, begleiteten sie in die Bar und luden sie zu einem griechischen Wein oder einem türkischen Kaffee ein. Und ihre Mutter machte das alles mit, ließ es zu, dass sich viel jüngere Männer um sie rissen, kokettierte mit ihnen, lachte, warf Kusshändchen – und sie, die Tochter im besten mannfähigen Alter, stand an der Seite und wurde einfach ignoriert. Wilhelmine kochte vor Wut.

In Konstantinopel saßen die beiden an einem heißen Nachmittag in einem Café, das natürlich nur von Männern besucht war. Sie hatten noch nicht ihren Kaffee bestellt, als ein europäisch gekleideter Herr, der sich als Gesandter einer Botschaft vorstellte, verneigte und den Platz neben ihnen »erheischte«. So geziert sprach er. Er parlierte unaufhörlich mit ihrer Mutter, brach in Entzückensschreie aus, als er hörte, sie sei eine Malerin. »Eine Malerin, eine Malerin« – als sei diese Profession das achte Weltwunder. Als er sich verabschiedete, nahm er für einen kurzen Augenblick die schweigsame Tochter in den Blick und sagte: »Ich habe das Gefühl, das Mädchen wird *später einmal* sehr schön sein.« Mine hätte den feinen Herrn am liebsten erdolcht.

Thomas ging in Konstantinopel seine eigenen Wege, streifte oft ziellos durch den Basar und liebte es, mit Händen und Füßen um den Preis zu handeln, wenn er schöne Fayencen oder in Kupfer getriebene Kaffeekännchen kaufen wollte. Er schaute gerne den Frauen nach, aber viele waren tief verschleiert, man konnte nur am Gang ahnen, ob es sich um junge Mädchen oder ältere Frauen handelte. Manche der Jüngeren hatten den Gesichtsschleier abgelegt und schauten keck in die Welt. In der Türkei sei unter dem Präsidenten Mustafa Kemal eine Frauenemanzipation im Gange, hatte ihm jemand in Berlin erzählt. So recht mochte er das nicht glauben. Jedenfalls hütete er sich, eine junge Frau anzusprechen. Konnte man sicher sein, nicht plötzlich einen Dolch im Rücken zu haben?

Während sich Thomas Gedanken über türkische Frauen machte, entgingen ihm die Spannungen zwischen seiner Mutter und seiner Schwester. Er bedauerte es, dass er den langen Rückweg nach Berlin antreten und die beiden Frauen ihrem eigenen Schicksal überlassen musste. Zwei Frauen allein in der orientalischen Welt, wenn das nur gutging. Aber seine Mutter hatte sich noch nie den Schneid abkaufen lassen.

»Was schreibst du eigentlich die ganze Zeit«, fragte Charlotte Wilhelmine, als sie in den Deckchairs des Vergnügungsdampfers lagen, der sie von Konstantinopel nach Syrien bringen sollte. »Geh' doch mal tanzen! Alle jungen Leute tanzen wie verrückt, und du schreibst Briefe oder Tagebuch oder was weiß ich. Dazu hast du doch immer noch Zeit.« Wilhelmine hatte absolut keine Lust, sich in den Saal im Mitteldeck zu begeben und zu hoffen, dass sich ein burschikoser junger Amerikaner oder ein wohlerzogener englischer Jüngling auf Bildungsreise ihrer erbarmen und sie zum Tanz auffordern würden. Die Tänze, die dort getanzt wurden, wenn man sie überhaupt noch Tänze nennen konnte, kannte sie ohnehin nicht. Überhaupt war dieser Dampfer, auf dem es nie eine Minute Ruhe gab – auch nachts nicht –, ein Alptraum: wahrscheinlich wurde von der lausigen Bordkappelle pausenlos Musik gemacht, damit die Passagiere das hundsmiserable Essen vergaßen. Ihre einzige Rettung war, Briefe an Thomas zu schreiben. Wahrscheinlich würde er die Briefe ja erst in einigen Wochen erhalten, vielleicht auch nie. Aber sie fand es leichter, sich an einen Menschen aus Fleisch und Blut zu wenden, statt ein Tagebuch zu schreiben, das an niemanden gerichtet war. Sie gab ihrer Mutter keine Antwort, als hätte sie die Frage nicht gehört, schrieb sie einfach weiter.

Auf dem Schiff nach Syrien, 5. Oktober 1927

Lieber Tom, nachdem du gestern Morgen Richtung Berlin abgedüst warst, sind Mutti und ich ans Marmara-Meer gefahren. Mutti hat in Öl gemalt, ich habe aquarelliert. Das Motiv war gut, das Wetter ideal, aber, ehrlich gesagt, hatte ich gestern genug von der Malerei. *Diese ewige Schlepperei, dieses ewige Wuchten von schwersten Gegenständen, habe ich hassen gelernt. Man war nicht nur bepackt, sondern kam völlig erschöpft dort an, wo man schließlich sein Motiv gesucht und gefunden hatte. Fast noch unangenehmer erschien mir, daß man ständig vollgeschmiert war mit Farbe, nie ein anständiges Kleid anziehen konnte und wie ein Handwerksbursche herumlaufen mußte. Das sind Dinge, zu denen ich keine Lust mehr hatte.*

Und dann die Fahrt nach Damaskus! Mutti hatte mal wieder die tollsten Chancen bei den Männern! *Auf dem Schiff versammelten sich die interessantesten Typen um sie. Ich gebe zu, ich war ziemlich eifersüchtig, auch neidisch, wenn nicht gar beleidigt. Ich dachte mir nämlich: Mein Gott, hier stehe ich, bin jung. Und meine Mutter ist doch eigentlich eine alte Frau. Aber zu der wollen sie! Warum wollen die nichts von mir.*

Sei mir nicht böse, dass ich mich bei Dir ein bisschen ausweine. Vielleicht fährst Du gerade mit dem Zug durch Griechenland.

Gute Reise Thomas, Deine Dich liebende Schwester Mine

Beirut, *Hotel Oriental*, 15. Oktober 1927
Lieber Thomas,
Mutti ist krank. Magen-Darm-Grippe. Ich habe einen englischen Arzt gefunden und die einzige englische Apotheke, die es in Beirut gibt. Um jede einzelne Tablette muss man kämpfen. Wenn ich nicht auf dem Zimmer bin und Mutti aus dem Baedeker vorlese, sitze ich im Salon des Hotels und trinke geschätzte zehn Moccas am Tag. Und langweile mich, versteht sich. Junge Botschaftsangehörige scheint es in Beirut nicht zu geben …
Deine Mine aus der Ferne.

Damaskus, *Hotel Al Zaetona*, 19. Oktober 1927
Lieber Thomas,
wenn ich mir vorstelle, was für ein Wetter in Berlin ist, freue ich mich doch, in Damaskus zu sein. Tagsüber ist es hochsommerlich warm. Mutti und ich lieben es, in den großen Cafés der Stadt zu sitzen und dem bunten Treiben auf den Straßen zuzusehen. Abgesehen davon genieße ich diesen orientalischen Mocca, zuckersüß und nur einen Fingerhut voll. Das ist mal etwas anderes als der dünne Schlabber, der sich in Berlin Kaffee schimpft.

Zum ersten Mal in meinem Leben habe ich Melonen gegessen. Ich sage Dir, sie sind köstlich. Sonst gibt es nicht allzu viel Köstliches aus Damaskus zu berichten, na, Du weißt schon.

Deine Mine

Kairo, *Hotel Windsor*, 28. Oktober 1927
Lieber Tom!

Jetzt stell Dir einmal folgende Szene vor: Auf einem prachtvollen Platz der Altstadt von Kairo liegt das *Windsor-Hotel*, eine Mischung aus englischem Landsitz und einem Fantasieschloss aus Tausendundeiner Nacht – oder was immer sich Architekten vor hundert Jahren darunter vorgestellt haben. Es verkehren vor allem englische und französische Touristen hier; die Engländer sehr vornehm und kühl, Mutti würde sagen: »distinguiert«, die Franzosen freundlich, sofern man ihre Sprache spricht, sonst übertreffen sie die Engländer noch mit ihrem abweisenden Getue.

Vor dem Hotel erstreckt sich eine große Terrasse. Jeden Nachmittag sitzen hier die Gäste, behütet von weißen Sonnenschirmen, beim Five o'Clock Tea, die Franzosen trinken Kaffee. Alle sehr gut gekleidet, alles comme il faut.

Und jetzt kommt eine Szene wie im Kino: Auftreten zwei Frauen, europäische Frauen wie es scheint. Die Gesichter sind unter den Sonnenhüten kaum zu sehen. Aber die Kleidung! Skandalös! Die langen Röcke vollkommen verdreckt, die Blusen eingestaubt, die Schuhe, Halbschuhe mit sehr dicken Sohlen, wie man sie in Schweizer Bergdörfern tragen mag, vor Schmutz starrend. Sie hieven schwere Malerutensilien über die Treppe zum Haupteingang – und jetzt wissen alle Gäste auf der Terrasse, das können nur die beiden deutschen Malerinnen sein. Schon kommt der Hotelier herangestürmt, Monsieur Ibrahim, »Mesdames, wo um Gotteswillen sind Sie nur gewesen, was ist Ihnen passiert?« Die ältere der beiden Frauen zieht ihren Tropenhut ab, der Staub fliegt in sanften Schwaden auf den Boden, Sand rieselt aus Rock und Leinenjacke. Monsieur Ibrahim winkt sofort einem Boy, der mit einem Palmwedel den Steinfußboden säubert. Die Dame lacht: »Wir haben einen

Ausflug in die Wüste gemacht. Ja, wir haben uns ein Taxi genommen. Es war ein altes, klappriges, offenes Auto, das jeden Augenblick auseinanderzufallen drohte, aber es fiel nicht auseinander. Der Fahrer ist über eine unbefestigte Sandpiste geprescht, ein wahres Abenteuer.«

Lieber Tom, was sagst Du nun? Es war einfach ein herrliches Vergnügen zu sehen, wie Monsieur Ibrahim nur noch wie ein Ölgötze glotzte. Und all die feinen Damen und Herren auf der Terrasse. Du hast ihnen richtig angesehen, wie entsetzt sie waren. Mutti war einfach kolossal. Ich glaube, sie wäre auch eine gute Schauspielerin geworden. Jedenfalls hat sie ihren Auftritt genossen. Und ich auch!

Später hat uns Monsieur Ibrahim noch Vorhaltungen gemacht und versucht, uns nachträglich Angst einzujagen. »Aber Mesdames, wissen Sie nicht, dass Sie Ihr Leben riskiert haben. Sich einem Gauner von Taxifahrer auszuliefern, der Sie mitten in der Wüste aus dem Auto werfen kann. Oder der Fahrer kommt vom Weg ab, verliert die Orientierung. Ein Sandsturm kann innerhalb von Minuten ein Auto vollständig zuwehen, sie finden nie wieder heraus. Sie landen in den Dünen, sind hoffnungslos verloren, nur die Hyänen wittern ihre nächsten Opfer. Und so etwas unternehmen Sie als Frauen!«

Eines muss ich Mutti ja lassen, sie hat wirklich keine Angst. Hätte ich mit irgendjemand sonst solch eine Tour machen können? Manchmal ist sie einfach grandios.

In unserem Hotel, so fein es ist, flackern mal wieder die Lampen, das bedeutet, bald fällt der Strom aus. Ich schreibe morgen weiter.

Deine Mine, die heute Abend richtig glücklich ist, obwohl ihr alle Knochen von der halsbrecherischen Fahrt in dem miserabel gefederten Wagen wehtun.

Kairo, *Hotel Windsor*, 29. Oktober 1927

Lieber Thomas,

natürlich fiel gestern Nacht wieder einmal der Strom aus, aber das macht uns schon nichts mehr aus. Jetzt will ich Dir schnell unser Abenteuer in der Wüste zu Ende erzählen, denn morgen geht es weiter nach Luxor.

Mutti hat vorne neben dem Fahrer gesessen, sie strahlt ja Autorität aus, ich glaube, sie schüchtert jeden ein, wenn sie das will. Aber sie hat keinen Einspruch erhoben, als der Fahrer etwas wild drauflosfuhr. Ich saß im Fond und habe aus dem Fenster geschaut. Die Wüstenlandschaft war einfach kolossal, eintönig und abwechslungsreich zugleich. Es war, als wenn man in einem Märchenbuch lesen würde. Kamelkarawanen, begleitet von vielen Männern in strahlend weißer Kleidung, zogen langsam am Horizont dahin, ein Beduine in fliegendem Gewand und mit hochgestülptem Turban stürmte mit seinem Pferd im Galopp an unserem Auto vorbei und wirbelte so viel Sand und Staub auf, dass wir minutenlang wie in tiefer Blindheit weiterfuhren. Ich habe laut aufgeschrien, aber der Fahrer hat beruhigende Laute von sich gegeben und sie immer wiederholt. Die arabische Sprache ist für mich eigentlich nicht beruhigend, sie hat so raue Kehllaute, die knirschen im Rachen, als hätte man zu viel Sand geschluckt.

Als wir in unser Zimmer kamen, waren wir vollständig von Sand überzogen, sogar an den abwegigsten Stellen. Aber Sand kann man abwaschen, die Wüste, so wie wir sie erlebt haben, wird uns im Gedächtnis bleiben. Einfach nur schade, dass Du nicht bei uns warst, obwohl wir männlichen Schutz nicht gebraucht haben. Aber Du wärest auch begeistert gewesen.

Deine Mine

Kairo, *Hotel Windsor*, 5. November 1927
Mein lieber Thomas,
es sind schon über sechs Wochen vergangen, dass wir uns in Konstantinopel verabschiedet haben, die Zeit vergeht, wie sie immer vergeht, wenn man nicht zu Hause ist, im Fluge. Und wir haben noch wenig malen können, was ich sehr bedauere. In Beirut war ich krank und musste vierzehn Tage das Bett hüten. Kaum waren wir in Ägypten angelangt, legte sich Minchen nieder mit der Krankheit, die die Einheimischen den »Fluch des Pharao« nennen. Minchen fand das gar nicht lustig, sie musste literweise Rizinusöl trinken, das war für sie das Schlimmste.

So haben wir erst in den letzten Wochen Ägypten entdecken können. Wir machten viele Exkursionen wie alle Ägypten-Reisende, waren natürlich bei den Pyramiden. Wir waren in Luxor und Assuan, haben das Grab des Tutanchamun besucht, das ja erst vor fünf Jahren entdeckt worden ist und sich noch nahezu unberührt im Glanz der Hieroglyphen und Wandmalereien zeigt. Wir waren beeindruckt. Aber so großartig das alles ist – natürlich auch der Säulenwald im *Karnak*-Tempel, natürlich der Nil – so muss ich Dir sagen, auch wenn Dich das enttäuschen mag, interessiere ich mich einfach mehr für die Gegenwart als für den altägyptischen Totenkult und die Freskenmalerei in den Gräbern. Ich will keine Pyramiden malen – da gibt es übrigens in jedem Basar ganz grauenhafte Ansichten – mich interessieren die Menschen. Der Liftboy in unserem Hotel ist mir ein besseres Objekt als die Sphinx von Gizeh. Ich habe es doch mehr mit Fleisch und Blut als mit totem Gestein.

Ich bin gespannt, was Du zu einem Bild sagst, das ich vor zwei Tagen abgeschlossen habe: Ich habe einen jungen Ägypter porträtiert. Der Mann hat negroide Gesichtszüge, wir sind ja in Afrika. Ein aufgeworfener Mund, breite Nasenflügel schmale Lider, unter denen die Augen gesenkt sind. Auf dem Kopf trägt er einen Turban. Was ich malen wollte und was mir wohl gelungen ist: auf seinem Gesicht liegt ein besonderer Glanz. Ich wollte die Würde und Melancholie festhalten, die ich in diesen Menschen verkörpert sehe, auch in den ganz einfachen. Gerade in ihnen.

Wir waren von Assuan aus auf der Halbinsel Elefantine, die mitten im Nil liegt. Sie ist für ihren Rosenquarz berühmt. Hier war ich fasziniert von den Frauen, die fast alle in tiefschwarze fließende Gewänder gehüllt waren und wie Raben davonflogen, wenn wir uns ihnen mit Malzeug oder Fotoapparat näherten. Oder sie pressten ein schwarzes Tuch vor das Gesicht, um anonym und unsichtbar zu werden. Es gelang mir, auf Französisch zu einigen der Frauen Kontakt aufzunehmen und sie davon zu überzeugen, dass es keine Sünde und kein Verstoß gegen Allahs Willen sei, wenn sie sich von mir malen ließen. Ein ordentliches Bakschisch war dann noch wichtiger als jedes Argument.

Du darfst gespannt sein, mein lieber Sohn, und ich weiß, dass Du alles, was wir als Ernte unserer Reise mit nach Hause bringen, mit Wohlwollen betrachten wirst.

Minchen ist meistens guter Dinge, manchmal etwas missmutig, ich glaube, sie verträgt das Klima nicht so gut wie ich.

An Weihnachten wollen wir wieder in Berlin sein. Dann machen wir es uns bei Kerzenschein in der Klopstockstraße gemütlich.

Es umarmt Dich von Herzen, Deine Dich liebende Mutti

⁓

Charlotte und Wilhelmine kehrten gesund nach Hause zurück. Die Bilder hatten sie von Ägypten aus vorausgeschickt. Leider sind nur zwei Originale in Museen und zwei Bilder in Reproduktionen erhalten. Alle Bilder von Frauen auf Elefantine, die Zeitgenossen wegen ihrer besonderen Schönheit rühmten, sind verschollen.

Erhalten sind Fotos der Reise. Auf einem Foto, das in Luxor im Tempel der Mondgöttin Muth aufgenommen wurde, steht Mine steif vor einer steinernen Sphinx, Charlotte aber lehnt sich salopp und respektlos an die Figur, legt eine Hand an den Kopf, eine andere unternehmungslustig in die Hüfte, stützt das Spielbein auf dem Fuß des göttlichen Wesens in Tiergestalt ab. Sie, die immer im Malen den Dialog mit dem Objekt sucht, offenbart sich hier als eine Touristin, die Sehenswürdigkeiten besucht, ohne sich dem Fremden wirklich zu öffnen.

Schon Rilke beklagte während seiner Ägyptenreise 1923 die einsetzende Tourismusindustrie mit ihren programmierten Besichtigungen. *In Aegypten ist die Reisetechnik so weit entwickelt, daß der Fremde, der sich nicht fortwährend wehrt, als solcher, in Bausch und Bogen behandelt zu sein, rein nicht mehr Zeit behält, etwas zu sehen, so unaufhaltsam wird ihm gezeigt, was zu zeigen Tradition geworden ist, es ist zum Verzweifeln.* Rilke weiß sich zu wehren: *Oft habe ich getrotzt und bin mit meiner arabischen Grammatik und dem Wörterbuch auf dem Schiff geblieben: wunderbare Abende, Nächte, wo einen der ganze Raum behandelt, als wäre man ein Rosenblatt.*

Solcher Widerstand war Charlotte und Wilhelmines Sache wohl eher nicht.

Die sich selbst gehört

In Bozen schreibt Charlotte 1930 in ihr Tagebuch: *Ich gelobe mir selbst, daß ich voller Bewußtsein meine Natur zu ihrer vollen Befreiung führen werde. Ich will mir noch einmal ganz angehören, meine ganzen Kräfte sammeln für meine Malerei. Ich werde mir Freuden gestatten, Ruhe und Arbeit. Ich will alles malen, was ich will und wie ich es will. Ich will in vollkommener, innerer Harmonie leben. Die Kinder sollen eine starke Mutter behalten, die sich selbst gehört.* Sie beginnt dieses neue Leben mit Veränderungen. Sie gibt zwei Etagen der großbürgerlichen Wohnung in der Klopstockstraße 48, die sie mit Corinth bewohnt hatte, auf, in den Dreißigerjahren auch die dritte, um sich eine kleine Wohnung zu nehmen, und diese fern vom repräsentativen Plüsch- und Eichendekor wilhelminischen Stils einzurichten. Sie ist ohnehin ständig auf Reisen. Italien wird ihr für fast zehn Jahre mehr Heimat als Berlin. Nach Urfeld zieht es sie bald gar nicht mehr: das Haus der früheren Glückseligkeit ruft nur noch den Schmerz des Verlustes auf: *Urfeld ist wertlos geworden ohne dich.*

Zunächst gab es ein kurzes Intermezzo in Saint-Lunaire in der Bretagne. Irgendjemand mochte ihr vorgeschwärmt haben, dass man in der Bretagne Ruhe finde. Ruhe fand sie, mehr als ihr lieb war. Die Schwester der Ruhe hieß Einsamkeit. *Die Einsamkeit ist ekelhaft, sie macht mich stupide.* Die herbe Landschaft, die verschlossenen Menschen, das kühle Wetter, der nie nachlassende Wind, die kaum zu heizende Fischerkate, die sie gemietet hatte, das alles multiplizierte sich zu einer Fehlentscheidung, die es so schnell wie möglich zu korrigieren galt. Sie floh aus der Bretagne, um in Italien zu finden, wonach sie suchte: Leben in den buntesten und sinnlichsten Farben. Brauchte man wirklich Ruhe zum Malen oder eher Inspirationen, die einer vitalen Unruhe entsprangen?

Alassio war zu Beginn der Dreißigerjahre ein bei Engländern beliebter Ferienort an der ligurischen Küste von etwa fünftausend Einwohnern, deren Zahl sich im Sommer verdoppelte. 1932 mietete Charlotte hier eine Villa am Meer. Für die Jüdin Charlotte Berend hätte das eine Emigration sein können, aber sie sah das nicht als solche an. Für sie war ihr Jüdischsein belanglos. Es gab gerade in Berlin viele akkulturierte Juden, die ihre Religion nicht praktizierten, den jüdischen Geboten vollkommen indifferent gegenüberstanden. Die Berends waren solch eine Familie gewesen. Aber spätestens Anfang der Dreißigerjahre mussten Juden, gleichgültig, ob praktizierend oder nicht, die Bedrohung durch den Antisemitismus der Nationalsozialisten und dessen Resonanz in der Bevölkerung wahrnehmen. Ausgrenzung schafft Identität, wenigstens eine negative. Nichts von alledem kann man bei Charlotte Berend beobachten. In den drei großen autobiografischen Werken blendet sie das Jüdischsein und die Judenverfolgung in der Zeit des Nationalsozialismus völlig aus.

Auch wenn sie in Italien oder in der Schweiz weilte, musste sie wissen, dass die Nazis mit der Kanzlerschaft Hitlers an die Macht gekommen waren, wissen, was in der Reichspogromnacht geschehen war, was die Nürnberger Gesetze für die deutschen Juden bedeuteten. Auch wenn sie wenig Kontakt zu ihrer Schwester Alice hatte, wusste sie, dass sich deren zweiter Mann, der Maler Hans Breinlinger, von der Jüdin Berend hatte scheiden lassen, »auf gesellschaftlichen Druck hin«, wie die Passepartout-Formel bei solchen Trennungen hieß, dass die einstmals so erfolgreichen Bücher ihrer Schwester verboten wurden und Alice mit ihrer Tochter nach Florenz emigrierte, wo sie total verarmt lebte, weil sie ihr Vermögen nicht transferieren durfte. An dem konnte sich der geschiedene Ehemann gütlich tun.

All diese Nachrichten bedeuteten Charlotte offensichtlich nichts, oder, was wahrscheinlicher ist, sie verdrängte alles. Dabei wurde sie als Jüdin öffentlich aus der Secession ausgeschlossen, die jetzt »völkisch« auf Linie gebracht wurde. Ihr Bild *Der Boxer* wurde als »entartet« beschlagnahmt und mit einem X markiert, was bedeutete, zur Vernichtung bestimmt. Aber Charlotte tabuisierte das Wort Exil, auch wenn realiter Italien immer mehr für sie zum Exil wurde. Sie war abgeschnitten vom Berliner Geistesleben, in dem sie in der Weimarer Zeit beheimatet gewesen war. Sie hatte ihre Wurzeln verloren. Sie malte keine Porträts mehr von Theaterleuten und Intellektuellen, mit denen sie verkehrt hatte. Sie malte jetzt reizende Landschaften und reizende Stillleben. Den Verlust der Substanz ihrer Motive empfand sie deutlich: *Ich male keine würdigen Bilder mehr.* Und dann zählt sie die »unwürdigen« Motive auf: *Ein paar braune Kühe, verschneite Berge, eine smaragdgrüne Wiese – einen Mond.*

Nicht das Motiv entscheidet über den Rang eines Kunstwerks, aber Charlotte nimmt mit der Klarheit ihres künstlerischen Gewissens wahr, dass auch die Ausführung der Sujets immer mehr ins Genrehafte gerät. Bilder und Aquarelle bekommen etwas Beliebiges. Im Vordergrund ein paar Fischerboote, blaues Meer, grüne oder weiße Hügelkette im Hintergrund, oder südliche Häuserzeile, Meer, Berge im Hintergrund. Wenn sie Alassio verlässt und in Italien herumreist, wechseln die Fischerboote und werden zum Vesuv oder zur sizilianischen Straßenszene.

Sie ist äußerst produktiv, sie lebt ihrer Malerei, die Sinnlichkeit des Südens ist und bleibt für sie die wichtigste Quelle der Inspiration. Ihre Bilder zeigen die routinierte Technik einer erfahrenen Malerin. Es fehlt die Originalität, das Rigorose und im besten Sinne Rücksichtslose früherer Schaffensperioden.

Aber *sie lebte sich aus,* wie es Wilhelmine bündig, wohl auch missbilligend formuliert, die zu dieser Zeit in einer unglücklichen Ehe in Hamburg lebt. Zwar kommt ihre Mutter Anfang der Dreißigerjahre noch ab und zu nach Hamburg, um sie zu besuchen, aber auch, um ihr Vorwürfe wegen ihrer Trägheit zu machen. Denn nach einem abgebrochenen Kunststudium und einem kurzen Zwischenspiel als Schauspielerin sitzt Mine den lieben langen Tag in ihrer Wohnung und wartet darauf, dass ihr Mann, ein angehender Ingenieur, nach Hause kommt. Charlotte empört sich über Mines Regression in die Rolle eines anspruchslosen braven Hausfrauchens, das völlig verödet. Sie schickt monatliche Geldzuweisungen, damit sich das junge Paar ein Dienstmädchen leisten kann. Das löst bei Mine aber auch keinen Energieschub aus, sie dämmert verdrossen vor sich hin.

Ihre Mutter aber lebt sich aus. Sie ist Anfang fünfzig, wohlhabend. Italien ist billig, sie kann sich einen angenehmen Lebensstil leisten. Und die Männer erliegen immer noch ihrem Charme. Einmal ist es ein venezianischer Baron, der ihr zu Füßen liegt und eine *amitié amoureuse* begehrt. Sie fährt nach Neapel und macht die beglückende Erfahrung. *Die Männer sind zur Frau immer amourös eingestellt.* Den Januar 1933, der in Deutschland für viele Menschen düsterste Perspektiven bringt, erlebt sie im sonnigen Sizilien, in dem die Männer noch amouröser als in Neapel eingestellt sind. Erst geht sie nach Taormina, später nach Palermo, wo sie sich eine schöne Villa mietet. *Ich will nichts anderes mehr als malen. Jetzt denke ich nur noch an meine Aquarelle,* versteht den Rückzug auf ihre Arbeit aber gewiss nicht in dieser Ausschließlichkeit. Sie bleibt zwei Monate in Sizilien, gönnt sich wieder einige Tage in Neapel, genießt die Fülle der südlichen Italianità und kommt zur Kamelienblüte nach Alassio zurück.

Das Leben beschert ihr in diesen Jahren eine Leichtigkeit, wie sie sie höchstens in ihrer frühen Kindheit erfahren hatte.

Im Jahr 1934 gibt es in Alassio, wo sie inzwischen wie eine Einheimische angesehen wird, eine Ausstellung mit fünfzig ihrer Bilder. Was sagt Charlotte dazu? »*Und auf keinem dieser fünfzig Bilder hat mehr Lovis' Auge geruht.*«

»Das kann man nun so oder so verstehen«, kommentiert eine Freundin.

Fernando

Schon der Name war Musik, drei Silben, die auf einem melodischen Auslaut enden, einem o, bei dem man den Mund spitzt wie zu einem Kuss. Charlotte lernte ihn 1935 in Alassio kennen. Sie war fünfundfünfzig Jahre alt, über sein Alter schweigt sie sich aus, aber er scheint eher dreißig als zwanzig Jahre jünger gewesen zu sein als sie, ein Maler und ein schöner Mensch. Es entwickelt sich eine amour fou zwischen einem Narr und einer Närrin mit dem Potenzial einer Eifersuchtstragödie antiken Ausmaßes.

Fernando warb um sie mit der tyrannischen Leidenschaft, die man gemeinhin von einem Latin Lover erwartet. Es reichte ihm nicht, dass sie ihn einlud, mit ihm in der schönen Villa am Meer zu leben. Sie sollte schwören, dass es für immer und ewig sei. Charlotte lächelte und dachte zurück an die von Corinth so gern zitierten Mörike-Verse: *Lieb' ist wie Wind, / Rasch und lebendig, / Ruhet nie, / Ewig ist sie, / Aber nicht immer beständig.* Natürlich schmeichelte es ihr, dass ein so junger Mann sie am liebsten vom Fleck weg geheiratet hätte, aber sie war doch nicht von allen guten Geistern verlassen. Fernando war zutiefst gekränkt. »Wenn du mir nicht ewige Liebe schwörst, melde ich mich sofort als Kriegsfreiwilliger, gehe nach Abessinien und lasse mich von den Schwarzen niedermetzeln.« Der verrückte Mensch meldete sich tatsächlich zum italienischen Feldzug gegen Abessinien. Das hatte Charlotte nicht erwartet. Sie war am Boden zerstört. Da hatte sie einen Mann gefunden, der sie glücklich machte, und der stürzte sich jetzt ohne Not ins Kriegsgetümmel.

Aber Fernando wurde nicht niedergemetzelt, im August 1936 kam er aus Abessinien zurück. Charlotte erwartete seine Ankunft zitternd auf der Terrasse ihres Hauses, der Villa

Gothika. Die Sonne versank in der Bucht, dramatisch im Meer, dunkle Wolken zogen auf. Fernando hatte sich durch einen Boten angemeldet, aber es dauerte lange, bis er kam. Charlotte konnte kaum noch ihre Ungeduld zügeln. Was hatte sie gelitten in der Zeit seiner Abwesenheit! Schließlich tauchte er wie ein Gott von der Meerseite auf, der Duft nach Zigaretten und einem Rasierwasser aus Lavendelextrakt wehte ihm voraus.

Er tänzelte auf die Veranda mit Schritten, die einen Tango verhießen. Er trug weiße Hosen und einen himmelblauen Pullover. Die dunklen Locken fielen ihm in die Stirn, seine Augen blickten ernst. Charlotte wurde so schwach, dass sie sich nicht aus ihrem Korbsessel erheben konnte. Das erleichterte es ihm, sich neben sie niederzuknien und ihre Hand zu ergreifen: »Carissima, hast du es dir überlegt? Für ewig oder nie? Was wird aus uns?«

Es ist wie in einem schlechten Lustspiel, dachte Charlotte. Haben Luke und ich nicht solche Szenen in den *Vaudeville-Theatern* in Paris gesehen, als wir dort vor vielen Jahren Silvester und Neujahr verbrachten?

»Bleib hier, Fernando, geh nicht zurück in den Krieg! Bleib hier!«

»Auf ewig?«

»Auf immer.«

In der Nacht dieses bewegten Tages schreibt Charlotte in ihr Tagebuch: *Das Leben muß ganz fest zwischen die Fäuste genommen und gezügelt werden wie ein wildes Pferd, das habe ich in diesen Jahren verstanden, sonst wird man zertrampelt.*

Dem wilden Pferd, das da Fernando heißt, hat sie die Zügel angezogen.

Das ungleiche Paar geht auf Reisen. Charlotte sucht die Ziele aus, die Hotels und bezahlt für beide. Sie fahren im September 1936 nach Venedig, dann nach Lerici, dem Ort an der

Küste der Dichter, wo Percy Shelley ertrunken ist und Lord Byron den Golf von La Spezia von Porto Venere bis Lerici durchschwommen hat. Wochenlang leben sie auf der Insel Ischia im Golf von Neapel. Dort malt Charlotte den jungen Gott ihrer späten Liebe. Das Porträt zeigt einen sehr schlanken Mann vor einer Hafenkulisse sitzend, im Hintergrund sieht man Segelboote, Meer und bewaldete Hügel. Fernando wird als Dandy in Pose gesetzt, er trägt über weißem Hemd und gestreifter Krawatte ein Jackett, auf das militärische Rangabzeichen genäht sind, die überschlanken nervösen Hände sind mit Ringen geschmückt. In seinem Mund unter einem gelackten Menjou-Bärtchen steckt eine Pfeife, der Rauch kräuselt sich bis zur Schläfe. Die Brauen sind leicht hochgezogen, der Blick der Augen geht scharf zur Seite, was dem Gesicht einen fragenden, aber auch hochnäsigen Ausdruck verleiht. »Der schöne Mann macht mich glücklich«, sagt Charlotte. So eindrucksvoll das Porträt Fernandos ist, naturalistisch wie eine Fotografie, so lädt es dazu ein, Vergleiche zu ziehen zu den großen Porträts ihrer Berliner Zeit. In den Porträts der Schauspielerin Lucie Höflich, des Architekten Hans Poelzig, des Grafologen Raphael Schermann zeigt sich eine größere Freiheit in der Durchführung, Charlotte kommt es hier mehr auf die Persönlichkeit und die individuellen Leistungen der Gemalten an. Fernando ist nur Oberfläche, Fassade. Bei dem feinnervigen Raphael Schermann spürt man die Neigung zur spirituellen Versenkung, die aufgestützte linke Hand ruht an der Stirn, sein Blick kommt aus der Tiefe, als sei er gerade beim Studium einer Schrift überrascht worden. Bei Poelzig offenbart sich die souveräne Gestaltungskraft des Baumeisters, bei Lucie Höflich das Kokettieren mit männlichen Rollen.

Charlotte malt im Porträt Fernandos ihre Liebe – und auch schon die Konflikte, die sie mit dem Geliebten hat. Sie räsoniert, ob er ihre Malerei befördert: *Das Zusammenleben mit Fernando würde mir keine Erhöhung bringen, was das Malen betrifft. Allein lebte ich traumumsponnener. Ich muß meine Bilder singen können, so einfach wie ein kleines Lied, dann sind sie richtig.*

Sie reisen nach Amalfi. Es gibt Streit, Eifersüchteleien, Versöhnung. Charlotte erhält aus Hamburg die Nachricht, dass Mine einen Jungen geboren hat, Michael. Sie ist Großmutter geworden. Natürlich bindet sie diese Tatsache, die sie ja nur alt machen kann, ihrem Liebhaber nicht auf die Nase. Als der aber in ihrem Gepäck einen Strampelanzug findet, glaubt er, dass sie ihm ein Kind verschwiegen hat und macht ein Riesentheater. Soll sie ihm sagen, dass sie inzwischen sechsundfünfzig Jahre alt ist und nur schwerlich die Mutter eines Strampelkindes sein kann?

⚜

Der Anfang vom Ende der ewigen Liebe beginnt in Florenz. Charlotte erkrankt und wird in ein Krankenhaus eingewiesen. Dort aber kümmert sich niemand um sie. Fernando lässt sich nicht blicken. Mit Krankheit kann er einfach nicht umgehen. Er sitzt auf der Piazza, raucht Pfeife, trinkt Wein und genießt die Sonne. Sein Hotel ist bezahlt, irgendwann wird Charlotte schon wieder auftauchen. Charlotte ruft Mine an, es geht ihr immer schlechter. Die Tochter reist aus Hamburg nach Florenz, sorgt dafür, dass ihre Mutter angemessene ärztliche Betreuung erhält. Sie bleibt, bis es Charlotte besser geht. Als diese aus dem Krankenhaus entlassen wird, sitzt Fernando im Garten des Hotels, blättert in einer Sportzeitung, trinkt schon am frühen Morgen Rotwein. »Endlich bist du wieder da!«, ruft er. »Carissima, ich bin entzückt. Aber warum siehst du so blass aus? Seit

Wochen scheint doch die Sonne.«

Da weiß Charlotte, dass sie Abschied von ihrer Jugend nehmen muss.

Kapitel 4

In der Neuen Welt

Wasserfälle von Licht

Zu ihrem fünfundsiebzigsten Geburtstag im Mai 1955 schrieb Thomas Corinth seiner Mutter einen Brief:

Meine geliebte Mutti.
Zu Deinem Geburtstag gratuliere ich Dir von ganzem Herzen. Mit meinen Gedanken und Wünschen bin ich auch bei Dir, wenn ich auch nicht die mir so wertvollen und schönen Besuche bei Dir mache. Dabei möchte ich Dir sagen, wie sehr dankbar ich Dir bin, für Deine verständnisvolle Güte, für das Schöne Deiner Kunst, Deiner Welt, welche Du mir immer nahe gebracht hast. Und die mir so viel bedeutet. Und da ist so vieles andere, wo Du mir mit Rat und Tat und Liebe verständnisvoll und klug zur Seite gestanden hast. Und immer weiter stehst. Wie sehr ich Dich liebe, weißt Du ja wohl, meine Mutti, und immer wieder möchte ich meine herzlichen Geburtstagswünsche für Dich wiederholen. Gleichzeitig möchte ich meine Bewunderung und meinen Respekt für Dich ausdrücken. Für Deine große Kunst, wo ich mir des Vorzuges bewußt bin, daß Du mir Deine Meisterwerke in der Entstehung und Vollendung zeigst und es mir erlaubt, mich über sie zu äußern. Wie bewundere ich Deine selbstlose und tatkräftige Lebensweise und Lebensweisheit und Vielseitigkeit. Ich bin nicht der Erste und nicht der Einzige, der Deine Größe, Deine Generosität, Jugendlichkeit und viele andere Vorzüge erkannt und gewürdigt hat. Und last not least, bewundere und liebe ich Deinen erfrischenden und liebevollen Humor, der das Zusammensein mit Dir verschönt. Was ich hier schreiben kann, ist nur ein kleiner Teil meiner Liebe, Bewunderung und meiner Gunst für Dich, der besten Mutter im wahrsten Sine des Wortes. Ich gratuliere.
Dein Dich liebender und dankbarer Sohn Thomas.

Das Verhältnis von Müttern zu Söhnen ist häufig ein besonders inniges. Dass Thomas nach Lovis zum zweitwichtigsten Mann in Charlottes Leben wurde, hat sie selbst darauf zurückgeführt, dass sie ihn unter besonderen Schmerzen und Risiken für ihr eigenes Leben geboren hatte. Thomas entwickelte sich zu einem echten Corinther, einem Menschen, der sich ganz in die Geschichte der außergewöhnlichen Familie Corinth einschrieb, das Andenken an alle Verwandten hochhielt. In minutiösen Studien erforschte er die Vergangenheit der Eltern, hob jeden Brief, jedes noch so kleine Zettelchen auf, sortierte alles und ordnete es historisch ein. Aus vielen Briefen und Schriftstücken schuf Thomas eine einzigartige Dokumentation zu Lovis und Charlotte Corinth.

Dabei war er von Haus aus Ingenieur. Er war 1931 in Berlin diplomiert worden und nach New York übergesiedelt, um an der *Columbia*-Universität seinen Master zu machen. Zu dieser Zeit war es ein mutiger Entschluss, sich allein und ohne Rückhalt in die Neue Welt zu begeben, in der Hoffnung, dort sein Glück zu machen. Eine Emigration oder gar Flucht war es nicht. Er hatte zu diesem Zeitpunkt genauso wenig wie seine Schwester ein Bewusstsein, als Kinder einer jüdischen Mutter im Nazi-Deutschland gefährdet zu sein. Beide Kinder waren nach der Religion des Vaters Protestanten, sie waren getauft und konfirmiert und in der Familie nie mit dem Judentum in Berührung gekommen. Nein, es war der berufliche Ehrgeiz, der ihn trieb, der Optimismus, in den USA andere berufliche Optionen zu haben als in Deutschland. Er spezialisierte sich auf Flugzeugbau.

Je mehr sich die politische Situation in Deutschland zuspitzte, desto größere Sorgen machte er sich um seine Mutter: »Komm doch in die USA. Hier bist du in Sicherheit. Du findest dich schon zurecht. Du wirst dich eingewöhnen. Du hast ja mich«, beschwor er sie in Briefen und Telefonaten. Aber Charlotte wiegelte ab. Sie fühlte sich wohl in Italien, sie sprach perfekt italienisch, in Alassio wurde sie auf der Straße, in Geschäften und Cafés wie eine alteingesessene Bürgerin begrüßt. Sie fühlte sich in Sicherheit. Und schließlich war da noch Fernando.

Aber Thomas ließ nicht locker. Alle paar Wochen erklärte er ihr die Weltlage, sprach von den Flüchtlingsströmen, die in den USA eintrafen, von den vielen Bekannten aus ihrer Berliner Zeit, die nach New York kamen. Von dem unseligen Bündnis Mussolinis mit Hitler-Deutschland. Erst nach der Annexion Österreichs, der Reichspogromnacht, dem Münchner Abkommen und dessen Bruch mit der Zerschlagung der Rest-Tschechei geriet Charlottes Haltung ins Wanken.

Es war allerhöchste Zeit. Thomas dirigierte von New York aus die Abreise seiner Mutter, sorgte dafür, dass sie von Italien nach Ascona zog, um dort in Ruhe abzuwarten, bis die schwierigen Einreiseformalitäten geklärt waren. Jeder, der Anna Seghers *Transit* gelesen oder die Hintergründe von Walter Benjamins Selbstmord beim Überqueren der spanischen Grenze kennt, ja, auch wer *Casablanca* gesehen hat, weiß, welche Verzweiflung unter den Flüchtlingen herrschte, welche Todesangst sie ausstehen, welche Demütigungen sie in Kauf nehmen mussten. Da hatte es Charlotte vergleichsweise komfortabel, weil sich der Sohn um alles kümmerte. Sie musste nicht jeden zweiten Tag auf einem Amt vorstellig werden, um die Aufenthaltsgenehmigung verlängern zu lassen, musste nicht vor den Niederlassungen der Reedereien anstehen, um eine Schiffspassage zu erkämpfen. Sie erlebte den Frühling am lieblichen Lago Maggiore, die Kamelien blühten, an der Strandpromenade bewegte sich die elegante Welt, als ob in Europa die Sommermode des Jahres 1939 das wichtigste Thema wäre, das man sich angelegen sein lassen müsste.

Obwohl es ihr in Ascona komfortabel ging, lebte sie doch auf Abruf, die Warterei zermürbte sie. Als sie im Mai eine Herzattacke erlitt, kam Thomas selbst nach Ascona. Er packte ihre Sachen, verpackte vor allem die Bilder Corinths, die sie aus Deutschland erst nach Italien und dann in die Schweiz mitgenommen hatte, als Schiffsgut – in der irrwitzigen Hoffnung, dass diese New York erreichten. Die Bilder sollten viele Wochen später tatsächlich am Ziel ankommen. Und auch Mutter und Sohn gelang es nach langer Bahnfahrt über Paris, Cherbourg zu erreichen und dort Plätze auf einem der letzten Fährschiffe zu reservieren, das noch vor dem Beginn des Krieges Europa in Richtung Amerika verließ.

Die ersten Tage in New York waren verwirrend. Der Kontrast zwischen der ligurischen Küste und Manhattan hätte kaum gewaltiger sein können. Charlotte kam sich vor wie eine Schwimmerin im Ozean, die erst schwimmen lernen musste. Immer wieder schwappten Wellen von Unverständnis und Ratlosigkeit über sie hinweg. Aber auch Wellen von Begeisterung über diese Stadt, in der ein anderer Rhythmus herrschte als in Berlin. *Dort* [am Times Square] *pulsiert New York. Dort flimmern und flammen, zucken und rieseln und sprühen die Lichtreklamen. Wasserfälle von Licht. Riesengrosse rauchende Negerköpfe und dampfende Kaffeetassen schmücken die Fassaden. Kino bei Kino, Musik aus offenen Türen von Spielbuden und Restaurants; Verkäufer von Blumen und Schlipsen. Eine stets wogende Menschenmenge. Sehr feine Europäer sagen. »Keine 10 Pferde kriegen mich dahin.« Ich bin nicht so fein, ich bummle gern dort entlang. Ich liebe New York. Liebte es vom ersten Tag meines Herkommens an.*

Obwohl Thomas mit ihr auf dem Schiff eifrig Englisch geübt hatte, verstand sie in den ersten Wochen kein Wort und wurde auch selten verstanden. Thomas half, wo er konnte – aber er musste auch seine Firma für Flugzeugteile leiten, die er ihretwegen wochenlang vernachlässigt hatte. Er hatte ihr eine kleine Wohnung im Masterhotel in Manhattan im zweiundzwanzigsten Stock gemietet. *Wie ich auf die Terrasse heraustrat, kurz vor Sonnenuntergang, war ich fassungslos. In großem Gewölk mächtig in seinem Lichteffekt lag ein starkleuchtender Himmel über Häusern ausgebreitet, die man zuerst nicht für Häuser zu halten imstande ist, so fremd, so kühn, so überwältigend ist ihre Gruppierung und Form – und Licht und Schattenwirkung. Und dort tief unter mir dieses Kinderspielzeug, sind denn das wirklich Autos?* »Ja«, nickte Thomas, »*so ergeht es jedem zuerst – und sie sausen und fahren Tag und Nacht – ich glaube nicht, dass der Traffik jemals ruht.*«

Die Wohnung ist klein. In der Klopstockstraße hatte sie auf mehr als vierhundert Quadratmetern gewohnt – hier hat sie gerade ein Zehntel des Raums. Aber welch eine neue Welt tut sich ihr aus ihrem Vogelbauer auf, wie springt sie die Vitalität einer Stadt an, die nie ruht. Charlotte wäre nicht Charlotte gewesen, hätte sie sich in New York nicht auf ihre Lieblingsvokabeln besonnen: »Zupacken und Standhalten!« Sie wollte malen, sie musste malen, um ihren Lebensunterhalt zu verdienen. Denn auch wenn die riesigen Kisten mit Corinths Gemälden und Zeichnungen sicher im Hafen von New York gelandet waren und damit ein Reichtum sondergleichen in ihrem Besitz blieb, so war es ein totes Kapital. In den USA kannte niemand Lovis Corinth, wollte auch niemand diesen Maler kennenlernen. Was auf dem Kunstmarkt dominierte, waren die französischen Impressionisten. Ein Seerosenbild von Monet hätte man innerhalb eines Tages für mehr als hunderttausend Dollar verkaufen können. Auch in Deutschland ließ sich nicht eine einzige Zeichnung verkaufen. Corinth war als entarteter Künstler gebrandmarkt. Die Konten von deutschen Juden, die im Ausland lebten, waren gesperrt.

Sie versuchte zu malen, aber New York lieferte ihr den Rausch neuen Lebens, jedoch keine Inspirationen. Die Stadt war ihr zu ruhelos, zu fahrig. Wenn man mit Menschen ins Gespräch kam, waren sie sofort auf dem Absprung. Die Häuserschluchten zwischen den Wolkenkratzern verschluckten alle Farbe, alles Leben. Sie suchte Italien in Amerika, doch sie fand es nicht am Hudson.

Kalifornien

Sie war sechzig Jahre alt, sie fühlte sich jung. »Variety ist the spice of life«, sagten die Amerikaner, wenn sie sich einem neuen Job, einem exotischen Essen oder einem neuen Partner zuwandten. Thomas und seine amerikanische Frau Kay staunten nicht schlecht, als Charlotte ihnen eröffnete, sie wolle nach Kalifornien ziehen. »Aber Mutti, Kalifornien ist so weit von New York wie Berlin von New York. Und da bist du ganz allein, hast nicht einmal uns.«

»Ich muss mich abnabeln. Thomas hat genug für mich getan. Jetzt muss ich alleine laufen lernen. Ich glaube, Kalifornien passt genau zu mir. Und es soll dort einige deutsche Künstler hin verschlagen haben.«

Thomas war über diesen »emanzipatorischen Akt«, wie er die Entscheidung seiner Mutter nannte, nicht glücklich, aber er wusste auch, dass er nichts ausrichten konnte, wenn sich seine Mutter etwas in den Kopf gesetzt hatte.

Charlotte schickte ihre Malsachen und Corinths Gemälde voraus, dann bestieg sie an der Central Station einen Zug mit zwei Koffern, die all ihr Hab und Gut enthielten. Die Fahrt über dreitausend Meilen nach Kalifornien dauerte fünf Tage und vier Nächte. Charlotte erlebte die Größe des Kontinents, sah aus dem Zugfenster die unendlichen Weiten von landwirtschaftlich genutzter Fläche, von Rinderherden auf Weiden, die ihr so groß wie das Stadtgebiet von Berlin und ganz Brandenburg vorkamen, sann dem nach, was sie bisher nur aus Büchern kannte – den großen Traum des »Go West«, den die Pioniere geträumt hatten. Der Traum hatte die Siedler die Eisenbahn bauen lassen, Kilometer für Kilometer Schienen, die sie jetzt ihrem Ziel näher brachten. Sie fuhr an die »Amerikanische Riviera« nach Santa Barbara, wo sie hoffte, ähnliche Landschaftsbilder zu finden wie in Italien, belebende Inspirationen für ihre Malerei.

Ein großer Teil der Stadt war im Jahre 1925 durch ein schweres Erdbeben zerstört worden. Die Stadtväter hatten sich entschlossen, die Stadt im historischen Stil der alten Missionen wiederaufzubauen, schmucke weiße Holzhäuser mit großen umlaufenden Veranden, die auch die Promenaden am Meer säumten. Schon damals wurde Santa Barbara wegen des milden Klimas, der landschaftlichen Schönheit und der hervorragenden Infrastruktur zu einer der begehrtesten Städte Kaliforniens. Viele aus Europa geflohene Künstler und Intellektuelle fanden sich hier oder in den benachbarten Orten der Küste wieder und bildeten eine eigene Gemeinschaft. Geld hatten nur wenige, nur einige fanden in Amerika Arbeit und Ansehen und integrierten sich in die neue Gesellschaft, manche lernten nicht einmal Englisch. Charlotte wurde mit offenen Armen aufgenommen, sie fand alte Freundinnen wieder wie Fritzi Massary, der sie in Berlin eine Mappe mit Lithografien gewidmet hatte. Fritzi lebte seit 1939 in Beverly Hills, ihr Mann, Max Pallenberg, war 1934 bei einem Flugzeugabsturz ums Leben gekommen. Sie, die in Deutschland eine primadonna assoluta gewesen war, fand keinen Weg in eine amerikanische Karriere. Operette und Kabarett, die sie groß gemacht hatten, waren den Amerikanern fremd.

Und Charlotte »machte neue Freunde«, wie sie nicht ohne Ironie das englische »make friends« übersetzte, wie zum Beispiel Alma Mahler-Werfel, die sich mit Franz Werfel in Beverly Hills niedergelassen hatte. Auch zu Thomas Mann in Pacific Palisades hielt sie Kontakt.

Was ihr in New York nicht gelingen wollte, gelang ihr in Santa Barbara. Das Malen ging ihr wieder von der Hand. Licht und Helligkeit und eine südliche Landschaft waren immer die große Antriebskraft ihres Malens gewesen, und daran mangelte es nicht. Sie hatte sich ein Holzhaus nahe am Meer gemietet, vom Strand nur durch ein Palmenwäldchen getrennt, vier Zimmer mit umlaufender Terrasse. Die Garage wurde als Depot für Corinths Bilder genutzt. Jeden Morgen stürzte sich Charlotte in die Fluten, danach fühlte sie sich frisch und voller Elan, die Leinwand auf die Staffelei zu stellen, die Farben auf die Palette zu drücken und die ersten Umrisszeichnungen für ein neues Bild aufzutragen. Und manchmal hörte sie eine Stimme im Hintergrund: »Das bottert ja ganz fein, Petermannchen.«

Bald machte sie die Bekanntschaft des Direktors des *Museum of Art* von Santa Barbara, Donald Bear. Er war von der Malerei Charlottes überzeugt und bot ihr an, eine Ausstellung ihrer Bilder auszurichten. Die Ausstellung wurde ein Erfolg. In Santa Barbara fanden sich Käufer für ihre Bilder. So viele neue weiße Villen mit großen weißen leeren Wänden wollten ausstaffiert werden, Charlottes Bilder mit den klaren hellen Farben und den lokalen Motiven kamen den Wünschen vieler Amerikaner nach europäischer Kunst entgegen. Dabei waren ihre Gemälde weniger gefällig als die italienischen Genrebilder. Auch wenn Charlotte Berend nie den Weg zur Abstraktion fand oder zur Entdeckung der reinen Farbe wie Gabriele Münter, so wiesen ihre Bilder doch mehr Mut als zuvor auf: in der Komposition und einem freieren Pinselduktus.

⁊

Sie lebte fast sieben Jahre in Kalifornien. Hier wurde sie zur »richtigen« Amerikanerin, und das bedeutete für sie, ihre europäische Herkunft nicht zu verleugnen, die amerikanische Mentalität und Kultur aber vorbehaltlos zu akzeptieren. Nichts ärgerte sie mehr als der Hochmut einiger Emigranten, die sich dem »vulgären« Amerika überlegen fühlten. *Wenn ich in Amerika lebe und für immer hier leben will, muß ich versuchen, Land und Leute zu verstehen. Ich möchte mich dazu erziehen, nicht zu vergleichen, nicht zu verbessern, obwohl mir das nicht immer leicht wird. Einige Deutsche sind nie aus ihrem Lande herausgekommen. Kaum sind sie hier eingetroffen, so wissen sie alles besser und wollen alles ändern. Der Amerikaner denkt ganz anders. Er ist wirklich tolerant. Er läßt dem anderen sein Recht. Wenn dessen Benehmen ihm sehr absurd vorkommt, sagt er lachend: ›Some people behave funny.‹ Aber verändern will er sie nicht.«*

Wenn Charlotte nicht malte, reiste sie. Sie war wochenlang in Los Angeles, sie fuhr auf der spektakulären Küstenstraße Number One über Monterey nach San Francisco, sie lebte in San Francisco. Sie musste eine Stadt unter die Füße nehmen, damit sie in ihren Kopf gelangte, musste eine Landschaft begehen, damit diese Eingang in ihre Seele fand. Sie reiste nach Kanada, später von New York aus in die Karibik. Und überall malte sie. Und überall schrieb sie. Erinnerungen, Geschichten, Reisetagebücher.

Europa wurde zum gigantischen Schlachtfeld, die Emigranten hingen an den Radioapparaten, um die neuesten Nachrichten zu hören oder sie lasen in den Zeitungen von den Feldzügen, die die deutschen Armeen von Nordafrika bis zum Ural eröffnet hatten. Die meisten Emigranten lebten ja in einem Interim, einem Wartesaal, nicht mehr in Europa, aber nicht in Amerika, eben in einem Transit-Raum, den sie sobald als möglich verlassen wollten, sobald der Krieg vorbei war.

Charlotte aber wollte nicht wieder zurück nach Deutschland. Ihre Mutter war gestorben, Lovis schon beinahe zwanzig Jahre tot. Wilhelmine hatte das Haus in Urfeld der Mutter des Physikers Heisenberg verkauft, um sich und ihrer Familie ein Häuschen am Rande von Hamburg kaufen zu können, das ihnen mehr Schutz vor Bombenangriffen bot. Jetzt trug sie sich mit Gedanken, sich endgültig von ihrem Mann zu trennen und mit den Kindern in die USA auszuwandern.

Charlotte war nicht sentimental. Sie würde immer eine Deutsche bleiben, bis zu ihrem Ende in dieser Sprache schreiben und träumen. Aber ein Vaterland, das alle humanen Werte verriet, das die Bücher seiner Dichter verbrannte und seine Künstler verbot, hatte ausgedient. Sie, Charlotte, lebte nicht in einem Wartesaal. Sie war angekommen. Sie liebte Amerika, das ungezwungene Leben, die Freiheit von Konventionen, den weiten Horizont. Sie liebte auch die Schrullen der Menschen, ihre Mucken und Macken, die Obsessionen der täglichen Hygiene, den verordneten Optimismus, die Harmoniesucht, den Zwang, Leid und Tod aus dem Leben auszuschalten.

Humorvoll und spitz notierte sie ihre Wahrnehmungen. So bewunderte sie, dass alle amerikanischen Frauen arbeiten und dem Mann eine gleichrangige Partnerin sein wollen, sich aber widerspruchslos mit »Baby« anreden und damit als Kleinkinder apostrophieren lassen, während sie in Wirklichkeit den Mann beherrschen. Vielleicht haben die so Angesprochenen Glück und avancieren eines Tages zu »Honey«.

Sie amüsierte sich, wenn sie in Santa Barbara morgens um sieben Uhr beim Bäcker mit:»How was your day so far?«, begrüßt wurde. Natürlich war es nur eine Höflichkeitsfloskel, auf die man eben so floskelhaft mit »Fine!« antworten musste. Aber wie viel angenehmer war doch die Frage, wie der Tag bisher gelaufen sei, als die brummigen »Morjen«-Begrüßungen in Berlin.

Sie lernte eine junge Studentin kennen, die ihr die Wohnung sauber hielt und als Entschädigung Zeichenunterricht erhielt. »Stell dir vor, Leila, heute hat mich die alte Miss Kender gebeten, ihr Malstunden zu geben.« Leila runzelte unmutig die dichten, dunklen Augenbrauen. Die Augen funkelten zornig. »Charlott', ich wünschte, du vergäßest endlich die Ansichten, die ihr drüben habt. Ich weiß, ihr ehrt das Alter. Weshalb verstehe ich nicht. Die Frau, von der du sprichst, ist nicht alt! Du verspottest sie.«

»Waas? Sie ist sechsundachtzig Jahre alt! Wann ist denn jemand alt?«

»Wenn er *müde* ist. Dann sagen wir, der ist alt.«

»Müde? Wenn er im Bett liegen muss?«

»Durchaus nicht. Müde am Leben! Ohne geistige Interessen. Ohne Pläne. Ohne Teilnahme an seiner Umwelt. Aber Miss Kender, von der du sprichst, ist keineswegs alt. Die will doch mit sechsundachtzig Jahren noch etwas lernen. Also, beleidige sie nicht, indem du sie alt nennst.«

Charlotte mochte sich über den Jugendlichkeitswahn mokieren, aber, wie so vieles in Amerika, kommt er ihr auch entgegen. Sie hat große Achtung vor den Frauen in den besten Jahren zwischen siebzig und neunzig, die sich mit rosa Kostümen und lilagefärbten Haaren aufputzen, sich Diäten und Schönheitsoperationen unterziehen, sich eisern in Form halten und nicht gehen lassen. Es gefällt ihr, dass man in Amerika das Alter hasst und es mit allen Mitteln bekämpft. Sie selbst hat auch keine Ehrfurcht vor weißen Haaren und in Falten geritzter Lebensweisheit. *Ich liebe nicht im »Runen-Netz« der Runzeln zu lesen.*

Am meisten schätzt sie den amerikanischen Humor, die Fähigkeit, sich mit Witz und leichtem Sinn über alle Prüfungen des Lebens zu erheben – Eigenschaften, die ihrer Meinung nach dem deutschen Hang zum Gründeln und Grübeln überlegen sind. Mit Humor kann man das Leben meistern, auch das Schwere, das einem auferlegt wird. *Ich habe das Glück, daß mir von Anfang an der amerikanische Humor sympathisch war. Mir ist Pathos unangenehm.*

So erweist sich der Sinn ihrer nur als Manuskript vorliegenden Schrift *Von Hüben und Drüben* darin, sich ihres Lebens als Deutsche in Amerika zu vergewissern. Ihre Vergangenheit von Drüben und ihre Gegenwart von Hüben zu einer Synthese zu verschmelzen, um als glücklicher Mensch in beiden Welten leben zu können.

※

Im Jahr 1945 kehrte Charlotte nach New York zurück. Sie eröffnete eine Malschule, gab Kurse in Kunstgeschichte, verdiente ihr täglich Brot. Nach der ausgiebigen Landschaftsmalerei in Kalifornien wandte sie sich verstärkt wieder dem Porträt zu. Schon 1944 hatte sie Albert Einstein in Princeton besucht und eine Serie von sieben Bleistiftzeichnungen von ihm angefertigt. »Ausgezeichnet, ausgezeichnet«, soll Einstein gesagt haben. *Ich fühle, dass ich noch nie so erfaßt worden bin.*

In New York traf sie die Sängerin Lotte Lehmann wieder, die – was wenigen Künstlern gelang – ihre deutsche Karriere nahtlos in den USA fortsetzen konnte. Sie sang an der *Metropolitan Opera*, feierte Triumphe als Marschallin im *Rosenkavalier*, gab Liederabende. Auch am Ende des Krieges und in der ersten Nachkriegszeit war das Interesse an deutscher Musik in Amerika ungebrochen. Trotz schlimmster Nachrichten aus Deutschland waren Abende mit Schubert-Liedern, Brahms-Symphonien oder Richard-Strauss-Opern ausverkauft. Charlotte lobt die Generosität der Amerikaner, das Deutsche auf der Bühne und im Konzertsaal nicht zu verbannen. Sie berichtet von einem Liederabend mit Lotte Lehmann: *Wir lauschten in tiefer Erschütterung ihrem Gesang. Sie sang die »Deutschen Lieder« in vollendeter Wiedergabe. Beim Liede von Schumann* Das Land das meine Sprache spricht *sah ich schwere Traenen in allen Augen schimmern. Mir selbst erging es ebenso.*

Charlotte malte 1944 Lotte Lehmann als Marschallin auf der Bühne, die Hände in pathetischer Geste auf der Brust drapiert, das Gesicht hell beleuchtet in die Höhe gereckt, der Mund halb geöffnet, die Augen in Verzückung strahlend. Ein meisterhaftes Bild, das Lehmanns Leidenschaft für die Musik und ihre Präsenz auf der Bühne spiegelt. Lotte sang ihr, während sie malte, aus dem *Rosenkavalier* vor, und Charlotte hätte am liebsten die Sitzungen endlos hinausgezögert, sie konnte nicht genug von ihrem Gesang bekommen. Wie wunderbar die Lehmann ihre Stimme ins Melancholische färben konnte, wenn sie Hofmannsthals Verse über das Altern sang:

Aber wie kann das wirklich sein,
daß ich die kleine Resi war
und daß ich auch einmal die alte Frau sein werd!
Die alte Frau, die alte Marschallin!
»Siehgst es, da gehts', die alte Fürstin Resi!«
Wie kann denn das geschehen?
Wie macht denn das der liebe Gott?
Wo ich doch immer die gleiche bin.
Und wenn ers schon so machen muß,
warum laßt er mich denn zuschaun dabei,
mit gar so klarem Sinn? Warum versteckt er's
nicht vor mir?
Das alles ist geheim, so viel geheim.
Und man ist dazu da, daß man's ertragt.
Und, in dem »Wie« da liegt der ganze Unterschied.

»Ja, Lotte«, sagte Lotte Lehmann zu Lotte Berend, »das ist wohl das ganze Geheimnis; das ›Wie‹ macht den Unterschied. Hoffentlich erinnern wir uns daran, wenn es so weit ist.«

Lotte Lehmann nahm Malstunden bei Charlotte Berend, aber Charlotte sagte irgendwann zu ihr: »Singen kannst du einfach besser!«

Alle fragten nach den Gründen, warum Charlotte nach New York zurückgezogen war. Sie sagte: »Die Erdbeben, ich habe zehn Erdbeben miterlebt. Das war genug. Ich hasse es, wenn die Tasse auf dem Tisch zu zittern beginnt oder das Bett auf dem Holzfußboden Fahrt aufnimmt. Bevor der Andreasgraben ganz auseinanderdriftet und Kalifornien erneut in Schutt und Asche legt, wollte ich mir ein neues Domizil suchen.«

Sie hatte mit Einstein über ihre Angst vor Beben gesprochen und erwartet, dass er ihr einen wissenschaftlichen Vortrag über dieses interessante Phänomen halten würde. Aber da hatte er wohl richtig eingeschätzt, dass es Frau Berend-Corinth weniger um theoretische Ausführungen ging. So erzählte er ihr, dass er einmal in Kalifornien mit einem Kollegen von der *Stanford*-Universität in der Mensa eifrig über seismische Verwerfungen diskutiert und sich gewundert habe, warum plötzlich alle Kollegen und Studenten fluchtartig den Raum verlassen hätten. Es sei gerade ein Erdbeben ausgebrochen gewesen; er hätte gar nichts davon wahrgenommen, und der Physik-Kollege hätte sich nicht getraut, während des Gesprächs mit dem berühmten Professor Einstein ins Freie zu laufen.

Charlottes Entscheidung für New York wurde auch durch Wilhelmines Einwanderung begünstigt. Sie zog 1945 mit ihren – inzwischen waren es drei – Kindern nach New York. So sehr Mutter und Tochter in Mines Jugendzeit einander fremd gewesen waren, so entspannt war das Verhältnis in reiferen Jahren.

Charlotte hat im Jahr 1952 ein Porträt ihrer Tochter gemalt, auf dem Wilhelmine als eine ausnehmend attraktive Frau erscheint, nachdenklich, in sich gefestigt, schenkt sie dem Betrachter den vollen Blick. Ein Blumengesteck am Ausschnitt ihres schwarzen Kleides und eine kostbare Spitzenstola unterstreichen ihre vornehme Erscheinung. Dieses Bild spiegelt den liebenden Blick der Mutter, spiegelt auch Charlotte selbst: Haltung und Blick Mines sind auf verblüffende Weise einem Selbstporträt Charlottes aus dem Jahr 1933 ähnlich, nur die Palette in Mines Händen fehlt.

In reiferen Jahren, da ist Charlotte bereits sechsundsiebzig Jahre alt, unternehmen die beiden Frauen eine Kreuzfahrt in die Karibik, die in jeder Hinsicht glücklicher verläuft als die gemeinsame Orient-Reise dreißig Jahre zuvor. Zwar interessiert sich Charlotte immer noch für Männer, wird auch von älteren Kavalieren hofiert, aber jetzt ist es Wilhelmine, die im Mittelpunkt steht und die Nächte unter südlichem Himmel durchtanzt.

In dieser Zeit bewegte man sich an Bord eines Cruisers noch in exquisiter Gesellschaft. Das Schiff *SS Patrizia* gehörte dem Schwedischen Lloyd, startete in Port au Prince auf Haiti und fuhr über Cristóbal, Curaçao, La Guaira, Grenada, Fort-de-France und St. Thomas nach Haiti zurück. Charlotte führt ausführlich Tagebuch. Essen und Trinken spielen eine große Rolle im Schiffsalltag. Die Deckchairs sind immer belegt, Lotte liest oder schaut aufs Meer; beides ist gleichermaßen entspannend. Die Ausflüge an Land führten meistens zu Touristenattraktionen wie Spielkasinos oder Restaurants mit karibischer Musik. Die Einheimischen mit ihrer farbenfrohen Kleidung gehören zum exotischen Ambiente. So beschreibt Charlotte unbefangen, wie sich in Port au Prince bei Ankunft des Schiffes im Hafen viele junge »Neger« ins Wasser stürzen und die Passagiere auffordern, eine Münze vom Schiff hinab zu werfen, nach denen die Burschen dann mit viel melodiösem Rufen und Schreien tauchen und die Geldstücke vom Meeresboden auffischen. »Einen Vierteldollar«, rufen sie immer wieder, »a quarter, please.«

Alma

»Alma, du hier?«

»Charlotte, du hier?«

»Warum bist du treuloses Wesen einfach aus Kalifornien verschwunden?«

»Und wieso bist du in New York?«

»Natürlich, weil ich dich wiedersehen wollte.« Beide Frauen lachten laut und zelebrierten ihr zufälliges Wiedersehen mit großem Getöse. Das hatten sie in Amerika gelernt. Nur nicht leise sein, denn dann wird man übersehen.

Sie hatten sich in Kalifornien kennengelernt. Alma hatte Charlottes Buch *Mein Leben mit Lovis* gelesen und war begeistert gewesen. Jetzt sahen sie sich auf einer Party des Berliner Galeristen Kurt Valentin wieder, der sich in New York im Kunstleben einen Namen machte. Sekt wurde reichlich angeboten, wer richtig »assimiliert« war, trank aber Dry Martini mit einer bitteren Olive. Überall sah man die Partygäste reden und lachen, dabei fortwährend auf einer Olive herumkauend und lutschend, was für einen Außenstehenden wie eine ordinäre Pantomime aussah. Jedenfalls hatten Charlotte und Alma sofort ein Thema: Nichts war amüsanter, als sich über Dritte lustig zu machen. Sie setzten sich in eine Ecke und Alma tat, was sie immer tat, sie rollte ihr Leben auf. Dabei wusste jeder, dass die alte Dame, die in ihrem sackartigen blauen Kleid, das die plumpe Figur eher unterstrich als verbarg, fünfzig Jahre zuvor das begehrteste junge Mädchen Wiens gewesen war. Gustav Klimt war ihr liebessüchtig nach Italien gefolgt, ihr Klavier- und Kompositionslehrer Alexander von Zemlinsky war sterblich in sie verliebt gewesen, Gustav Mahler hatte sie geheiratet und ihr unsterbliche Musik gewidmet. Mit Walter Gropius hatte sie ein Affäre und ein gemeinsames Kind, er wurde ihr zweiter Ehemann, Oskar Kokoschka malte sie als Windsbraut und meldete sich freiwillig an die Front, weil ihn Alma nicht erhörte. Schließlich heiratete sie in dritter Ehe den jüdischen Schriftsteller Franz Werfel, den sie bewegte, zum Katholizismus überzutreten, und emigrierte mit ihm in die USA. Er war 1945 in Beverly Hills gestorben. Sie finanzierte sich hauptsächlich von den Tantiemen seines Erfolgsromans *Das Lied von Bernadette*.

Sie lebte in der Vergangenheit, aber im Gegensatz zu vielen Emigranten verklärte sie nichts. Die großen Liebesgeschichten ihres Lebens dienten ihr als Steinbruch, aus dem sie immer wieder Brocken löste, die sie Zuhörern vor die Füße warf. Sie rechnete zynisch mit all den genialen Männern ab, die doch ihr Leben zu einem großen musikalischen Gemälde verwoben hatten. Trotz der Shoa, deren Ausmaß in den USA erst nach der Öffnung der Konzentrationslager bekannt wurde und heilloses Entsetzen auslöste, enthielt sie sich nicht antisemitischer Spitzen, schließlich hatte sie Hitlers ethnische Politik einmal als »reinigend« empfunden. »Ach, das war auch so ein jüdischer Zwerg«, hatte sie über Alexander von Zemlinsky gesagt. Und über Gropius: »Der war ein so ein wunderbar arischer Mann, der einzige, der rassisch zu mir gepasst hat.«

Alma hatte sich in Manhattan ein Townhouse gekauft, das so kleine Fenster hatte und nach Norden ausgerichtet war, dass sie ständig im Dunkeln lebte. Ein Boy kam jeden Morgen, säuberte die Wohnung, kaufte ihr ein. Sie vermutete, dass er sie kräftig bestahl.

※

Die Frauen freundeten sich an. Sie waren gleichaltrig, waren mit herausragenden Künstlern verheiratet gewesen, waren selbst Künstlerinnen. Sie waren Witwen, wurden alt. Charlotte aber lebte nicht vom Abglanz früherer Zeiten, sie war nicht misanthropisch wie Alma, fühlte sich eher wie eine Schwester, die die unzufriedene Frau aus ihrem Schattenreich führen wollte. Das gelang auch manchmal, dann lief Alma zu großer Form auf und unterhielt im *Café de la Paix*, wo sich regelmäßig die deutschen und österreichischen Emigranten trafen, die Gemeinde, war witzig und charmant, sodass ihre Anziehungskraft aufblitzte, die vor Jahrzehnten Männer um den Verstand gebracht hatte.

Charlotte schenkte der bekennenden Katholikin Alma eine Zeichnung Corinths, ein Christus-Bild. Die revanchierte sich mit einer silbernen Puderdose, besetzt mit Halbedelsteinen. »Aber Alma, die Dose wird doch sicher mit persönlichen Erinnerungen verbunden sein.«

»Wahrscheinlich von einem Liebhaber, ich weiß nicht von welchem.«

»Alma, du solltest sie …«

»Na geh, mach nicht eine solche Hetz. Ich brauche das alles nicht mehr, ich habe mindestens zwanzig Puderdosen und nur eine Nase! Ach, und die verflossenen Liebhaber! Sind wir denen denn noch Dankbarkeit schuldig? Nun nimm schon! Willst ja immer noch schön sein, also puder' dir den Alt-Frauen-Schmer weg!«

Fast täglich telefonierten die Freundinnen miteinander, manchmal stundenlang. Während Charlotte ihre Familie um sich hatte und ein aktives Leben führte, war Alma einsam, lag den ganzen Tag auf ihrem Sofa und lebte von Portwein, dem französischen Likör Bénédictine und Zwieback. Ihre Tochter Anna kam nur selten zu Besuch. Manchmal wurde Alma nach Europa eingeladen, meistens zu Ehrungen Gustav Mahlers. Nach Österreich fuhr sie grundsätzlich nicht mehr. Wilhelmine

Corinth erinnert sich, wie alle heimlich lachten, als Alma von einem Europa-Trip erzählte: *Der Flug war schrecklich, hat ewig lange gedauert. Stellt euch vor, das Flugzeug ist einfach für Stunden still in der Luft gestanden. Nichts hat sich gerührt, rein gar nichts. Wir standen da einfach, ohne uns fortzubewegen, bis es dem Kapitän dann schließlich auffiel. Dann rührte es sich plötzlich und man hatte das Gefühl, es fliegt weiter.*

Alma lebte nicht mehr in der Gegenwart.

Die Schreib-Ratte

Ich bin eine richtige Movie-Ratte, schrieb Charlotte einmal, um ihre Liebe zum Kino zu charakterisieren. Viel mehr aber war sie eine Schreib-Ratte, die alles gefräßig zu Papier brachte, was ihr in den Sinn kam und im Leben widerfuhr. Das Schreiben-Müssen lag ihr fast so sehr in den Genen wie das Malen-Müssen. Alice war ihr, obwohl einst erfolgreiche Schriftstellerin, kein Vorbild – nur eine Schwester mit ähnlichen künstlerischen Dispositionen gewesen.

Charlottes Durchbruch als Schriftstellerin kam erst nach dem Krieg. Sie hatte dem Schweizer Literaten Emil Ludwig die Tagebücher gezeigt, die sie nach Corinths Tod geschrieben und 1937 vollendet hatte. Ludwig, der 1940 in die USA gezogen war und hier mit seinen erfolgreichen Romanbiografien seine Schriftsteller-Karriere fortsetzen konnte, reagierte begeistert. So authentisch seien die Erinnerungen, so emotional im besten Sinne, so historisch bedeutsam, so gut geschrieben. *Sie sind eine Dichterin – und wissen es nicht. Sie sind so bescheiden.* Er war bereit, das Manuskript zu redigieren, und sich um einen Verlag zu kümmern. »Ich verändere nichts, aber Ihre Zeichensetzung, gnädige Frau, ist die reine Katastrophe. Erlauben Sie mir, viele, viele Kommata zu setzen!«

In seinem Vorwort rühmt Emil Ludwig das Buch und seine Verfasserin: *Hier trifft ein ostpreußischer Bauernsohn, der ein wildes Leben mit Wein und Frauen hinter sich hat, um Mitte vierzig ein blühendes Kind, in dem er zuerst nur ein schönes Modell und eine junge Geliebte errät. Nun aber entwickelt sich eine Künstlerehe mit all ihren Krisen und Problemen, die der Unterschied zwischen seiner sinkenden und ihrer steigenden Lebenskraft noch kompliziert. Dieser Maler mit seinem schwerblütigen Wesen, der längst ein Menschenverächter geworden ist, wird nicht von einer Iphige-*

nienhaften Erscheinung getröstet und gereinigt; er wird vielmehr durch die Frische und durch den Humor seiner Gefährtin am Leben erhalten und zum Werke ermuntert.

Nach dem Buch, das 1948 erschien, folgten weitere autobiografische Schriften. *Als ich ein Kind war* 1950 und 1958 ein weiteres Erinnerungsbuch an Lovis mit dem schlichten Titel *Lovis*.

Daneben aber gab es unaufhörliche schriftstellerische Versuche, die kaum bekannt geworden sind, darunter auch Übersetzungen vom Deutschen ins Englische, so Wilhelm Hauffs Märchen *Zwerg Nase – Dwarf Nose*, sowie Adalbert von Chamissos *Peter Schlemihl*.

Unbedingt wollte Charlotte in ihrer kalifornischen Zeit ein Drehbuch für einen Hollywood-Film schreiben. Sie hatte gehört, dass zwanzig- bis dreißigtausend Dollar gezahlt würden – für ein einziges Drehbuch! Das durfte doch nicht so schwer sein. Schließlich kannte sie sich mit Filmen aus, hatte so viele gesehen, wusste, wie ein Plot funktionierte und wie nicht. Und schließlich konnte sie schreiben, oder?

In der Praxis am Schreibtisch sah es plötzlich anders aus, die Story gerann ins Kümmerliche, die Dialoge flossen nicht, sondern klebten zäh wie Harz an der Baumrinde. Sie arbeitete und schrieb, veränderte, formulierte neu, notierte Einfälle, die ihr in schlaflosen Nächten kamen. Schließlich war sie sicher, eine geniale Vorlage für einen Hollywoodreißer geschrieben zu haben, gab in Gedanken schon das Wahnsinnshonorar aus. Sie schickte ihr Manuskript an Irmchen, der bekanntesten Hollywood-Agentin, einer Emigrantin aus Wien, Mitte fünfzig, klein, hutzelig, mit wieseligen Augen, die keine Sekunde still standen. Zwei Wochen später wurde sie in die Agentur am Sunset Boulevard in Los Angelos gebeten. Im Büro befand sich auch Bob, der amerikanische Teilhaber der Agentur.

»Wundervoll«, war Irmchens erstes Wort, noch bevor sie Charlotte auf die Wangen geküsst hatte. »Einfach wundervoll«. Charlotte atmete tief durch. Irmchen hatte offensichtlich die Qualität der Vorlage erkannt. Ob sie ihr Vorschläge machen könnte, wie sie als Autorin die Rollen besetzen würde? Oder war das zu gewagt?

»Die Männerrolle ist wirklich nicht schlecht, aber es gibt noch keine gute Frauenrolle. Bob, was meinst du?« Bob sah nicht von einem Manuskript auf, das er las, nickte aber: »Ja, das sehe ich auch so.«

»Die Handlung ist wunderbar, wie gesagt, aber es passiert noch zu wenig, vor allem zu wenig Liebe, zu wenig Sex.« Bob echote ungefragt: »Ja, zu wenig Sex«.

»Es ist auch alles noch etwas sehr deutsch und geradlinig, da müssen wir noch an mehr Komplikationen denken. Bob, was sagst du?«

»Unbedingt, unbedingt.« Der junge Mann, den du entworfen hast, Charlott', ist alright, ein guter Typ, aber er muss dem Mädchen wirklich verfallen, nur so gibt es Konflikte, verstehst du?« Charlotte wollte etwas sagen, wie: »Ich werde die Ratschläge beherzigen und einiges umschreiben«, aber nach dem »Ich« ratterte Irmchen schon weiter: »Mit jungen Mädchen kennst du dich aus, Charlott', Chapeau, aber was den alten Mann angeht, da fehlt es an psychologischer Glaubwürdigkeit. Da bist du einfach nicht böse genug. Ist ja auch kein Wunder, wenn eine so liebenswürdige Dame wie du böse Sachen schreiben soll. Aber der Alte hier, der muss einfach hinterrücks sein, tückisch, lästig und so richtig gemein. Geldgierig. Verlogen. Ein Raubtier. Aber zum Schluss muss er gütig werden. Sonst hängen uns die Zuschauer kreuzweise. Das wirst du bestimmt ganz himmlisch schreiben können. Der Alte ist doch nicht aus Gier versessen aufs Geld. Er braucht es, um seiner Schwester zu helfen, die auf die schiefe Bahn gekommen ist. Oder der armen gelähmten Mutter. So etwas in der Art. Nicht wahr, Bob?«

»Gelähmte Mutter auf der schiefen Bahn, genau!«

»Und warum, Charlott', muss deine Geschichte in New York spielen, wo doch die Drehkosten dort viel zu teuer sind. Auch New York im Studio nachzubauen, ist zu teuer. Warum nicht in einem alten Fischerdorf in Maine? Ist auch romantischer, oder? Bob, was sagst du?«

»Viel, viel mehr Liebe!«

»Deine Geschichte hat so viel Potenzial, Charlott'. Vielleicht versuchst du die kleinen Vorschläge, die wir gemacht haben, einzuarbeiten.«

Charlotte konnte kein Drehbuch in Hollywood unterbringen. Dabei waren ihre Kurzgeschichten so verfasst, als hätte die Autorin von allem Anfang eine Verfilmung im Sinn gehabt. Da gibt es zum Beispiel eine auf dünnem Papier maschinengeschriebene Erzählung, *Die Brüder*, die alle Ingredienzien eines Drehbuchs aufweist.

Der eine Bruder, George, ist dunkel und dämonisch, der andere, François, blond, blauäugig und kindlich, ein Maler. François verliebt sich in die anspruchsvolle Lilly. Die sehnt sich nach einem Traumhaus, sonst wird ihre Liebe zu François schwinden, das spürt sie. George überredet François zu einem Einbruch bei einem reichen Paar, das François als seinem Kunstberater vollkommen vertraut. Der Coup glückt, François stiehlt sogar – eine besondere Mutprobe – dem schlafenden Ehepaar Williams den Schmuck vom Nachtkästchen. Auf François fällt kein Verdacht. George verhökert die gestohlenen Sachen in England und schickt François Geld. Lilly freut sich über das Traumhaus. Aber zwei neidische Malerkollegen fragen sich, woher François das viele Geld hat. Sie machen ihn betrunken und horchen ihn aus, er gibt das Geheimnis preis, wird angezeigt, kommt ins Gefängnis. Er erweist sich als Frohnatur, der im Gefängnis alle Hände voll damit zu tun hat, seine Mitgefangenen zu malen. Seine Freunde aber machen ihm klar, welche Schmach er der Zunft der Maler angetan hat. Lilly ist schwanger, wird gemütskrank. Es kommt zur Gerichtsverhandlung. Dabei stellt sich heraus, dass George ein notorischer Verbrecher ist. Der kleine Bruder François bricht zusammen. Er wird schuldig gesprochen: drei Jahre Gefängnis, fünf Jahre Ehrverlust. Das aber kann nicht das Ende einer amerikanischen Story oder eines Films sein, da kennt sich Charlotte aus. Eugene, ein Malerkollege, verteidigt unmittelbar nach dem Schuldspruch seinen Freund François und erklärt die Tat mit dessen gutmütiger Naivität. Das Gericht solle einen Mann doch nicht vernichten, sondern erziehen. Das sieht der Richter ein. Freispruch.

Totale: François weint. Lilly weint. Eugene weint. Der Richter reibt sich die Augen. Ende. Der Vorhang schließt sich, die Lichter gehen an. Charlotte Berend-Corinth ist in Amerika angekommen. Ein Film nach dieser Erzählung wurde allerdings nie gedreht.

Und die Liebe hemmet nichts

Alma Mahler-Werfel und Charlotte Berend-Corinth wohnten beide in Manhattan nur wenige Meilen voneinander entfernt, Charlotte in ihrem Apartment, 68 W. 58. Str., 15. Stock, Alma weiter südlich in ihrem Townhouse. Alma besuchte Charlotte nicht, aber sie schrieb Briefe. »Geliebte«, »geliebte Freundin«, »geliebte Lotte«, sind die zärtlichen Anreden. In raumgreifender Schrift folgen dann Mitteilungen: »Den seidenen Kimono, den ich dir geschickt habe, kannst du auch umtauschen.« Oder: »So bleibe ich halt zu Hause und lese, lese, lese. Ist immerhin eine der besten Gesellschaften. Solche Tröstungen, wie die griechischen Tragiker mir geben, kann mir kein lebendes Mannsbild geben.« Charlotte glaubte Alma kein Wort, aber die Liebeserklärung an die Klassiker hörte sich aus dem Munde einer Siebzigjährigen gut an.

Charlotte las auch. Aber sie ging auch aus. Sie malte und schrieb. Sie schätzte Alma als erfahrene Leserin. Darum hatte sie ihr, wenngleich nach langem Zögern, das Manuskript eines Bandes mit Kurzgeschichten überlassen mit der Bitte, einen ungeschminkten Kommentar zu geben. Ungeschminkt zu reden, gehörte ja ohnehin zu Almas Qualitäten. Wenn Alma überhaupt noch einmal ausging, trat sie dergestalt auf: Make-up dick auf Gesicht und Dekolleté aufgetragen, die Wangen rosig gepudert, die Lippen gepinselt. Ihre Zunge blieb stets spitz, die Sprache kannte keine Tünche – das war das Privileg des Alters. Worauf musste sie denn noch Rücksicht nehmen! Charlotte gefiel das, sie schätzte ebenso die pointierte Zuspitzung, vor allem natürlich, wenn nicht sie das Ziel einer rhetorischen Attacke war.

»Lotte, nun nimm dir doch endlich einen Drink und eine Zigarette!«

»Das klingt ja wie eine letzte Mahlzeit vor dem Fallbeil!«

Nach solcherlei Präliminarien ging Alma dann auch gleich in die Vollen: »Lotte, was mich beim Lesen deiner Geschichten königlich amüsiert hat, ist, dass all die Frauen in deinen Liebesgeschichten mit Zweitnamen ›Charlotte‹ heißen könnten. Alle sind wie du. Alle sind du.«

»Aber Alma, das stimmt doch nicht. Die Figuren sind doch alle grundverschieden. Und bin ich etwa eine kleine, reiche Dicke, die so plump ist, dass sie nicht einmal schwimmen kann? Und nicht aufhört einen Mann zu lieben, obwohl dieser sie nach Strich und Faden betrügt?«

»Natürlich bist du kein Fettklößchen oder ein Doppelzentner Schweinespeck, wie die Dame Nebenbuhlerin sagt – ziemlich ungalant übrigens, das würden wir in Wien anders umschreiben –, und du schwimmst wie eine schwedische Olympiasiegerin. Aber wie die dicke Gloria so hast du alle Mädels nach deinem Bilde geformt, alle sind ja so etwas von standhaften Weibern, alle glauben an die Liebe, alle kämpfen sich durch. Und wenn es mit der Liebe nicht klappt, dann sind sie eben clever. Triumphieren tun sie immer.«

»Aber Alma.«

»Die Burschen sind alle dumme und eitle Strizzis, haben immer nur Sex im Kopf oder Geld oder beides. Und brauchen natürlich immer eine viel Jüngere, die ihrer Eitelkeit schmeichelt. Und am Schluss fallen sie immer auf die Nase. Wär ja schön, wenn du Recht hättest. Hast du aber, glaube ich, nicht.«

»Die Frauen in meinen Geschichten leiden doch auf verschiedene Weise.«

»Kein bisschen. Sie leiden alle gleich. Sind alle verlassene und betrogene Mägdelein. Wollen sich am liebsten umbringen. Und am Schluss schwenken sie die Fahne und lachen sich halbtot.«

Charlotte fühlte sich missverstanden. Da hatte sie gedacht, in ihren Kurzgeschichten sehr verschiedenartige Frauenschicksale gestaltet zu haben, schön annonciert durch die Vornamen, die jeder Geschichte den Titel liehen: Mathilde, Roberta, Therese, Mira, Emma, Mary, Irene. Nur die Dicke hieß einfach die Dicke. Eine Sängerin, eine Gärtnerin, eine Töpferin, eine Künstlerin, ein Mädchen vom Lande, eine reiche Frau, eine verarmte Tochter – hatte sie nicht ein in vielen Farben leuchtendes Panorama von Figuren entworfen, dessen einzige Gemeinsamkeit war, dass sie ein »Schicksal« hatten? Dass das Schicksal sie immer in Gestalt eines Mannes heimsuchte, lag in der Natur der Sache.

Alma ließ noch nicht locker: »Pass mal auf, was ich mir angestrichen habe, Ich lese es dir vor:

Theodore empfing von Therese alles, was ein fein empfindender Künstler von einer Frau erhofft: Verständnis, großen Takt. Leidenschaft. Sie versagte nie. Sie war nach außen die elegante, interessante Frau. Sie war zu Haus die Geliebte in tausendfacher Gestaltung. Es gab Schwingungen. Es gab Lachen. Es gab Vergessenheit –

Und? Wie finde ich das? Jetzt behaupte noch, dass man für Therese nicht Charlotte einsetzen kann.«

»Ja, und selbst wenn es stimmte, dass alle die literarischen Figuren etwas mit mir zu tun haben, wäre das denn schlimm?«

»Im Prinzip nicht. Aber man weiß immer schon, was kommt.«

»Du meinst also, ich soll das Schreiben lassen?«

Alma gönnte sich einen ordentlichen Schluck Portwein und genoss die ölige Süße. Warum die beste Freundin vergrätzen? Aber sie erinnerte sich, dass Charlotte über Lotte Lehmann gesagt hatte, die könne besser singen als malen. Sollte sie Charlotte da nicht sagen: Du kannst besser malen als schreiben?

»Nein, Lotte, deine Erinnerungsbücher sind wunderbar. Ich

wäre froh, wenn ich so ein Buch wie *Mein Leben mit Lovis* hätte schreiben können. Da ist alles echt und nichts konstruiert. Da ist alles richtiges Leben.«

»Und wie müssten deiner Meinung nach erfundene Geschichten vom richtigen Leben sein?« Alma nahm noch einen Schluck. »Wie Medea. Weniger radikal geht es nicht.«

Ernte des Lebens

Für einen Künstler oder jeden produktiven Menschen, wo das Glück des Lebens nicht nur im Familienleben verankert ist – besteht ja ohnehin der ganze Sinn des Lebens einzig und allein darin – produktiv – zu verbleiben – sonst wäre das Leben keinen Schuss Pulver mehr wert! Ich glaube daran, dass die Früchte des Lebens – und ich glaube, die Frucht des Lebens heisst Weisheit – von einem leistungsfähigen Körper geerntet werden soll – darin sehe ich das Ideal des Alters – sehe darin den Sinn unseres Lebens – Wenn wir nicht ernten können, was wir gesät haben – das ist traurig genug – aber der Sinn des Lebens liegt darin – zu – ernten.
Das schreibt Charlotte in einer unveröffentlichten Erzählung mit dem Titel *Grandma*.

Es war ihr vergönnt, zu ernten. Nicht nur an Weisheit zuzunehmen, sondern auch den Erfolg ihrer künstlerischen Leistungen zu erleben. Die Ausstellungen mit eigenen Werken häuften sich. 1955 eine Ausstellung in New York, 1956 in Berlin im Rathaus Reinickendorf, 1957 in der *Städtischen Galerie München*, 1960 in Düsseldorf und in New York, 1961 in Frankfurt. Die große Ausstellung 1967 in der *Berliner Nationalgalerie*, die ein Triumph für die Malerin Charlotte Berend werden sollte, hat sie nicht mehr erlebt.

~

Lovis war immer gegenwärtig. Er erschien Charlotte nicht mehr im Traum, aber tagtäglich fühlte sie seinen Blick über ihre Schulter, wenn sie an der Herausgabe ihres Buches *Mein Leben mit Lovis* oder am Katalog seiner Werke arbeitete. Das Gebieterische hatte er, so fand sie, längst verloren. Er war stolz auf sie.

Sie flog häufig nach Deutschland zu Ehrungen ihres Mannes. 1958 war sie längere Zeit in Deutschland. Sie konnte das komplette Werkverzeichnis Corinths abliefern und der Corinth-Gemeinde und der Presse vorstellen.

Zur gleichen Zeit waren Wilhelmine und sie zur Eröffnung einer großen Corinth-Ausstellung des Volkswagenwerkes in Wolfsburg eingeladen. Es gibt Fotos von diesem festlichen Akt. Sie sieht auf den Bildern nicht jünger aus, als sie ist, nämlich achtundsiebzig Jahre alt, sie tritt aber als perfekte Dame in Erscheinung, sehr gut angezogen mit Kostüm, Seidenstrümpfen und eleganten Schuhen, auf den weißen Haaren thront kein üppiger Hut, wie sie ihn in den Berliner Zeiten geliebt hatte, sondern ein feines dunkles Seidengespinst, sehr dekorativ für eine ältere Dame, die weiß, was sie schmückt, ohne dass sie sich der Lächerlichkeit preisgibt. Ihr Blick in die Kamera des Fotografen ist wach, sie lächelt ein Lächeln, das signalisiert: Sie brauchen nicht in Ehrfurcht zu erstarren. Ich bin noch lange keine Mumie!

Alle Museumsdirektoren liebten sie. Sie war die Zierde jeder feierlichen Eröffnung, konnte über Corinths Werk sprechen, eine humorvolle Anekdote beisteuern, zum Beispiel die, dass Corinth über die Kunst des Porträtierens geschrieben hatte: *Beim Manne wird das Interesse in geistig verarbeiteten Zügen, feinen Händen, eigentümlicher Körperhaltung bestehen, bei weiblichen Personen mehr in Farbenwirkung. Der Mann ist geistig, die Frau mehr dekorativ aufzufassen.* Da hatte sie die Lacher der Zuhörer auf ihrer Seite, die selbstgefälligen der männlichen, die ironischen der weiblichen.

Die Kuratoren der Ausstellungen konnten Frau Berend-Corinth mit den Journalisten alleine lassen, die erst nach Corinths Tod geboren waren und oft nicht viel von ihm wussten. Sie konnte ernsthaft oder witzig auf alle Fragen reagieren. Nur, als ein Volontär einmal vorwitzig fragte: »Was haben Sie denn so gemacht, während Ihr Mann gemalt hat?«, war sie pikiert. »Möchten Sie jetzt hören, dass ich Kartoffeln gekocht habe, damit Ihr Bild von Künstlerehen bestätigt wird?« Mehr musste sie nicht sagen. In der Zeitung am darauffolgenden Tage wurde sie als eigenständige Künstlerin gewürdigt.

Charlotte Berend-Corinth starb am 10. Januar 1967 im Alter von sechsundachtzig Jahren. Ihre Kinder begruben sie auf dem *Mount Hope Cemetary* in Hastings on Hudson nahe dem Grab Lyonel Feiningers, mit dem sie befreundet gewesen war.

Auf ihrem Grabstein steht unter ihrem Namen und den Lebensdaten: WIFE OF LOVIS CORINTH.

Epilog

Thomas und Wilhelmine räumten die Wohnung ihrer verstorbenen Mutter aus. Das traurige Geschäft, die Hinterlassenschaft eines Lebens zu ordnen, wurde erleichtert durch die Erinnerungen, die immer wieder wachgerufen wurden, vor allem durch die Bilder und Zeichnungen ihres Vaters, aber auch ihrer Mutter, die sorgsam gehütet und verpackt waren.

»Sie war eben doch eine echte Preußin«, sagte Thomas, »alles piccobello sortiert und beschriftet, alles für die Erben so hinterlassen, dass die keine Arbeit haben.

»Und wie einfach ihr Haushalt war«, staunte Wilhelmine. »Nichts Überflüssiges, keine Küchenutensilien, zwei Teller, zwei Tassen, Besteck. Dass man mit so wenig auskommen kann. ›Im Alter braucht man immer weniger‹, hat sie in der letzten Zeit oft gesagt, aber *so* wenig! Keine Briefe, keine Fotografien, nichts!«

»Die hat sie mir doch schon vor langer Zeit gegeben.« Thomas hatte alle »Fitzelchen Leben« der Corinther gesammelt, um sie irgendwann mit buchhälterischer Treue zu veröffentlichen.

»Schau mal, eine Zigarrenkiste. Sahen so nicht die Kästchen mit den Havannas aus, die Lovis so gerne rauchte?«

Thomas öffnete vorsichtig das Kästchen und machte ein verdutztes Gesicht. »Was ist denn das? Was hat Mutti denn da aufgehoben?« Er ließ die getrockneten Kiefernnadeln durch die Hand gleiten. Sie waren sehr alt, sehr braun, verströmten einen schwachen, fauligen Geruch und zerfielen bei der Berührung.

»Also, nach *Central Park* sieht das nicht aus. Vielleicht stammen sie aus Urfeld, von dem Richtbaum, auf dem zur Feier des Festes meine Haarschleifen am Baum flatterten.«

»Aber der Richtbaum war doch bestimmt eine oberbayerische Fichte oder eine Tanne. Diese Nadeln gehören eher zu einer pommerschen Strandkiefer.«

Thomas und Wilhelmine sahen sich an. Im selben Augenblick hatten sie dasselbe gedacht. Pommern. Ostsee. Sommer. Kiefernwälder.

Neben den Kiefernnadeln fand sich noch ein kleiner eingerollter Zettel. Wilhelmine öffnete ihn vorsichtig, erkannte die Handschrift ihrer Mutter, reichte das Papier ihrem Bruder weiter. *Es ist alles vergänglich – wir wissen es, aber unsere Gefühle nicht – dieser Traum nicht – denn wir sind eingesponnen in das Unvergängliche, wir selbst sind unsterblich, weil wir die Schöpfung in uns tragen. Ach, lass es uns nie vergessen – wenn wir glücklich gewesen sind – lass keinen Schatten darüber fallen ...*

Dank

in besonderem Maße gebührt:

Der Akademie der Künste in Berlin, in der ich den Nachlass Charlotte Berend-Corinths, betreut von Anke Matelowski, studieren konnte.

Dem Stadtmuseum Berlin, in dem mir Bärbel Reißmann die Möglichkeit bot, die Pallenberg-Lithografien Charlotte Berend-Corinths zu betrachten.

Dr. Andreas Curtius von den Kunstsammlungen der Stadt Nürnberg, der mir eine Fotografie von Charlotte Berend-Corinths Bild »Der Exmeister Adolf Wiegert in der Kampfesphase« zur Verfügung stellte.

Dem Walchensee-Museum der Friedhelm Oriwol-Stiftung in Urfeld.

Literaturangaben

Die kursiv gesetzten Passagen in der Romanbiografie sind folgenden Werken entnommen, um den Lesefluss zu bewahren, wurden Auslassungen nicht gekennzeichnet:

Berend-Corinth, Charlotte: *Als ich ein Kind war*, Hamburg-Bergedorf 1950.
Berend-Corinth, Charlotte: *Aus der Luft gegriffen. Kurzgeschichten*. Unveröffentlichtes Manuskript, Akademie der Künste, Berlin, Sign. 28.
Berend-Corinth, Charlotte: *Liebesgeschichten*; unveröffentlichtes Manuskript, Akademie der Künste, Berlin, Sign. 7.
Berend-Corinth, Charlotte: *Lovis,* München 1959.
Berend-Corinth, Charlotte: *Mein Leben mit Lovis Corinth*, Hamburg-Bergedorf 1947.
Berend-Corinth, Charlotte: *Von Hüben und Drüben*. Unveröffentlichtes Manuskript, Akademie der Künste, Berlin, Sign. 9.
Corinth, Thomas: *Lovis Corinth. Eine Dokumentation*, Tübingen 1979.
Corinth, Lovis: *Das Erlernen der Malerei. Ein Handbuch*, Berlin 1908.
Corinth, Lovis: *Gesammelte Schriften*, Berlin 1920.
Corinth, Lovis: *Seelenlandschaften, Walchenseebilder und Selbstbildnisse*. Ausstellungskatalog des Franz Marc Museums Kochel am See, Köln 2009.
Corinth, Lovis: *Selbstbiographie,* hrsg. von Renate Hartleb, Leipzig 1993.
Corinth, Wilhelmine: *Ich habe einen Lovis, keinen Vater. Erinnerungen*. Aufgezeichnet von Helga Schalkhäuser, München 1990.

Beaumarchais, Pierre Augustin Caron de: *Figaros Hochzeit oder Der tolle Tag*, Stuttgart 1980.
Bizet, Georges; Mérimée, Prosper: *Carmen*. Textbuch französisch-deutsch. Übers. u. hrsg. von Henning Mehnert. Stuttgart 1997.
El-Akramy, Ursula: *Die Schwestern Berend. Geschichte einer Berliner Familie*, Hamburg 2001.
Gert, Valeska: *Acht Original-Steinzeichnungen von Charlotte Berend*. Mit einer Einleitung von Oscar Bie, München 1920, in: Hofmann, *Charlotte Berend-Corinth*.
Goethe, Johann Wolfgang: Autobiographische Schriften II: *Italienische Reise* (*Sämtliche Werke. Briefe, Tagebücher und Gespräche*, Bd. I,15.1), Frankfurt a.M. 1993.
Goethe, Johann Wolfgang: Gedichte 1756–1799 (*Sämtliche Werke. Briefe, Tagebücher und Gespräche*, Bd. I,1), Frankfurt a.M. 1987.
Goethe, Johann Wolfgang: *Torquato Tasso*, in: Ders., Dramen 1776–1790 (*Sämtliche Werke. Briefe, Tagebücher und Gespräche*, Bd. I,5), Frankfurt a.M. 1988.
Goethe, Johann Wolfgang: *West-östlicher Divan*, in: Ders., Gedichte 1756–1799 (*Sämtliche Werke. Briefe, Tagebücher und Gespräche*, Bd. I,3.1), Frankfurt a.M. 1994.
Hofmann, Karl Ludwig: *Charlotte Berend-Corinth – Lovis Corinth. Ein Künstlerpaar im Berlin der Klassischen Moderne*, Künzelsau 2005.
Husslein-Arco, Agnes; Koja, Stephan: *Lovis Corinth. Ein Fest der Malerei*, München, Berlin, London, New York 2009.
Kammerer, Rudolf Herbert: Einleitung zu Charlotte Berends Mappenwerk *Theater*, 1919, in: Hofmann, Kropmanns, Peter: *Lovis Corinth. Ein Künstlerleben*, Ostfildern 2008.
Lasker-Schüler, Else: *Charlotte Berend: Die schwere Stunde*. in: Morgen, Jg.2, Nr.42 v. 16. Oktober 1908.

Maupassant, Guy de: *Der Schmuck und andere Erzählungen*, übers. von Doris Distelmaier-Haas, Stuttgart 2006.
Mörike, Eduard: *Gedichte,* hrsg. von Bernhard Zeller, Stuttgart 1986.
Rilke, Rainer Maria: *Reise nach Ägypten*, hrsg. von Horst Nalewski, Frankfurt 2000.
Rosenberg, Alfred: *Der Mythus des 20. Jahrhunderts,* München 1930.
Strauss, Richard; Hofmannsthal, Hugo von: *Der Rosenkavalier*, Komödie für Musik in drei Aufzügen, Textausgabe, Stuttgart 2008.
Timm, Werner: *Am Walchensee*, in : *Lovis Corinth, Die Bilder vom Walchensee. Vision und Realität*, Regensburg 1986.
Widmer, Johannes: *Von Hodlers letztem Lebensjahr*, Zürich 1919.

Quellennachweis

S. 76 f., 108 f., 113 f., 117 f., 152 ff., 182 f.: Corinth, Thomas: Lovis Corinth. Eine Dokumentation, Tübingen 1979.

S. 83 f., 216, 263, 256: Corinth, Wilhelmine: Ich habe einen Lovis, keinen Vater. Erinnerungen. Aufgezeichnet von Helga Schalkhäuser, München 1990.
© 1990 by LangenMüller in der F.A. Herbig Verlagsbuchhandlung GmbH, München

S. 105: Bizet, Georges; Mérimée, Prosper: Carmen. Textbuch französisch-deutsch. Übers. u. hrsg. von Henning Mehnert. Stuttgart 1997.
© 1997 Philipp Reclam jun. GmbH & Co. KG, Stuttgart.

S. 221: Berend-Corinth, Charlotte: Mein Leben mit Lovis Corinth, München 1960.

S. 277: Berend-Corinth, Charlotte: Von Hüben und Drüben. Unveröffentlichtes Manuskript, Akademie der Künste, Berlin, Sign. 9.
© George Hecker, Boston, USA

S. 286: Grandma, in: Charlotte Berend-Corinth, Liebesgeschichten; unveröffentlichtes Manuskript, Akademie der Künste, Berlin, Sign. 7.
© George Hecker, Boston, USA

Trotz intensiver Bemühungen war es dem Verlag leider nicht in allen Fällen möglich, den jeweiligen Rechteinhaber ausfindig zu machen. Für Hinweise sind wir dankbar. Rechtsansprüche bleiben gewahrt.

Vamp, Männerzerstörerin und Kommunistin

Armin Strohmeyr
George Sand
Glauben Sie nicht zu sehr
an mein satanisches Wesen
240 Seiten | Taschenbuch
ISBN 978-3-451-06814-0

Auf den folgenden Seiten finden Sie Ihre
exklusive Leseprobe »George Sand«

»Von Musik und Rosenrot umgeben«
Herkunft und Kindheit

Das Kind kommt zu Klängen eines Contredance zur Welt.

Die Mutter, in einem rosenfarbenen Kleid, hat eben noch zu den Melodien einer Cremoneser Geige ausgelassen getanzt. Da entschuldigt sie sich und geht in ihr Zimmer, gefasst und ruhig. Keiner der Anwesenden ahnt die Niederkunft. Wenige Minuten später verlässt eine Verwandte den Tanzsaal, um nach der jungen Frau zu sehen. Kurz darauf hört man sie rufen: »Kommen Sie, kommen Sie, Maurice! Sie haben eine Tochter.«

Maurice Dupin – der Vater des Kindes – und seine Freunde laufen hinüber, um den neuen Erdenbürger zu bestaunen. Das Kind ist kräftig und gesund. In den Umständen der Niederkunft sieht die Tante ein gutes Omen: »Ihre Geburt war von Musik und Rosenrot umgeben, sie wird glücklich sein!« Man einigt sich auf den Namen Amantine-Aurore-Lucile. Aurore wird der Rufname. Sehr viel später wird sich Aurore ein männliches Pseudonym zulegen, unter dem sie zu Weltruhm gelangt: George Sand.

Man schreibt den 1. Juli 1804. Die Szenerie: Paris, im Hause begüterter Landadliger und gehobener Bürger. Es ist das letzte Jahr der französischen Republik. Bereits im Dezember wird Napoléon Bonaparte sich selbst zum Kaiser der Franzosen krönen. Französische Truppen sind über halb Europa verteilt. Bonaparte kürt und verwirft seine Vasallen in den europäischen Ländern. Jeglicher

Widerstand wird mit Hilfe seiner als unbesiegbar geltenden Armeen gebrochen. Der französische Staat steht im Zenit seiner Macht.

Doch im Innern der französischen Gesellschaft zeigen sich Brüche und Verwerfungen. Auch durch Aurores Familie gehen sie. Die Republik hat zwar die Gleichheit der Bürger durchgesetzt und die Privilegien des Adels abgeschafft, aber das hindert die Aristokratie nicht, ihre Vorurteile und Standesdünkel zu pflegen. Aurore jedenfalls trägt das Stigma des unstandesgemäßen Bastards, geht es nach dem Urteil ihrer adligen Großmutter väterlicherseits, der Dame Marie-Aurore Dupin de Francueil. Die Mutter des Kindes ist nämlich eine Bürgerliche, eine von zweifelhaftem Ruf. Doch beweist Madame de Francueil damit ein kurzes Gedächtnis. Denn auch in ihrem Stammbaum gab es eine missliche Liaison. Ihr Urahn ist zwar kein Geringerer als der sächsische Kurfürst August II., genannt der Starke. Er, dem man mehrere hundert Bastarde nachsagt, zeugte auch einen mit der Gräfin Aurora von Königsmarck. Nach ihr hat die kleine Aurore den Namen erhalten, und vielleicht von ihr auch die Gabe zur Schriftstellerei. Gräfin Königsmarck war Autorin von Opernlibretti und geistlichen und galanten Gedichten. Nach Dresden, an den sächsischen Hof, kam sie 1694, um wegen des ungeklärten Verschwindens ihres Bruders Philipp vorstellig zu werden. Hier gelangte sie bald in unmittelbare Nähe des sächsischen Kurfürsten und polnischen Königs August und empfing von ihm einen Sohn, Moritz. Über diese Verhältnisse hat Aurore Dupin alias George Sand später, in ihren 1854 erschienenen Memoiren *Geschichte meines Lebens* berichtet. Sie hat dies in aller Ausführlichkeit getan: Mehr als ein Viertel der eintausendsechshundert Seiten umfassenden Autobiografie widmet sich den Lebenswegen ihrer Ahnen. Für ihren Ururgroßvater August von Sachsen hat George Sand kein freundliches

Wort übrig. Er sei »der größte Wüstling seiner Zeit« gewesen, bemerkt sie harsch. Und mit einer Mischung aus Abscheu und Verehrung schreibt sie über seine Mätresse als von »der großen, gewandten Kokotte, vor welcher Karl XII. [von Schweden] zurückwich, so dass sie sich an Furchtbarkeit einer Armee überlegen glauben konnte«. Freilich wurden Kriege nicht nur am Hofe ausgefochten, Bündnisse nicht nur in den fürstlichen Betten geschlossen. Das Soldatenhandwerk bot für einen Bastard die beste Möglichkeit, aus dem Schatten seiner Herkunft herauszutreten, und so wurde Moritz, legitimierter Graf von Sachsen, Offizier im Heer seines Vaters. Er kämpfte in verschiedenen Kriegen gegen die Franzosen, Schweden und Polen und unter Kaiser Karl VI. sogar gegen die Türken. Die Idee eines nationalen Heers war der damaligen Zeit noch fremd, und so bereitete es Moritz von Sachsen keine Gewissensbisse, später in französische Militärdienste zu treten. Für Louis XV. kämpfte er im Polnischen Thronfolgekrieg und im Österreichischen Erbfolgekrieg und erwarb sich große Verdienste. Er wurde schließlich zum »Marschall von Frankreich« ernannt. So berühmt Moritz von Sachsen als Feldherr war, so berüchtigt war er als Frauenheld – vielleicht auch das ein Erbe seines fürstlichen Vaters. Mit einer schönen Pariserin, Marie Rainteau, die unter dem Namen Madame de Verrière als galante Dame und »Dienerin der Musen« in den Pariser Salons brillierte, in Wahrheit jedoch nur die Tochter eines Limonadenhändlers war, zeugte der Feldmarschall eine Tochter. Sie wurde auf den Namen Marie-Aurore getauft und erst mit fünfzehn Jahren, lange nach dem Tod des Marschalls, als dessen Kind legitimiert, weshalb sie sich nun »de Saxe«, »von Sachsen« nennen durfte. Ebendiese Marie-Aurore de Saxe war die Großmutter George Sands und hegte wegen der Herkunft ihrer Schwiegertochter so großen moralischen und ständischen Dünkel.

– LESEPROBE –

Marie-Aurore de Saxe war eine jener Frauengestalten, in denen das galante Frankreich, die Epoche Louis' XV. und XVI., seine allerletzte, überfeinerte Steigerung erfuhr. Bildnisse zeigen sie als Frau mit edlen Gesichtszügen, großen Augen, die Stolz und ein wenig Überheblichkeit ausstrahlen, makelloser weißer Stirn, einer hohen Turmfrisur à la Marie-Antoinette und mit weit ausgeschnittenem Dekolletee. Dabei war sie keineswegs leichtsinnig oder frivol. Im Gegenteil: Sie wurde in einem Kloster streng religiös erzogen und früh verheiratet, an einen Grafen de Horn. Früh verwitwet, kehrte sie in das Haus ihrer Mutter zurück, um mit knapp dreißig Jahren nochmals zu heiraten, den bereits zweiundsechzigjährigen Louis-Claude Dupin de Francueil. Der Ehe entsprang Maurice, der Vater George Sands. Von dieser pflichtgemäßen Fortführung der Linie abgesehen, war die Verbindung, auch hinsichtlich des fortgeschrittenen Alters Dupins, eher eine platonische, und zwar im schönsten Sinn: Die Eheleute teilten ihre Leidenschaft für Literatur, Malerei, Musik, für gutes Essen und ein heiteres und geselliges Leben auf Schloss Raoul in Châteauroux in der Region Berry. Der eklatante Altersunterschied scheint Marie-Aurore nicht berührt zu haben. George Sand überliefert die Worte der Großmutter: »Ein Greis liebt besser als ein junger Mann [...]. Und dann, war man wohl jemals alt in jener Zeit? Die Revolution hat erst das Alter in die Welt gebracht. Dein Großvater, mein Kind, war schön, elegant, fein, heiter, liebenswürdig, herzlich und von immer gleicher Laune bis zur Stunde seines Todes.«

Dupin, Generalsteuereinnehmer des Herzogtums d'Albret, verdiente gut. Dennoch reichten seine Einkünfte nicht aus, um die aufwendige und sorglose Lebensführung auf Dauer zu finanzieren. Ein Pastellporträt zeigt ihn bezeichnenderweise nicht als Amtsperson, sondern mit der Malerpalette vor einer

Leinwand – ein den Künsten verschriebener Dilettant des schönheitstrunkenen Ancien Régime, der nicht nur malen konnte, sondern auch Geigen und Uhren baute, Möbel schreinerte, dichtete und komponierte. Mit Stil vollzog sich auch der Ruin Louis-Claude Dupins. Seine Frau erzählte der Enkelin hiervon: »Das Unglück war nur, dass er bei der Übung dieser Talente, bei den mannigfaltigen Versuchen, die er anstellte, sein Vermögen durchbrachte; aber ich sah nur die Lichtseite, und so richteten wir uns auf die liebenswürdigste Weise zugrunde.« Der finanzielle Niedergang konnte den Großvater in seinem Gleichmut nicht stören. »Man wusste aber auch zu leben und zu sterben in jener Zeit«, berichtet Madame de Francueil, »wer das Podagra hatte, ging trotzdem rüstig einher, ohne Gesichter zu schneiden, und verbarg sein Leiden aus gutem Ton. Man war auch nicht durch Geschäfte eingenommen – was die Häuslichkeit verdirbt und den Geist schwerfällig macht. Man wusste sich zugrunde zu richten, ohne etwas davon merken zu lassen, wie großartige Spieler, die verlieren, ohne Besorgnis oder Wunsch.« Als es mit Louis-Claude Dupin de Francueil dem Ende zuging – er starb glücklicherweise drei Jahre vor der französischen Revolution –, nahm er seiner Frau auf dem Sterbebett das Versprechen ab, noch möglichst lange zu leben und das Dasein zu genießen. Ein nobler Zug, der leider außer Acht ließ, dass sie zu dieser Lebensführung bislang jährlich sechshunderttausend Livres benötigt hatten, die jedoch in der Kasse eigentlich gar nicht vorhanden waren.

Marie-Aurore Dupin de Francueil stand als achtunddreißigjährige Witwe vor dem Bankrott – zumindest aus ihrer Sicht. Ihr »Ruin« bestand in einer jährlichen Zins- und Ertragsrente von fünfundsiebzigtausend Livres. Sie zog daher einen Schlussstrich unter ihr luxuriöses Dasein, zahlte die Gläubiger aus und ging nach Paris. Hier widmete sie sich der Erziehung ihres Sohnes Maurice. Wie sein Großvater, der Feldmarschall, von dem er den Namen hatte, sollte Maurice auf die Offizierslaufbahn vorbereitet werden. Er schien dafür geeignet zu sein, konnte er doch Pferden und der Fechtkunst mehr abgewinnen als dem trockenen Stoff der Schulbücher. Obwohl Maurice von dem Arzt und Schulmeister François Deschartres unterrichtet wurde, der später auch noch die kleine Aurore unter seine Fittiche nehmen sollte, lag der Hauptanteil der Erziehung doch bei der Mutter. Und wie viele Alleinerziehende war wohl auch Madame Dupin von dem jungen Springinsfeld überfordert. Sie verabscheute körperliche Züchtigungen und setzte ganz auf Güte, Einsicht und Nachsicht – was Maurice offensichtlich ausnutzte. George Sand schreibt später über ihren Vater: »Dieser künftige Held war ein schwächliches, schrecklich verzogenes Kind.«

Maurice wurde als Jüngling kräftiger und gesünder, und so sollte seiner militärischen Laufbahn nichts entgegenstehen. Zwar erschütterte die Revolution das Land, aber Soldaten werden immer gebraucht. Die Republik sah einem Offizier den »Makel« des Adels gerne nach, wenn er nur auf ihrer Seite stand. Nicht ganz so glimpflich gingen die revolutionären Wirren an Madame de Francueil vorüber.

Hochbepackte Kutschen, auf deren Wagenschlag das adlige Wappen vorsichtshalber ausgekratzt worden war, rollten damals über die Landstraßen in Richtung Deutschland. Andere Aristokraten setzten sich über den Ärmelkanal nach England ab. Etliche Unglückliche, besonders aus dem Dunstkreis des Versailler Hofes, bezahlten ihr Schranzentum mit dem Tod auf dem Schafott. Madame Dupin de Francueil hingegen blieb und harrte der Dinge. Die Sansculotten drangen schließlich in ihre Wohnung ein und durchsuchten alles nach geheimen, konterrevolutionären Dokumenten und unerlaubten Luxusartikeln.

– Leseprobe –

Man fand – wie anders bei einer Dame mit Geschmack? – Silberbesteck. Grund genug für den aufgehetzten Mob, sie einzusperren. Es gab zu jener Zeit viele Unglückliche, denen eine Kleinigkeit zum Verhängnis wurde. Es gab aber auch Adlige, denen eine List oder der blinde Zufall zu Hilfe kam. Bekannt ist die Geschichte von Gustav Graf von Schlabrendorff, der in der Conciergerie einsaß. Als die Schergen kamen, um ihn zur Hinrichtung zu führen, log er, er finde seine Stiefel nicht, und meinte, er könne sich ja wohl nicht auf Strümpfen zum Schafott begeben. Den Henkersknechten leuchtete das ein, sie entfernten sich, um ihn anderntags zu holen. Am nächsten Morgen jedoch lag eine andere, aktuelle Liste aus; Graf Schlabrendorff wurde schlicht vergessen.

Madame Dupin de Francueil hatte ein vergleichbares Glück: Sie saß bereits seit neun Monaten im Gefängnis, als Robespierre gestürzt und hingerichtet wurde – die Revolution fraß ihre eigenen Kinder. Madame de Francueil wurde daraufhin freigelassen und zog sich aus der Stadt zurück.

Ihr Zufluchtsort war Schloss Nohant im Berry, gut zweihundert Kilometer südlich von Paris. Sie hatte den zweigeschossigen Landsitz, mehr ein Gutshof als ein repräsentatives Schloss, ein Jahr zuvor mit den restlichen Mitteln ihres großzügig bemessenen »Ruins« gekauft. Auf dem Lande ging vieles noch seinen althergebrachten Gang. Die Bauern waren in Gegenden, in denen die Armut nicht ganz so bitter war, gutmütig und ihrer Herrschaft meist treu ergeben. Daran änderte auch die Revolution nur wenig. Madame Dupin de Francueil stand bei den Dörflern bald in gutem Ruf. Auch Aurore alias George Sand wurde später von den Landleuten – Arbeitern, Handwerkern und Bauern – mit anhänglicher Hochachtung bedacht. Man sah im Adel, obgleich die Stände nach der Revolution rechtlich weitgehend gleichgestellt waren, weniger die alten Ausbeuter und Tunichtgute als die »Patrons«, die für Recht und Ordnung sorgten, die Arbeitsplätze boten und die man in schwierigen Belangen des öffentlichen Lebens um Rat oder gar Schlichtung anging.

Madame Dupin de Francueil ließ das erst unter Louis XVI. errichtete Gebäude renovieren, pflanzte einen Weinberg und einen Park, legte Laubengänge und Gewächshäuser an. Nohant wurde ein kleines Schmuckstück, ein Refugium in stürmischer Zeit. Keiner konnte damals ahnen, dass es bereits dreißig Jahre später zu einem Zentrum des französischen Geisteslebens werden sollte.